本书出版获浙江大学"双一流"专项经费资助

# 公众史学

|第五辑|

李娜 主编

ZHEJIANG UNIVERSITY PRESS
浙江大学出版社
·杭州·

**图书在版编目（CIP）数据**

公众史学. 第五辑 / 李娜主编. —杭州：浙江大
学出版社，2023.3
　　ISBN 978-7-308-23508-2

　　Ⅰ . ①公…　Ⅱ . ①李…　Ⅲ . ①史学—文集　Ⅳ
① K03–53

中国国家版本馆 CIP 数据核字（2023）第 019903 号

**公众史学　第五辑**

李娜　主编

| | |
|---|---|
| **责任编辑** | 伏健强 |
| **文字编辑** | 赵文秀 |
| **责任校对** | 张培洁 |
| **装帧设计** | 周伟伟 |
| **出版发行** | 浙江大学出版社 |
| | （杭州天目山路 148 号　邮政编码 310007） |
| | （网址：http://www.zjupress.com） |
| **排　　版** | 北京楠竹文化发展有限公司 |
| **印　　刷** | 浙江新华数码印务有限公司 |
| **开　　本** | 710mm × 1000mm　1/16 |
| **印　　张** | 17.75 |
| **字　　数** | 280 千 |
| **版 印 次** | 2023 年 3 月第 1 版　2023 年 3 月第 1 次印刷 |
| **书　　号** | ISBN 978–7–308–23508–2 |
| **定　　价** | 78.00 元 |

# 前　言

今天的中国，历史似乎无处不在：公众以怀旧的情感倾听往昔的声音，述说身边的历史，以主人翁的态度用第一人称与历史直接对话；相信直觉，将"过去"生动地植入"现在"。当亲历者的声音在历史解读中日益重要，当历史的场景得以生动地再现，当普通人开始质疑曾经理所当然的历史叙事、解释或论断，开始发掘那些隐藏的或未曾被讲述的故事，开始关心宏大历史所不屑于关注的种种细节，历史便不再被垄断，不再是专家学者的专利，不再是权力精英的背书；历史开始百花齐放、百家争鸣。公众史学——一门新兴学科，一种新型史观，一场知识自组织运动，一种大众文化——应时代而生。

公众史学是突出受众的问题、关注点和需求的史学实践；促进历史以多种或多元方式满足现实世界的需求；促成史家与公众共同将"过去"建构为历史。其基本旨趣，亦是其新颖之处，在于多样性与包容性。

媒体的变革意味着获取知识的途径更多元、更平等、更活跃，意味着历史产生、解释与传播的空间日益扩大，也意味着人人都可能成为史家。但是，这并不意味着人人都能够成为史家。史学的方法和技能依然不可替代：对信息或知识的审辨、分析、比较和应用，对历史的深度体验，对历史真实性的求证，对历史环境的解读与保护等，均需要长期严格的专业训练。换言之，历史的严谨、客观与公正没有也不应该因为公众的参与或新媒体的介入而变成消遣，变得容易。

历史的"公众转向"标志着另一种史学的可能性，成为开创新形态历史研究的契机。公众史学的发展既要上升到学科高度，成为专门之学，学理清晰、构架完整、自成体系，又要突破专门之学的种种弊端，不断探索、鼓励创新、敢于纠错、勇于实践、侧重具体、无意排他。

《公众史学》坚持开放的视域、启蒙的精神、独立清正的学术追求；通过平实易懂、流畅亲切的语言，通过细节，构建历史的丰富性；通过情景再现，返回历史现场，发掘复杂甚至矛盾的历史事实，并为之提供论辩的空间；书写民间的历史情感和具体的伦理诉求；建构一种民间记忆的多元图景。

《公众史学》是公众史学的研究者、实践者和教育者与公众交流的平台。《公众史学》鼓励跨学科、多领域、学院内外的交叉与合作，鼓励学者与研究受众之间"共享权威"；期待积极、活跃的公众参与；强调就具体问题、具体人物进行微观互动。

求真的勇气与实践、学识服务于公众的谦卑是《公众史学》的原动力。史学，或任何学科之进取，当有一股力量、一种精神、一番创新。"路漫漫其修远兮"，愿同人共同努力！

# 目　录

## 博物馆、遗址与公众考古

## 历史教育

# CONTENTS

## MUSEUMS, HISTORIC SITES, AND PUBLIC ARCHAEOLOGY

## HISTORY EDUCATION

## HISTORY AND MEDIA

## REPORTS FROM THE FIELD

## REVIEWS

# 博物馆、遗址与公众考古

# 争议地带：历史、博物馆和公众 *

詹姆斯·加德纳（James B. Gardner）

**摘要**：公众如何理解和运用过去？历史学家和历史研究应该在公众对过去的理解中发挥什么作用？作为历史学家，我们如何能既履行对公众的责任，又维护历史书写和学术的严谨性？既然重责在身，我们该如何对此做出艰难的选择？本文认为，任职于博物馆的历史学家必须既对历史负责，又体恤参观者，以此缩小我们作为历史学家和公众之间对于理解过去的鸿沟。

---

\* James B. Gardner, "Contested Terrain: History, Museums, and the Public," *The Public Historian,* Vol. 26, No. 4 (Fall 2004), pp. 11-21.© 2004 by the Regents of the University of California and the National Council on Public History. Published by the University of California Press. 本文由邱雨（国家移民管理局浙江总站杭州站）翻译。詹姆斯·加德纳（James B. Gardner）是史密森学会（Smithsonian Institution）美国国家历史博物馆（National Museum of American History, NMAH）策展事务副主任。他在范德堡大学（Vanderbilt University）获得博士学位后，成为美国各州和地方历史协会（American Association for State and Local History, AASLH）的会员。1986年从学会离职后，他又担任了美国历史协会（American Historical Association）的执行副主席。在1999年受聘于美国国家历史博物馆之前，他曾在一些博物馆和高等教育院校担任顾问。除担任美国公众史学理事会（National Council on Public History, NCPH）主席外，他还曾担任联邦政府历史学会（the Society for History in the Federal Government）会长、美国历史学家组织提名委员会（Nominating Board of the Organization of American Historians）、美国各州和地方历史协会（AASLH）标准与伦理委员会、美国各州和地方历史协会（AASLH）提名委员会、美国公众史学理事会奖项委员会和美国公众史学理事会（NCPH）主席，以及《公众史学家》（*The Public Historian*）编委。加德纳博士的著述包括《公众史学：田野研究文集》（*Public History: Essays from the Field*）（2004修订版）、《美国博物馆联盟（AAM）收藏计划指南》（*AAM Guide to Collections Planning*）（2004）、《普通人和日常生活：新社会史视角》（*Ordinary People and Everyday Life: Perspectives on the New Social History*）（1983），以及刊于《公众史学家》《博物馆新闻》等期刊的一系列文章。他还是克里格出版公司（Krieger Publishing Company）公众史学系列丛书的资深编辑。

**Abstract**

How does the public understand and use the past? What role should historians and historical scholarship play in the public's understanding of the past? How do we as historians address our responsibilities to the public and still remain advocates for history and scholarly integrity? How do we make the difficult choices that are our responsibility to make? This essay argues that historians working in museums must be advocates for both history and our visitors, negotiating the gap between our understanding of the past as historians and the public's.

我在美国国家历史博物馆的职责之一就是研究星条旗（Star-Spangled Banner）。这面旗帜在历史上确有其物，并启发弗朗西斯·斯科特·基（Francis Scott Key）[1] 于 1814 年创作了一首声乐曲，后来成了我们的国歌。作为星条旗项目主管，我每日研究这面旗帜的内涵和意义，通过着力发掘这面旗帜的角色以及美国国旗在美国人的生活中更为广泛的角色，以确定它对于一个美国人意味着什么。虽然有些人认为这面旗帜的故事应该是一个简单的故事，即一个关于爱国主义和国家认同的简单故事，但它并非如此。

这是一个有争议的故事，涉及什么使我们成为一个国家，成为一个公民意味着什么，以及个人权利与对社区及"市民社会"的诉求之间的张力。我们针对这面旗帜，乃至贯穿整个美国国家历史博物馆的目标，是挑战参观者长久以来对美国历史的理解，也挑战刻板印象和既定假设。我们希望让公众参与到美国错综复杂的过往经历中，并帮助他们了解我们富有争议的过去。

但这通常很艰难。甚至在"9·11"事件之前，评论家还质疑为什么美国国家历史博物馆作为本国的历史博物馆，却未能做一些更加积极、更具有歌颂性质的展览。现在，由于派驻伊拉克的军队和对恐怖主义的持续恐惧，我们更加容易受到责难：我们承担着这样一种风险，即被视为不爱国人士，在关乎国家团结的危急时刻无所作为。

我们如何对待那些想要歌颂过去、强调统一、淡化彼此间不同的人？我们的目标仍然可以反映出一个多样的且常常富有争议的过去吗？我们如何传达这一观念——爱国并不意味着"爱它或不管它"，而对我们国家及其理想的赤诚，还包含了承认我们并非总是践行着这些理想，承认我们一直未能达标？我们如何按照历史原貌而非自身所期待的来讲述历史？作为公众史学家，我们如何避免屈服于自己的不安全感，并继续专注于解读历史？我们如何做好历史研究，而不是耗费时间担心我们可能会冒犯谁？这并非易事。即使是史密森学会也加入了"9·11"事件后的爱国浪潮，试图用广告宣传吸引游客到华盛顿（来观展），以鼓励他们更新对"内心爱国者"的认知。[2] 在正常情况下，有争议的历史并不容易被接受。在如今这样的高度政治化的环境里，在充满着恐惧和不确定的时代，它便更为困难重重了。

这个问题的核心是，谁对美国的构想应当被诠释。历史学家和历史研究应该在公众对于过去的理解中发挥什么作用？这是我们史学界所面临的一个非常现实的问题，因为不管你喜欢与否，公众对历史的认知与职业历史学家并不一致。我找到了一些关于历史的令人烦忧的分歧点：

- 公众的历史认知与历史学家或策展人的历史认知之间的矛盾
- 一个固定的故事与一个模糊、凌乱、不确定的过去之间的矛盾
- 答案与问题之间的矛盾
- 易懂的、客观的事实与偶发事件、含义、解读、批判性分析之间的矛盾
- 以一种线性的、辉格式的历史观念来歌颂成就，与以一个更为复杂的历史观念来同时审视消极和积极、进步和失败之间的矛盾

在《过去的存在》（*The Presence of the Past*）一书中，罗伊·罗森茨威格（Roy Rosenzweig）和大卫·泰伦（David Thelen）着眼于专业的历史作品与公众对过去的理解和运用之间的鸿沟。我对他们将专业历史研究斥为碎片的、专业的、无趣的行为而不安。[3] 虽然这肯定适用于某些作品，但这是一个粗糙的过度概括，忽略了历史学家（像我在美国国家历史博物馆的同事们）提升过去的意义与理解的一些重要方式。但是让我更加不安的是他们对公众制造历史（public history making）的积极评估——对于我们这些公众史学家而言，它毫无鼓舞作用。罗森茨威格和泰伦所认为的属于公众的过去与我们所坚信的

历史有着根本性的不同。根据他们的观点，公众对过去的理解和运用是私密和个人的，主要限于家庭性和存在性的范畴，更多是关于纪念、怀旧和生活应对技巧，而不是关于历史的意义或其复杂性。[4] 作为公众史学家，我们致力于探索和分享过去，但他们的观念与此根本相悖，并且挑战了我们工作的可靠性。

更具体地说，我对他们提出的"当今公众同他们祖母辈的人一样信任博物馆"这一论点感到不适。[5] 这种信任显然是基于一种观念，即博物馆代表了真实性和准确性，而这样的品质某种程度上是教授、教师和书籍都无法企及的。这乍看起来可能很让人快慰，但罗森茨威格和泰伦解释说，公众觉得他们可以去博物馆并按照自己的意愿、无须借助媒介解读文物，不用担心他们和展出物件之间插入了他人的想法。[6] 这意味着公众真的不了解博物馆的作用，即我们也有自身视角，也要做出选择、提出论点，就像我们在圈内其他领域的同事一样。不同之处在于，我们展示的对象和工作的制度背景赋予了我们工作的权威性和有效性，而我并不愿意对这种权威性和有效性提出什么声明。我更希望美国国家历史博物馆的参观者们重视他们在博物馆里发现的东西，不是因为这些文物在史密森学会展出，所以必然是历史实在，而是因为我们真正为他们呈现了优秀的历史叙事。

更简明地说，我对他们所提出的一种过去的呈现感到不安。直言不讳地说，我们所面临的是我们作为历史学家和公众对于过去的理解之间的巨大鸿沟。这一差距无法像罗森茨威格和泰伦所提出的那样，仅仅通过将专业实践转化为大众应用来简单解决。[7] 事实上这种差距比罗森茨威格和泰伦的表述更加基本和重要，也挑战了公众史学实践的可行性。

谁应当对此负责呢？尽管事实比我们愿意承认的更加严峻，我们历史学家自身就是问题症结。我并不是指那些绑架了这个职业的"激进修正主义历史学家"，而是指所有人，包括修正主义者和保守派，学术界人士和公众。大多数历史学家都认定陈国伟（John Kuo Wei Tchen）"有涓滴效应的、有全面权威的学术历史"的观点是正确的。[8] 在公众历史课程和项目之外，历史学家的培养仍然保持非常传统的形式，侧重于发展个体自主的学者，并且很少或根本不涉及公众的参与性和公众对历史的理解。在过去几十年，伴随着我们在工作中接触到的新的观点和理论范式、新的跨学科研究方法等因素的兴起，我们对什么是历史以及其史料的认识有了显著的改变。它重新激发了我们的事业活力，也成为重新吸引公众参与的重要基础，但它在很大程度上仅发生在传统的学术文化领域。即使现在，我们正在探索"人民的历史"，很大程度上我们仍然是孤立的，只是在学术圈内部互相自我指认、书写和交流。在成为历史学家的培养过程中，我们并不具备能够解决张力的能力，这种能力包括处理我们和公众对过去的理解之间的差异，也存在于处理学术严谨性与我们的公众职责之间的关系中。我们在这一过程中是要被培养成为学术权威的。

但是在博物馆和其他历史机构里，当我们向公众阐述历史时，必须要处理这种张力——历史书写必须经受住争论。我们不放弃作为历史学家的严谨性，但是必须承认，我们也有对于体制的责任（这与我们的使命和公众的信任息息相关），并且公众认为是他们而非历史学家拥有过去。历史学家——特别是学界人士，当然也有其他人——往往不会意识到这个所有权的问题。我们渴望采取更多的平民主义策略，吸纳自下而上的视角并挖掘新的史料，但我们并非真的愿意与研究对象共享权威和声音。已经有一些历史博物馆在与公众共享权威性方面成就了精彩典范，但它们仍然是个例而非常态。和我们研究院的同事们一样，大多数的策展人仍然视自己为权威。在大多数情况下，我们还是认为公众本质上是观众，是接收人，而且这是很清晰明了的。

我们作为历史学家对于过去的理解和公众的理解之间的紧张关系，学术诚信与我们的公众职责之间的张力，对于美国国家历史博物馆来说尤其成问题。作为国家的历史博物馆，这些都事关重大。因为我们所呈现的东西被视为官方声明，被视为一种国家认证，并且始终受到仔细审视。但是，类似的期望和张力是每个机构都会面对的。

而这个问题还有另一面。如果说历史学家和策展人通常不能完全了解公众，那么另一个事实是公众也不会真正理解历史博物馆和历史学家的角色。罗森茨威格和泰伦认为公众信任博物馆主要是因为我们收藏和展出的展品是真实的。[9]如果我们所做的仅限于此，那么这样概括也是恰当的，可是事实是我们做的远远多于此，却总是把它隐藏起来。我们需要分享策展的过程，并帮助参观者了解博物馆和策展人在做的事情。我们需要帮助他们理解：学术研究、解读诠释和论争是我们工作的重要部分。几年前,《博物馆新闻》(*Museum News*)刊登了一篇文章,文中朗尼·邦奇(Lonnie Bunch)认为公众需要明白"博物馆做了什么,我们做的决定都是如何形成的,以及如今的文化机构是在哪些方面……不同于 20 世纪 40 年代的文化机构"。[10]公众需要了解博物馆建立和运营的政治和社会背景,而且,即使我们声称是客观的历史权威,实际上也无法担当这样的角色。公众需要了解博物馆是如何从专注研究文物的真实性转变为专注于其重要性和意义的问题上来的。而为展览选择文物本身就是一种主观行为,一种塑造视角、建立观点的方式,而且这些文物从来不是简单地作为客观证据来展出的。

同样,公众并不了解我们的工作更为宏大的背景——历史学家是做什么的,以及历史是什么而不是什么。在 1995 年的艾诺拉·盖号(Enola Gay)轰炸机听证会上,一名参议员问道:"……解读历史是否真的是我们的角色,而不是简简单单地根据事实的有效性和历史价值抬出历史事实?……我是历史专业的。在我研究文献的那些日子里……本质上是对事实的复述,(它)让读者得出自己(原文如此)的分析……提出任何解读,我都对其明智性感到疑惑。"[11]这并非出自某个右翼空想主义者——这出自加利福尼亚民主党参议员、毕业于斯坦福大学的黛安·芬斯坦(Diane Feinstein)之口。如果她都不明白这些,我们的参观者又有多大可能明白呢?

身为历史学家,我们对此负有责任。我们希望分享最终产品,而不是其过程。公众质疑我们所做的事情是可以理解的——我们在教授历史的过程中未能明确历史中的是非。正如艾伦·布林克利(Alan Brinkley)所说的那样,我们在学校里教授令人舒适的虚无神话,然后期待当我们反转进而挑战神话时,参观者能够理解我们。[12]

这一切都在"历史战争"这一主题中达到了极致。对于那些年纪太轻的人来说,你们不记得关于国家历史标准的争论和国家航空航天博物馆(National Air and Space Museum, NASM)对于艾诺拉·盖号轰炸机事件的解读其实是曾经关乎历史的一次更大的争议,其中包括臭名昭著的"西部作为美国"("The West as America")展览、哥伦布发现美洲大陆 500 周年纪念(Columbus quincentennial)以及十年前的其他热点问题。但是,如果你认为这是过去的历史，已经埋藏在 20 世纪 90 年代了，那么就请注意，如何解读艾诺拉·盖号轰炸机这个受争议的问题在 2003 年秋季再次在国家航空航天博物馆（NASM）被提出。艾诺拉·盖号轰炸机在国家航空航天博物馆新杜勒斯设施展（new Dulles facility）上所引发的这场争议，甚至发展到要挖掘出所有旧的问题和关切的程度。[13]

我们如何化解这个分歧？既然重责在身，我们该如何对此做出艰难的选择？我们怎样才可以既拥护历史，同时又支持公众和我们的参观者？

## 历史拥护者

作为历史的拥护者，我们有许多义务。对许多读者来说这些似乎是显而易见的，但我看到了太多与此相反的迹象。

第一，作为历史学家和策展人，我们必须明白怎样分享我们所做的事情——而不仅仅是最终产品。如果我们希望公众可以懂得历史不仅仅是一些固定的故事，而且是一种了解和创造意义的途径，那就必须对我们的工作、我们的选择以及做出选择的原因采取更开放的态度。我们需要提出更多问题，而不仅仅是给出答案。这是一个真正的挑战。当我初次来到美国国家历史博物馆时，我们希望筹办一个名为"美国遗产"（"American Legacies"）的展览，目的是帮助参观者了解博物馆收藏了什么，我们为什么要学习以及又是如何从文物中学习的。我们想让他们先参与到博物馆的宏大背景中来，以此作为一种预热，然后再让他们接触我们对历史的解读。出于经济原因，上述展览未能实现（虽然我们出版了一本优秀的书），但这就是我们需要持续落实的事情。[14]

第二，我认为历史不能仅仅是关于"事物""事件"或"观念"——它必须是关于人的。为了吸引我们的参观者，我们必须缩小到个人，甚至是人身边极为细微的度量（intimate scale）内去呈现历史。我们呈现的历史叙事不应仅仅是关于那些名声显赫的个体或是那些无名的群体，而且要展现人的主观能动性（human agency），展现真实的人——不论平凡抑或伟大——应对现实生活以及做出选择的历史叙事。我们要用人来充实过去。罗森茨威格和泰伦令人信服地提出，公众参与的过去是个人化和直接的体验。国家性事件和公众性时刻只有在与个体生活和个人时刻相关时，才具有意义。[15] 这就是我们真正在关注的事情。2003 年 11 月，我们举办了一个名为"移动中的美国"（"America on the Move"）的新展览，这是对我们交通运输藏品的重新诠释，从展示科技产物转向关注真实人物的真实故事。参观者不会看到无名的俄克佬（Okies）[16]，而是会看到詹姆斯·哈格德（James Haggard）和佛洛西·哈格德（Flossie Haggard）及其家人沿着 66 号公路前往加利福尼亚；参观者们会遇到一位真正的校车司机拉塞尔·毕晓普（Russell Bishop），他在 20 世纪 30 年代后期在印第安纳州马丁斯堡的乡村驾驶校车；还有凯特家族（the Cate family），他们在缅因州约克海滩的迪凯特汽车营度假；还有其他拥有真实故事的真实人物。[17]

第三，诠释的历史必须足够广泛，以涵盖美国人民多样的经历以及参观者们多种形式的政治和意识形态视角。我认为，与其试图编造一个关于共同经历的简单故事，不如从多重立场分享许多故事，探索美国过去的复杂性和丰富性。我们应该把差异和争议视为一种力量，而不是用一个符合共同价值观和共同目标的理想化故事来掩盖它。不同的声音给我们勾勒出更全面的美国历史，每个故事都告诉我们其他故事的信息。我们有责任帮助参观者了解我们的历史是多元化的——我们有义务诠释历史，而不是展现一个人们一厢情愿所相信的过去。

但是，为了探索美国经验的多样性，应该如何正确分配展览权重呢？政治现实是每个群体都需要关注度，他们不仅需要并且也值得被展出。但即使是像美国国家历史博物馆那样大的博物馆，其空间仍是有限的，也无法容纳每个群体。那我们如何设定优先顺序呢？不管在什么情况下，我们真的想要通过分开和隔离那些不同的人群来解决差异性问题吗？在美国国家历史博物馆，我们的首要任务是整合全馆的各种体验。但这真的是正确的方法吗？这种策略是否意味着我们失掉了像"从农场到工厂"（Field to Factory）和"一个更完美的联邦"（A More Perfect Union）那样的深度展览？我们如何平衡更广泛的多样故事与深入探索个体组织独特历史的需求？我们可以兼顾广度和深度吗？我们如何真正地避免将博物馆按种族或民族群体划分，而不仅仅是做表面工作？而我们又要如何更广泛地探索差异——不仅仅是在种族和民族方面，还有年龄、健全（和残疾）、阶级、性别、语言、出生地、宗教信仰、性征？我们能从关注差异性和多样性（关注"他者"）更进一步，展示美国历史的丰富性和复杂性吗？

随着更多专业性博物馆发展壮大——这一切对于美国国家历史博物馆来说都变得更具挑战性。不仅仅有美国印第安人国家博物馆（National Museum of the American Indian）和非裔美国人历史和文化国家博物馆（National Museum of African American History and Culture），还有正在筹划中的关于女性历史和拉丁裔的博物馆。我们要如何融入这个局面？我们如何让这个国家博物馆免于陷入讲述白人探索海陆故事的窠臼？这是一个非常现实的挑战，而且必须面对。

第四，我们诠释的历史一定是具有挑战性的。我们不能忽略公众在政治上的接受度，就去简单地呈现一个自我肯定的、明确的过去。我们的目标必定是历史，正如乔伊斯·阿普尔比（Joyce Appleby）、林恩·亨特（Lynn Hunt）和玛格丽特·雅各布（Margaret Jacobs）在《历史的真相》（Telling the Truth about History）一书中所说的那样，这可能是痛苦的，但也可能是一种解放。[18] 这不是要成为党派之徒或是表达政治观点，而是要刺激参观者去思考，去参与到过去的一切繁复中。历史学家爱德华·李恩塔尔（Edward Linenthal）曾告诫说，不要假设公众需要的只是一个简单的故事。他坚持认为，我们能够也应当去讲述复杂的故事，我们必须抵制"为净化或浪漫化历史做出的阴险且危险的尝试"，这会导致我们原本是用于纪念的场所成为遗忘之地。[19] 换句话说，我们不能放弃作为历史学家和策展人的责任。反思我们主题为交通运输史的新展览"移动中的美国"，美国国家历史博物馆已将侧重点从交通科技转变为社会历史背景，以帮助游客了解我们的选择是如何塑造我们这个国族的。展览中心里最引人注目的时刻之一发生在1401号列车上，该展品自1964年开馆以来，一直作为铁路科技的范例陈列在博物馆的东端。现在它仍然处于原处，但已被置于历史语境中：它停在了 20 世纪 20 年代北卡罗来纳州索尔兹伯里火车站里。坐在火车站里的是一位非裔美国教育家夏洛特·霍金斯·布朗（Charlotte Hawkins Brown），为抵抗"吉姆克劳法"（Jim Crow）的实行，他驱车离开索尔兹伯里。[20]1401 号列车不再仅仅是一个技术的展示品，它现在是美国历史的一部分，讲述了一个并非人人都愿意面对的故事，但这对于了解我们是怎样的一个民族至关重要。对于我们理解历史来说，这是一个至关重要的故事，这正如我们的宣传口号所说："我们如何抵达今日"（how we got here）。

第五，历史叙事必须在不同层面上发挥作用。它应当浅显易懂却又内涵复杂，鼓励不同的观点和解读。这是一个很高的要求。我们都知道在一个标签上或一个历史场景布置中甚至整个展览中捕捉历史的繁复性是极具挑战性的。而重要的是，要让参观者领会并参与这种复杂性，以及认识到塑造了我们民族并将继续塑造我们民族的复杂力量。我们必须弄清如何更好地做到这一点。

## 参观者的支持者

但构思并落实展览不仅仅是关于历史、关于内容的。我们必须同时作为历史本身和参观者们的支持者。如何更好地吸引参观者？请注意，我说的是"参观者"，而不是"观众"——后者给我造成一种被动的接收者的假定，而我们需要超越这个范畴。

所有人都希望参观者能够成为博物馆的一部分。几年前我和同事在美国国家历史博物馆写了一篇文章，文中我们呼吁游客"参与其中并接受挑战"，以获得启发，更多地了解过去；"连接过去，以找寻属于自己的经历和记忆的地方……把自己看作是与历史相连接的，是历史的创造者……我们希望他们从我们身上学到的东西，能使他们成为自己人生、家庭、社区和国家的更好的历史学家"。[21]而且归根结底，我们希望他们能享受他们的博物馆之旅。

　　但我们大多数人都没有接受过这方面的训练。我们是被培养成为历史学家的，而要成为参观者的支持者需要有一些改变。必须承认，策展人和历史学家不是唯一的声音，也不是唯一的权威来源。[22] 不应该居高临下（就像奥兹国的巫师［*The Wonderful Wizard of Oz*］一样[23]）地对参观者说话，我们应当"分享分析历史的过程——我们怎样使用证据，我们不知道什么，我们如何得出历史结论，我们又是怎样理解过去发生的变化的"。这意味着承认展览是由个体的观点发展和变化而来的，并不是某些客观制度性权威的产物。我们需要帮助参观者参与到历史中去。历史不是一系列既定事实，而是一种理解和创造意义的方式。

　　我们还应当在博物馆和展览中腾出空间，让参观者分享他们的经历和回忆。这不是要放弃我们的角色，不是要给公众发声的特权，也不仅仅是简单地只做公众想要的事。我不是在支持卡尔·贝克尔（Carl Becker）的《人人都是他自己的历史学家》（*Everyman His Own Historian*）。[24] 几年前，在《公众史学家》（*The Public Historian*）的一篇文章中，美国国家历史博物馆策展人史蒂文·卢巴（Steven Lubar）告诫说："我们如果把权威让渡得太少，意味着参观者将失去兴趣或无法跟上讲述介绍，这过分强调了策展人的观点。反过来，如果把权威让渡得太多，意味着只是简单地向参观者讲述他们已经知道的内容，或者只是讲述他们想知道的东西，这是在强化记忆，并没有增添新的知识维度，新的解决问题的方法和新的理解。"[25] 正如爱德华·李恩塔尔和其他人所主张的，我们需要吸引参观者参与到历史和记忆的冲突中，为历史的声音和记忆的声音或是纪念性的声音提供空间。[26] 在美国国家历史博物馆，我们正在尝试协调这一问题，尝试共享权威的方法。例如，我们的"9·11"事件展中有一个叫作"告诉我们你的故事"的部分，对于这样一个敏感展览的成功导览，这点至关重要。[27]

　　作为参观者的支持者也意味着更加有意识地关注参观者、学习方式以及其他事项。在美国国家历史博物馆，我们认识到工作不仅仅涉及历史研究和形成概念，还必须将观众的需求和兴趣融入规划过程，设计能够吸引不同受众的方案，并创建多样的体验型产品。我们正在运用我们从参观者调查、行为、人口统计数据中获悉的信息，也正在将时间纳入项目日程来进行前端评估、实验和形成性评估，以拓展我们对参观者的认知。这不是让参观者决定下一个展览的主题，而是为了更好地了解参观者对过去的理解，更好地了解我们需要做些什么才能使参观者从他们目前的认知程度提升到我们想要他们到达的认知水平，弥合公众和历史学家对过去的理解之间的鸿沟。我们不能想当然地认为他们会回应并理解这些我们正在努力做的事情。

简而言之，在应对历史博物馆的职责时，我们面临着一系列交织的复杂问题和义务。向公众解读过去不是一项容易的工作，但它却是一项重要的工作，一项即使道路艰难，我们也会欣然接受的工作。虽然我认为在美国国家历史博物馆，我们对这些问题的把握尚令人满意，但是我们对所有的答案是什么并不确定。解读历史是一项正在进步的工作，然而知道问题所在，知道我们对哪些事情还不清楚，才是最关键的一步。

我想以几年前《纽约时报》讲述的一个故事为总结：

在紧张的政治环境中，由于预算被大幅削减，国会正像鹰一样睁大双眼盯着其他所有的政府项目，史密森学会的秘书认定他别无选择，只能坚持让该机构的一个部门负责人对他手下一名有争议的杰出研究员保持沉默。

毕竟，他意识到，这名研究人员的著作可能是"不怀好意者"（ill-wishers）的完美素材，抓住它并将它作为史密森学会被隔离在美国主流思想之外的证据，然后持怀疑态度且如此易怒的国会将会收到一份公开邀请，要求再次缩减该机构的预算。学会秘书在一封信中敦促不要发表这篇著作，除非它在国会中被议员宣读，而议员们"所代表的无数的选民，将会发现政府的出版物如此中伤他们最敬爱的信仰"。[28]

这不是一起近期的争议事件——这发生于一百多年前的 1897 年。作为历史学家，我们可以感到振奋，我们已经在涉及我们工作的政治之争中挺了过来，并且能一如既往地继续坚持下去。

# 注　释

[1] 译注：弗朗西斯·斯科特·基（Francis Scott Key, 1779—1843），美国歌词作家、律师。他于 1814 年拜访英国舰队之际，因看到美国国旗在空中飘扬，有感而发写了一首诗。这首诗于 1931 年与英国作曲家约翰·斯塔福德·史密斯（John Stafford Smith, 1750—1836）的歌曲《阿纳克里翁在天堂》（"Anacreon in Heaven"）相结合，组成了美国国歌《星条旗》（"The Star-Spangled Banner"）。

[2] 见 2002 年 2 月 15 日《华盛顿邮报》（*Washington Post*）上的广告。

[3] Roy Rosenzweig and David Thelen, *The Presence of the Past: Popular Uses of History in American Life* (New York: Columbia University Press, 1998), p.4.

[4] Ibid., p.3, p.12, p.22, p.70. 罗森茨威格在《人人都是历史学家》中承认这是一个问题，他的部分在"事后之思"中，见 *The Presence of the Past*, pp.186-188。

[5] Roy Rosenzweig and David Thelen, *The Presence of the Past*, p.195.

[6] Ibid., p.32, pp.105-108, p.195.

[7] Ibid., pp.178-184.

[8] John Kuo Wei Tchen, "Back to the Basics: Who Is Researching and Interpreting for Whom?" *Journal of American History*, Vol.81 (December 1994): p.1006.

[9] Roy Rosenzweig and David Thelen, *The Presence of the Past*, p.12.

[10] Lonnie G. Bunch, "Museum in an Age of Uncertainty: Fighting the Good Fight," *Museum News* (March/April 1995), p.35.

[11] "Excerpts from Hearings of the Senate Committee on Rules and Administration, Thursday, May 18, 1995," *Journal of American History*, Vol. 82 (December 1995): pp.1141-1142.

[12] Alan Brinkley, "Historians and Their Publics," *Journal of American History*, Vol.81 (December 1994): p.1029.

[13] Jacqueline Trescott, "Enola Gay Draws More Flak: Petitioners Want Atom Bomb Deaths Added to Exhibit," *Washington Post*, Vol.6, November 2003. 关于围绕艾诺拉·盖号轰炸机和其他 20 世纪 90 年代"历史战争"争议话题的讨论，参见 "History and the Public: What Can We Handle? A Round Table about History after the Enola Gay Controversy," *Journal of American History*, Vol.82 (December 1995): pp.1029-1144。

[14] Steven Lubar and Kathleen M. Kendrick, *Legacies: Collecting America's History at the Smithsonian* (Washington, D.C.: Smithsonian Institution Press, 2001).

[15] Roy Rosenzweig and David Thelen, *The Presence of the Past*, p.13, p.22, pp.115-116, 127, pp.196-197.

[16] 译注：俄克佬（Okies）是美国 20 世纪 30 年代经济危机时期加利福尼亚人对来自俄克拉何马州的农夫移民的蔑称。

[17] 关于此展览的虚拟版本可以搜索：www.americanhistory.si.edu。该展览的配套书是 Janet F. Davidson and Michael S. Sweeney, *On the Move: Transportation and the American Story* (Washington, D.C.: National Geographic, 2003)。

[18] Joyce Appleby, Lynn Hunt, and Margaret Jacob, *Telling the Truth about History* (New York: W.W. Norton & Company, 1994), p.289. 此书有中译本，参见乔伊斯·柯普尔比、林恩·亨特、玛格丽特·雅各布：《历史的真相》，刘北城、薛绚译，上海：上海人民出版社，2011 年。

[19] Edward T. Linenthal, "Committing History in Public," *Journal of American History*, Vol.81 (December 1994): p.990.

[20] 关于夏洛特·霍金斯·布朗（Charlotte Hawkins Brown）的故事，请浏览"移动中的美国"虚拟展示网站：www.americanhistory.si.edu，也可参阅 Janet F. Davidson and Michael S. Sweeney, *On the Move*, pp.219-221。

[21] 附录 F：美国国家历史博物馆对《转变美国国家历史博物馆》（*Transforming the National Museum of American History*）的最初设想（2001），蓝丝带委员会（Blue Ribbon Commission）关于美国国家历史博物馆的报告，史密森学会，March 2002, pp. 2, 6。

[22] Ibid., p. 6.

[23] 译注：典出美国儿童文学作家莱曼·弗兰克·鲍姆（Lyman Frank Baum, 1856—1919）的代表作《绿野仙踪》（*The Wonderful Wizard of Oz*）。

[24] Carl Becker, "Everyman His Own Historian," *American Historical Review*, Vol.37 (January 1932): pp.233-255. 这篇文章有中译版，参见卡尔·贝克尔：《人人都是他自己的历史学家：论历史与政治》，马万利译，北京：北京大学出版社，2013 年。

[25] Steven Lubar, "In the Footsteps of Perry: The Smithsonian Goes to Japan," *The Public Historian*, Vol.17, No. 3 (Summer 1995): p.46.

[26] Edward T. Linenthal, "Can Museums Achieve a Balance Between Memory and History?" *Chronicle of Higher Education*, Vol.10 (Feb. 1995): p. B2. 又见于 Barbara Franco, "Doing History in Public: Balancing Historical Fact with Public Meaning," *Perspectives* (May/June 1995): pp.5-8; Steven Lubar, "Exhibiting Memories," *Museum News*, Vol.75 (July/August 1996): pp.60-61, pp.71-72.

[27] 关于"'9·11'事件：作证历史"展览的虚拟版本，可浏览：www.americanhistory.si.edu。"告诉我们你的故事"部分请点击链接：www.911digitalarchive.org/smithsonian/，这是美国国家历史博物馆合作伙伴的网站——乔治·梅森大学历史和新媒体中心"9·11"事件数字档案馆（September 11 Digital Archive, Center for History and New Media, George Mason University）。有关美国国家历史博物馆和该中心在该项目上的合作的讨论，请参阅 James T. Sparrow, "On the Web: The September 11 Digital Archive," *Public History: Essays from the Field*, ed. James B. Gardner and Peter S. LaPaglia, rev. ed., Malabar, Fla.: Krieger Publishing Company, 2004, pp.397-415。

[28] Paul Goldberger, "Historical Shows on Trial: Who Judges?" *New York Times*, Vol.11, February, 1996.

# 美国记忆、文化战争与国家博物馆科技陈列的挑战 *

罗杰·劳涅斯（Roger D.Launius）

**摘要：**毫无疑问，美国公众对历史有着浓厚的兴趣，并体现在很多方面，从通俗历史学家的畅销书到历史遗迹和博物馆的游客，再到描绘过去的电影和其他媒体的流行。尽管历史学家可能认为，大多数这类平台呈现的话语均过于简单化和生搬硬套，但其中的激情却不容置疑。公众为什么对历史着迷？本文探讨与之相关的一些问题，尤其是将这些问题置于科学技术史的背景中，以及在史密森学会（Smithsonian Institution）中的具体呈现。这些想法还只是初步的探索，但是，我希望它们可以激发更多有价值的思考。

**关键词：**国家航空航天博物馆；史密森学会；争议性展览；技术；科学

## Abstract

There is no question that the American public has an unabashed appetite for history. This is demonstrated in numerous ways from bestsellers by popular historians

---

* Roger D. Launius, "American Memory, Culture Wars, and the Challenge of Presenting Science and Technology in a National Museum," *The Public Historian*. Vol. 29 No.1, Winter 2007, pp. 13-30. © 2007 by the Regents of the University of California and the National Council on Public History. Published by the University of California Press. 本文由周兵（复旦大学历史系教授）翻译。罗杰·劳涅斯（Roger D. Launius）是位于华盛顿特区的史密森学会国家航空航天博物馆航空史部门的主任。1990—2002年，任美国宇航局首席历史学家。撰有多部关于航空航天历史的著作，包括《空间站：星际大本营》（史密森学会图书公司，2003年），该书获得了美国航天航空学会的历史学奖；《抵达上层边疆：美国运载火箭的历史》（肯塔基大学出版社，2002年），与丹尼斯·詹金斯（Dennis R. Jenkins）合著；《想象太空：成就、可能、预测，1950—2050年》（编年史图书公司，2001年），与霍华德·麦克库迪（Howard E. McCurdy）合著。本文初稿于2005年11月3日完成，曾在明尼苏达州明尼阿波利斯举行的科学史学会年会的开幕式全体会议上宣读。

to tourism at historic sites and museums to the popularity of films and other media depicting versions of the past. Although historians might think that the discourse presented in most of these forums is simplistic and stilted, little doubt exists that it is passionate. This discussion explores a few of the issues affecting the public's deep fascination with the past, especially in the context of the history of science and technology, and the presentation of these issues in the Smithsonian Institution. These thoughts are tentative and speculative, but I hope they can stimulate more worthy of further consideration.

**Key words**

National Air and Space Museum; Smithsonian Institution; controversial exhibits; technology; science

## 导言

21 世纪上半叶的文化辩论甚嚣尘上，对于一个服务对象广泛且依赖多重资源支持的国家博物馆来说，深入全面地展现科学和技术的相关历史，即使不是不可能，也有着异乎寻常的困难。科学和技术中相互矛盾的故事、观察者在社会和政治体制中的立场，以及民族性和历史观都表明，有必要开展多方面的、复杂深入的探讨，这在许多重要的公共机构中均有所欠缺。相反，大部分科学和技术的呈现都围绕着定义模糊的"进步"观念而展开，这个词特别容易混淆，因为一个人的进步也会是另一个人的退步。[1]

以我个人在史密森学会国家航空航天博物馆的经验为例。我们应当如何诠释三十多年前美国科学技术致力于将人类送上月球的探索呢？如果用非此即彼的二元辩证观点来论证，阿波罗计划究竟是代表了美国技术和社会的"进步"，还是白白浪费了数十亿本可善当他用的美元？即使在本刊物的读者之中，对这些问题的回答可能也是莫衷一是。如何在博物馆陈列中向普通观众呈现这些不同观点的复杂性和细微差别？最后，是否有人想要用这种细致入微的方法来呈现历史?

　　至少在某种程度上，这种话语的激烈程度可归因于重新界定民族认同的需要，以及对传统观念壁垒可能土崩瓦解的担忧。这使得历史研究重新成为智识的角斗场，在这个战场上，伤亡倒地的不再只是对历史学家来说最重要的关于过去的理论，而且还是在一个后现代、多元文化、反等级制度的时代中社会的整体观念。现代社会的基本哲学主旨一直界限模糊，包括事实与虚构之间，现实主义与诗歌之间，不可恢复的过去与我们对它的记忆之间的界限。[2] 历史"真相"不精确性的这种提升与神话和记忆之间，以及与过去是模糊且不可恢复的这一现实之间的关系，已经预示了身份认同的深层裂缝及其对于美国人的深刻影响。真相似乎随着时间和地点的不同而改变，极其复杂多样且总是被肆意滥用。无论是在过去还是现在，无论在哪儿，我们都不得不在诸多真相之间进行选择。真相一经演绎，我的真相便即消融于你的神话之中，你的真相则融入了我的神话。这种情况在各处有增无减，我们通常只是无奈地摇摇头，错误地理解着不同群体所声称的关于他们自己及他们之外群体的真相。他们给予并继续赋予个人生活以意义和价值，并制造焦点以解释群体的困难与成功。在大型文化机构中，与过去的意见相左早已是公开的矛盾，其间甚至不乏仇怨。位于美国首都华盛顿国家广场的史密森学会即是其中之一，所发生的一系列争议也甚嚣尘上，融入了民族意识之中。

## 过去在美国意识（American Consciousness）中的力量

　　我们也许生活在这样一个时代，美国人想要重申似乎在冷战结束之后陷入危机的民族身份认同。纵观美国历史，尽管在 20 世纪上半叶出现过一些挑战，但大多数美国人仍然认为他们的过去是例外主义的、民族主义的和进步的。[3] 然而，在同苏联明争暗斗的初期，历史学家们不断强化对美国历史的例外主义的解释。正如一致论（Consensus）学派的代表史家理查德·霍夫施塔特（Richard Hofstadter）指出的，在关于二战、纳粹集中营和形形色色的极权主义的讨论中，许多人反思美国时"重新产生了一种旧时的感觉，即美国是更优越的，是与众不同的"。

他解释说："冷战带来了等级的某种终结、强调共同目标的趋向、马克思主义指导的革命及其强调社会矛盾的倾向。"在这一语境下，他断言，对于那些试图通过理解过去来解决当前问题的人们来说，强调美国历史中的矛盾冲突似乎和他们担忧的问题完全脱节。[4]

这种一致论的解释颂扬了美国具有共同理想和价值观的悠久传统，同时淡化了冲突，凸显了美国及构成这一国家的美国人民的优秀。这一理论的倡导者们质疑那些敢于挑战这些宝贵原则的思想和人物，视之为极权主义（authoritarianism）、无政府主义（anarchy）及形形色色的狭隘和简单的观念，包括一致论派历史学家中的代表人物霍夫施塔特在内。这些倡导者们大多主张一种务实的自由主义，而这种自由主义被很多人认为受恐惧、反智主义和威权主义等力量的不断威胁。

但是随着20世纪60年代"新社会史"（New Social History）的兴起，这种对美国历史的宏大叙述开始瓦解。彼得·查尔斯·霍弗（Peter Charles Hoffer）评论道：

> 年轻一代的专业历史学家对越南战争深感愤怒，并受到民权运动的鼓舞，以消灭一致论史学为己任。他们中的一些人是政治激进分子，这些人为一致论的批判注入了新的活力。另一些人则更关注黑人历史和妇女史，致力于将这些群体的叙事搬上舞台的中央。[5]

到20世纪80年代，审视美国过去的一致论和例外主义视角在学术界早已瓦解，但在更广泛的公众层面以及面向公众的文化机构中却仍然存在。这些残存的观点代表了对于美国过去的一种集体记忆，这一集体记忆慰藉了过去的创伤，又强化了"一个民族、一个国家"这一理念。[6]

学术史从强调统一性向多元文化，有时甚至是分裂的历史观转变，这一转型深深困扰着社会的某些群体。这些群体大多将历史视为一门公民学，是培养公民对民族国家及其治理体系的敬畏的一种手段。他们质疑是否有必要采取其他的方式认识过去，是否有必要重新审视传统的阐释，是否有必要以更加多元文化、相对主义和以冲突为导向的方式来探索历史。正是在这一转型时期，"修正主义史学"（Revisionist History）第一次作为一个带有嘲讽的词语被加入历史学的词库中，似乎意味着对过去历史的理解永远不会改变。[7] 从 20 世纪 80 年代开始，出现了大量针对学术界的历史学研究方法、教授们的历史研究成果以及专业历史学家们本人的批评，这些批评随着 20 世纪走向尾声而持续增加。

　　这场辩论代表了一场控制国家记忆的战争。它是如"一个国家，一个民族"那般统一的，还是四分五裂的、个人化的？这是一个重要的问题，完全值得在思想的市场（Marketplace of ideas）[8] 上加以重视。一致论和连续性的力量在高等教育的战场上遭到了挫败，或者说甚至并未完全加入角逐，却致力于控制历史学延伸至学院之外的那片更为重要且广阔的领域。有批评者认为，为了整个国家的利益，这一力量必须在这些领域占据优势。一致论和连续性在这些领域占据优势的努力成为一场空前的运动，但这一运动并非按照某个总体计划自上而下地组织起来。相反，文化右翼势力随着个体性问题的出现加入了这场斗争，并致力于击败那些在他们看来具有破坏性的、无用的美国历史版本。20 世纪 90 年代，对"新社会史"的抨击层出不穷，包括围绕国家历史标准爆发的冲突。作为国家人文基金会的主任，林恩·切尼（Lynne Cheney）在 1992 年目睹了这一努力的发端，她在 1994 年领导了一场针对 K-12[9] 教育工作者的国家历史标准的攻击，并且持续了一年多的时间。同许多其他保守派一样，切尼把矛头对准了国家历史标准，认为这一标准代表了学院派历史学家的观点，而这种观点未能为民族国家提供足够的支持。在她看来，标准对美国历史的看法"冷酷而悲观"，是政治正确的过度表现。[10] 正如专栏作家查尔斯·克劳塞默（Charles Krauthammer）所言："整个文件都在竭力宣扬国家所青睐的少数族裔所取得的成就，并大肆渲染他们所遭受的迫害，同时却又在竭力贬低白人男性在建国两百年来所做出的成就，强调他们的缺陷。"[11] 最终，保守派的攻击成功地促使制定者们对国家历史标准进行新一轮重大修改，并彻底抛弃了那些招致最严厉批评的教学实例。所有这一切都发生于基础教育委员会下属的一个高级别委员会对标准进行审查之后，而 1996 年出台的修订版标准也结束了大部分的争论。[12]

　　其他对学院历史学家研究历史的主流方法持批评态度的人，则提供了自己的强调统一和道德的历史版本，比如理查德·布鲁克希瑟（Richard Brookhiser）

撰写的乔治·华盛顿（George Washington）的传记。[13] 布鲁克希瑟是一名新保守主义者，与《国家评论》（*National Review*）杂志有着密切关联，他强调：

> 尽管历史学家和官方传记作家做出了种种努力，但在人物形象上仍然存在这样那样的空白。所以我认为有必要从头做起，如你所知，不是要发掘任何新的事实，而是把我们已了解到的事实置于不同的视角当中，特别注重凸显其公共服务的事业，以及其性格对其所作所为的影响。你知道，我对细节并不感兴趣，尤其是在它们并不直接相关的情况下。[14]

布鲁克希瑟选择性地重述乔治·华盛顿的故事，意在尝试从华盛顿的职业生涯中汲取教训。在布鲁克希瑟看来，华盛顿的职业生涯在总体上是为公共利益服务的。它实质上就是一部梅森·威姆斯（Mason Weems）《华盛顿传》的20世纪末版本，只是去除了故意编造的故事罢了。

这些控制历史叙述的努力借由许多途径吸引了更广泛的受众，包括电视、博物馆和中学。其中一些是非常微妙的，但另一些则颇为拙劣。例如，就在2006年6月，佛罗里达州州长杰布·布什（Jeb Bush）签署了旨在改革该州K-12教育的"A++"法案。法案中涉及历史教学的只有一小部分，但意义深远。其中规定，"美国历史应被视为真实的，而非建构的，应被视为可知的、可教的和可测试的，且应被定义为主要基于《独立宣言》（*Declaration of Independence*）中所述普遍原则之上的建国历程"。它还指出："注重性格发展的课程体系，应强调爱国主义、责任、公民精神、善良、尊重权威、生命、自由，以及个人财产、诚实、慈善、自制、种族、民族与宗教宽容和合作的品质。"最后，它强调了"自由企业及其对美国经济的重要性"。[15] 尽管其中所用的大部分语言赋予美国历史教学一种"公民教育"的色彩，并且基本上是无害的，但是如果严格依照法律执行的话，在教学中陈述历史事实的空间就将变得极为有限了，更无从深入解释了。而解释当然应该是历史研究和想象的核心内容。佛罗里达州的做法，代表着对"一个国家，一个民族"历史观的一种高调追求，并争取一致论和连续性的历史解释，代表着掌控美国过去的故事和要旨的又一次尝试。

## 博物馆与"一国一民"之争

博物馆反映了公众对历史认知的一个交叉路口，并在帮助创造受过良好历史教育且具有深刻反思能力的民众群体中发挥了良好的作用。与此同时，他们必须面对现代美国的多元诉求所带来的挑战，这些诉求试图在科学、历史和艺术等方面发表不同的声音。在为确保对过去历史保持一致论视角的大肆攻击中，所有类型的博物馆都在 20 世纪 90 年代的美国文化战争中成为"归零地"。

美国国家航空航天博物馆在 20 世纪 90 年代中期以颇为悲壮惨烈的后果撞入了这场竞争，为纪念第二次世界大战结束和冷战开始策划的一场题为"最后一幕"的展览被迫取消，展览中特别包括了在广岛投掷原子弹的艾诺拉·盖号（Enola Gay）B-29 轰炸机。[16] 在博物馆界声誉卓著的汤姆·克劳奇（Tom D. Crouch）馆长，在 1993 年有关争议刚刚开始时的一份备忘录中，就提出了一个孰是孰非的根本性问题："你想要做一个展览旨在让退伍军人感觉良好，还是想要一个展览去引导游客们谈论在日本引爆原子弹所带来的后果。坦率地说，我认为我们不能两者兼顾。"[17] 这场展览引发的争议异常激烈，成为史密森学会遭受的一次公开羞辱，也使得国家航空航天博物馆陷入恐慌。许多更为复杂的展览被阉割成为乏味的飞机模型展示，博物馆开始自我反思，馆长被迫辞职。

我的好友兼同事汤姆·克劳奇是否准确地把握了问题的核心？他的辩证二分法是否正确？难道就不可能同时满足多个不同的社会群体吗？如果他所言确实，那是长期以来一直如此呢，还是一种新出现的情况？虽然有争议的展览一直都有，但在 20 世纪 80 和 90 年代，其出现的频率及争论的激烈程度似乎愈加剧烈了。如果追踪有争议的展览的发生频率，其趋势是争议逐年增多且谩骂斥责之声不断升级。

例如，根据 1998 年《博物馆教育杂志》（*Journal of Museum Education*）上的一篇文章所做的调查，在 1984 年首次发生一年不止一次的争议，或许是一种奥威尔式的讽刺，而在之前的年份只有零星的有关争议展览的报道，很多年份根本没有。在 1984 年至 1998 年间，共发生了 36 起争议，其中一些争议持续数年。20 世纪 90 年代，每年都有 2 到 6 起争议事件发生，许多争议导致了展览做出调整，一些争议甚至促使博物馆取消整个展览。[18] 自 21 世纪初以来，这一趋势似乎又趋于平缓，但上述趋势似乎回避了一个问题：为什么（会有这样的趋势和变化）？在博物馆界，是否出现了视角或自我审查机制的变化，或者有其他因素发挥了作用？

这很可能是因为在整个 20 世纪 90 年代，反复的抨击和批评迫使博物馆管理人员做出了妥协，这些批评有时是出于正当的理由，但也可能是来自一致论和一个国家、一个民族历史观的攻击。[19] 例如，为讨论刻板印象在西方文化描绘其他文化时的地位，史密森国家自然历史博物馆（Smithsonian's National Museum of Natural History）在 1990 年提出了"两难境地"这一说法，旨在强调策展人认定的一些人类学馆藏陈列中存在的历史错误和偏见。这引起了一些批评家的强烈不满，他们指责博物馆是修正主义者和"政治正确"的，导致博物馆直接关闭了部分展厅，而没有选择用合适的后续展览来代替存在问题的展览。

1997 年希瑟·麦克唐纳（Heather MacDonald）[20] 在论及以上事件时写道，史密森学会的"游客所遇见的美国，是以僵化的阶级壁垒、日益加剧的经济不平等、掠夺性资本家和受压迫的少数族裔为特征的"。她的这一批评直指史密森学会的"教授团"："由于全盘接受了美国学术文化中的糟粕，学会已经发生了转变。尖端学术'研究'的主要内容——自鸣得意的讽刺、文化相对主义、对假定受害者的颂扬、对科学的肆意攻击——全都在美国最重要的博物馆和研究中心大行其道，在其向自己和世界的展示中蓬勃地发展着。"她主张对史密森学会的策展人们进行彻底的"大清洗"，并且相对于为确保实现对过去历史的一致论解释而必须实施的更为彻底的变革来说，这场人员大变动仅是一个先导。麦克唐纳的结论是，只有全面"改变大学的强势文化，才能恢复美国的公共文化"。

诸如希瑟·麦克唐纳等美国右翼的代表认为，围绕美国历史的斗争事关美国的国魂。她写道："史密森学会对后现代理论和身份政治的接受是最为重要的，因为学会关乎美国的公共身份（public identity）。"[21] 这与学者们早已熟悉的温文尔雅的学术辩论大异其趣。至少在麦克唐纳及其所要说服的人看来，此事关系重大，必须全力以赴，必须取得完全的胜利方才罢休。就史密森学会而言，在与这些势力的多次交锋中，人们似乎对我们目前如何处理我们的任务有着深切的担忧，唯恐对手群起而攻之。我在国家航空航天博物馆工作虽然只有四年，但是在这段时间的数十次会议中，艾诺拉·盖号争议所留下的阴影挥之不散，一直作为反面材料告诫我们什么事情不应当做以及什么决定不可以做，否则将可能导致事与愿违的后果。

　　也许更令人担忧的，是在史密森学会近来的一些展览中所呈现出的观点，是不加掩饰的歌功颂德和缺乏批判性的。它们是否代表着对林恩·切尼、理查德·布鲁克希瑟和希瑟·麦克唐纳之流所支持的"一国一民"一致论的缴械投降呢？美国国家历史博物馆（National Museum of American History）于2004 年揭幕的展览——"自由的代价：战时的美国人"（"The Price of Freedom: Americans at War"），在最近的一篇评论受到了严厉批评。来自西北大学的评论人卡罗尔·恩伯顿（Carole Emberton）指出：

　　　展览的名称暗示了一种解释性的立场，即假定自由乃是并且始终是美国军事行动的目标。但自由是一个不确定的词，它未能认识到自由的意义在历史上存在的争议，这个展览引导观众沿着辉格派的路径走过美国的社会和政治史，轻易地纵容他或她随心所欲地满足于神话般的进步演进和民主扩张的简单观念……对美国国家历史博物馆这样的机构来说，描绘必然性是一项极其严重的分析失误。它是简单陈腐的。在处理战争这样的题材时，这是不负责任的。

　　恩伯顿还指出，历史上的军事行动与目前在伊拉克等地的军事活动有直接的联系。她指出，这种做法"是对美国当前军事活动的辩护，将过去战争中的自由和牺牲用作今天的保护伞"。[22] 与之相反，美国伤残退伍军人组织的大卫·戈尔曼（David W. Gorman）则解释说："这个令人难忘的展览全面概述了美国历史上的战争经历。参观者可以更好地了解从退伍军人及其家庭到整个国家所做出的牺牲，这将帮助他们认识到自由是需要付出代价的。"[23] 尽管这次展览既不像恩伯顿认为的那么辉格主义，也并非如戈尔曼坚持的那么精彩，但人们对它的反应却引发了文化场域中令人不安的争论。

也许史密森学会所发挥的作用，正是约翰·博德纳（John Bodnar）所坚持认为的：国家历史的官方建构中的"素材"，利用"自豪感和爱国主义"来创造一个统一的、同质化的、一致论的国家历史。博德纳认为，在他所谓的"官方记忆"，即通过政府支持的机构和仪式（如在史密森学会博物馆所看到的仪式）来阐释国家主题，与通过地方的、民间活动来纪念过去的"民间记忆（vernacular memory）"之间，存在着根本的分歧。他认为，"民间"概念的记忆破坏了通过国家手段达成的民族共识的尝试，而官方表述可以随着时间的推移逐步减少文化分歧。[24]这看来颇为可疑，因为它需要某种"总体规划"以建立一个国家的历史记忆，假设尤尔根·哈贝马斯（Jürgen Habermas）和克利福德·格尔兹（Clifford Geertz）所论正如我所认定的那样是正确的，在诸如史密森学会这样的文化机构中所呈现的民族主义视角仍然倾向于容纳参观者的多元解读与赋义。[25]这些机构似乎越来越局限于展示不会引起争议的实物，其潜台词是一致论史学，一个国家、一个民族的观点占据着主导地位。

## 集体记忆与探索过去

将过去呈现为一种国家统一体，这一努力可能并不重要。如果是这样的话，许多争论实际上在更大的国家认同体系中可能并无意义。最近的研究表明，大多数人倾向于把历史看作是以个人和家庭为导向的，而不是国家民族的宏大叙事。一个社区的集体记忆对于任何个人或群体都有着强大的力量，它使我们能够与他人互动。通过分享记忆，我们得以认同和界定自我。[26]这些记忆的意义在一个社会进程中产生，而这一社会进程决定了什么是重要的，以及为什么重要。博物馆是文化或群体记忆的反映，大多数参观博物馆的人（至少在史密森学会这一实例中是这样的）都试图与具有象征意义的实物产生联结。尽管对这些展品的阐释随着时间变化而不同，但它们在国家和个人层面上都能引起共鸣。[27]

大多数人甚至都没有意识到，他们倾向于把时间划分为三个层面，分属于记忆的三层塔形或球形区域中，这些区域是普遍的、变化无常且个人化的，而这些在博物馆中均有所体现。第一层是个人经验区，包含个人亲历的事件或在个人生活中具有显著意义的事件。这些事件因人而异，不仅包括个人亲历的事件，而且包括在他们记忆中发生的重大事件。例如，有许多重大事件成为我们生活时代的标志，对那些参与其中的人有着巨大的共鸣。几乎所有的美国人都记得，当他们得知纽约和华盛顿遭受"9·11"恐怖袭击的时候，他们身在何处、在做何事。个人生活中的其他戏剧性事件也是如此。正是这种我们个人和直接经历的记忆，支配着大多数人对过去的观念。罗伊·罗森茨威格（Roy Rosenzweig）和大卫·泰伦（David Thelen）通过对历史在美国人生活中的日常运用的研究，指出美国人远未脱离历史，尽管通常认为由于远离国家民族的主题，大多数人都将兴趣从这些宽泛的主题转移到了家庭和生活场景的历史上。但事实上，罗森茨威格和泰伦坚持认为，美国人"积极追寻过去，并将其融入了日常生活"。[28] 他们发现，调查的样本中不到 24% 的人认为美国历史对他们来说是"最重要"的过去，而 50% 至 60% 的人认为更为切身相关的过去才是他们人生的中心。[29]

这种对生活场景的历史和个人史的关注，一般也表现在史密森学会的参观者当中。[30] 国家航空航天博物馆是世界上参观人数最多的博物馆之一，它的吸引力当然在很大程度上是由于它所阐释主题的即时性。参观者们不断地来此寻找与他们有个人联系的展品。就职于华盛顿特区的美国国家历史博物馆，曾策划了"移动中的美国"（"America on the Move"）展览的策展人史蒂文·卢巴（Steven Lubar），也观察到类似的现象并得出了相似的结论：展览中所展现的各种特性之中，大多数游客一般只思考其中较为晚近的部分，在那里，他们的个人记忆可以在更深层次上以一种个人的、与众不同的方式与展品和故事产生联系。他指出，在展览的十五个部分当中，大部分人对前十二个部分只是走马观花，但大多会在其年代与当下较为接近的部分及展品前停留更多的时间，比如 20 世纪 50 年代的二手车展厅，人们甚至把令他们记忆犹新的红色老爷车围得水泄不通。[31] 美国国家历史博物馆负责"自由的代价：战时的美国人"展览的策展人迪克·达索（Dik Daso），同样也谈到了展览中越南战争部分受到的欢迎。参加展览开幕式的退伍老兵们对展品视而不见，而是聚集在一张放大的越南地图周围，彼此分享各自的经历。而且，他们的故事都是高度个人化的、相互关联的记忆场域，在一个意想不到的场景中彼此寻找共同点。[32] 借用蒂普·奥尼尔（Tip O'Neill）的话来说，就像政治一样，所有的历史都是当地史。[33]

记忆的第二层区域是历史区，这一层的记忆并不像第一层的个人经验那样贴近当下，但仍能引起美国人的共鸣。历史区的记忆和个体的关系并不紧密，而是通过家人、密友和导师获知的。例如，虽然人们对第二次世界大战可能并没有个人亲历的记忆，但他们听说过有关二战的故事以及二战对他们的家庭和所爱之人的影响。因为人和人之间亲密关系的存在，这些记忆变得有意义且具有持续的影响力。参观国家航空航天博物馆的游客无疑是前来观看大多数人认为的现代技术的奇迹的，尽管除了在狭小的航班客舱中的并不愉快的飞行体验之外，他们并没有更多关于飞行的实际经验，但他们肯定从亲朋好友那里耳闻过一些故事，这些亲友们可能亲身参加过空战、协助参与过载人登月计划，或者是参与过飞机制造。这座美国飞行技术的圣地之所以有魅力，正是因为它与这些家庭和亲人的故事之间的联系。[34] 在这个归属于历史理解的区域中，存在着一些未知的隐秘之处，这些未知之处可能会通过对过去的公开阐释而得到进一步的阐明，但是对大多数人来说，不论这些未知的过去如何被恰当的阐释，它们永远不会像具有个人意义的事件那样令他们刻骨难忘。

记忆的第三个场域，是与亲人或个人经历没有特殊联系的过去。在这样的背景下，漫长历史进程中的所有事件、时代和主题基本上具有同等的重要性。对大多数与它们没有密切联系的人来说，对它们的认知基本上都处于同一水平。在与过去的事件产生共鸣过程中存在许多困难，而且在消化吸收这一过去的过程中，观点总是显得模糊不清。相较于更接近当下的历史事件来说，这类过去中也有着更多的模糊空间。对于所有的历史学家来说，一个重要的挑战是如何发掘真正失去和被遗忘的过去，并将其意义传达给大多数人。这可以通过许多进程加以实现，特别是仪式、公众呈现、历史重演，以及博物馆和历史遗迹的展览。[35]

例如，内战的历史重演者把美国历史上的一个重要事件变成了他们自己的事情，在这个过程中将这段历史加以个人化和神话化。他们为什么要这样做，试图重现这场美国历史上最惨烈战争中的混乱和屠杀？为什么他们中的绝大多数人都偏向南部邦联，为什么他们要极端得像真正的叛军一样去忍饥挨饿？我曾经同他们一起在安提塔姆国家战场（Antietam National Battlefield）遗址等地相处过相当长一段时间，在我看来，他们似乎创造了自己的集体记忆场域，记录了重演被 T. 哈里·威廉姆斯（T. Harry Williams）称为"那场奇怪而悲伤的战争"的经历。这些似乎像真实的战争历史一样令人印象深刻。通过共同的经历使历史个人化，似乎在历史解释中注入了真正的意义。[36]

那么史密森学会的博物馆为哪些社群服务呢？更具体地说，国家航空航天博物馆为哪些社群服务？在国家航空航天博物馆，我们不断地提出这个问题，这在集体记忆的语境中，是一个重要的问题：随着亲历过第二次世界大战的一代人逐渐离世，博物馆中所展现的大部分 20 世纪的历史逐渐成为遥不可及的过去，博物馆是否会变得不受欢迎、不再重要、不吸引人了？对于一个骄傲地自称是世界上参观人数最多的博物馆来说，这是后果极为严峻的一个问题。我们如何向那些与我们所要解释的过去毫无关联的人们传达意义，如何克服 21 世纪的记忆缺失、记忆盲点和记忆的先入之见？最后，我们如何向人们传递这样一个基本真理：历史赋予我们每个人多样化的生活，这是对个人和集体都具有巨大价值的一项恩赐？这些问题可能没有令人满意的答案，在一场更大规模文化战争的背景下纠结于这些问题，更是一个异常严峻的挑战。

## 国家航空航天博物展览的二分法

所有这些问题，促使国家航空航天博物馆的相关人员在策划和运作展览时，小心谨慎地对待理查德·霍夫施塔特所说的美国历史上的冲突和共识问题。[37] 以下我列举了十个在当前形势下可能不会进行的展览，以及一些我认为它们"不可能启动"的原因。所有这些想法都是正确有效的，尽管有些观点更为严肃认真。但所有这些都提出了一些我们似乎不愿解决的令人不安的问题。虽然其他人可能还会提及其他一些未来将进行的展览，但我希望我列出的清单能够作为一窥之见，帮助大家理解在当前的背景下应该如何在国家层面上"实践"科技史。

10.音乐消逝之日：音乐家和坠机

关于这一想法，美国国家航空航天博物馆的策展人员已思考了很多年。

从巴迪·霍利（Buddy Holly）、"大波普"（The Big Bopper）和里奇·瓦伦斯（Richie Valens），到林纳·史金纳（Lynard Skynard）和艾莉娅（Aaliyah），展览聚焦于那些早逝的天才音乐人，他们在从一场音乐会赶往另一场音乐会的途中因飞机失事而死亡，从而让我们探索音乐、飞行和现代美国社会的文化背景。然而，令我无法理解的是，策划这样的展览究竟有何意义，加之它也可能会引起航空运输业的不满，因此它基本上是一项"无望成功的方案"。当然，尽管我确实对几位在飞机失事中遇难的音乐家们的作品十分赞赏，但我还是无法找到一个令人信服的理由来支持这一类型的展览。

9. 从贝蒂娃娃（Betty Boop）到笑脸：机头艺术与美国文化

多年来，尤其是在二战期间，飞行员们喜欢用绘画装饰他们的飞机机头。其中有诙谐幽默的，也有粗俗下流的，有些则带有思考或是多愁善感，但都反映了他们所处时代的文化。这可以成为又一个有意思的展览，可能会提供一个了解美国文化本质和航空历史的有趣窗口，但它对于理解更宏大的故事肯定并不具有关键价值。此外，由于许多展品看来品位低下，肯定会引起争议。值得考虑的问题是：教育性内容的大目标是否可以不顾及随之而来的反对意见？

8. 我们真的登上月球了吗？

我很高兴有机会处理近年来日益广为流传的"登月假新闻"。在现代社会中常有一种有趣悖论：距离登月的实际事件越久远，就越容易怀疑它的真实性，尤其是在此次登月之后人类一直没有重返月球。我认为这样的展览很有价值，可以直面那些否认登月事件的人所提出的论点。我也认为这是了解美国社会和文化中偏执性的一个绝佳窗口。但出于几个原因，举办这样的展览可能不是一个好主意，其中最重要的原因是，给予阿波罗登月计划阴谋论者[38]任何公开宣传的机会本身就是一个战略错误。

7. 古代宇航员、碰撞中的世界与亚特兰蒂斯的消失：太空飞行的疯狂理论

这个展览的想法有点像上面那个。世间如埃里希·冯·丹尼肯（Erich von Daniken）、伊曼纽尔·维里考夫斯基（Immanuel Velikovsky）之流，以及其他那些支持愚蠢的太空飞行想法的人，恐怕不应该从史密森学会得到机会。（当然，我也会对当前的神创论／智能设计论说同样的话，许多人坚持要在教授进化论的同时传播这些思想。）

6. 原爆点：以生命为攻击目标

生活在空中或受太空攻击的轰炸地将会是怎样的体验？这可能是一个非常有力的展览，将探讨战略轰炸的本质及与在地面上发生的 20 世纪历史之间的关系。它可以探索社会以何种方式应对来自空中打击日益严峻的威胁。展览的部分内容可能包括向打击目标投掷弹药所需技术的发展，轰炸对抗措施从高射炮到反弹道导弹再到战略防御计划（SDI）的变革，以及包括防空洞和民防计划等在内的防护体系。对于理解 20 世纪的战争来说，这个主题的重要性不言而喻，但是这一自下而上的飞行故事只是涉及飞机之上的高空，而不是关于飞机之下直到地面的。这一处理方式可能产生的争议，也会使这样一个展览令除了一些策展人之外的所有人难以接受。

5. 空军力量的崛起

这个展览将探讨许多国家的军事飞行员所信奉的空中力量的神话，并将故事置于 20 世纪美国的大背景下。这虽然是一个重要的问题，但几乎肯定会引起美国空军协会 (Air Force Association) 等组织的回应，博物馆之前也曾与他们有过交锋，且都以失败而告终。

4. 深黑：军事侦察、技术和间谍

林登·约翰逊（Lyndon B. Johnson）在 1965 年曾说过，没有什么比双方都能看到对手在做什么更能维持冷战的和平。在这方面，战略侦察是现代美国的一项强有力的手段，应该详细讨论。这一展览将追溯战略侦察的历史沿革，从最初的热气球，到特殊侦察机，再到卫星跟踪和分析。这次展览的一个主要缺点，是这类情报的涉密状态。

3. 对不可思议的反思：冷战与核三角

大多数军事思想家认为，核时代的到来是现代世界国家安全方面最重大的发展。它改变了国际关系的动态格局，给 1945 年后第一世界国家之间的每一次对抗投下了长长的阴影。在国家航空航天博物馆的展览中，对这个问题置若罔闻可以被看作是一种不作为的表现。核武器的崛起，通过空中和太空飞行器的发射系统、监测和武器拦截系统的部署，相关的战略思维（共同毁灭原则、灵活反应等），以及各方力量围绕着洲际弹道导弹、潜射弹道导弹和战略轰炸机的核三角所展开的对策，共同呈现了一个有力而生动的故事。出于许多原因，尤其是全球核毁灭可能会带给观众的不适，这样的展览似乎难以实现，但我相信这是一个值得探讨的主题。

2.越南战争中的空中力量

国家航空航天博物馆实际上有一个关于越战中空军历史的展览脚本。然而，这一展览从未实施过，在很大程度上是因为它可能会带来的政治困境。在史密森学会博物馆里，究竟能否再现"滚雷行动"（Rolling Thunder）和"中后卫行动"（Linebacker）等轰炸战役、空中骑兵在战争中的作用、橙剂计划（Agent Orange）、在德钦（Kham Duc）和溪生（Khe Sahn）的空运和撤离行动等？美国在越南动用了前所未有的空中力量，但揭示和解读历史的细节却也困难重重、令人不快。从政治上讲，就至今仍有争议的问题举行展览是一个颇为重大的挑战。

1.我们在宇宙中是独立存在的吗？

这是我个人最喜欢的一个目前还难以实现的展览，与现代社会休戚相关。它既能引起共鸣，又强而有力，但也有相当程度的争议。它探索天体生物学这一新学科，并提出有关生命本质的问题。几年前，麻省理工学院的生物学家林恩·马古利斯（Lynn Margulis）在美国国家航空航天局的一次演讲中提出了这个问题："如果我们遇到了地球以外的生命，我们会认出它来吗？"这个问题必须予以认真考虑，想得出结论就需要讨论什么是生命，以及如何定义生命。在20世纪90年代，科学家们逐渐认识到微生物的生命力之强大是多么不可思议，它们存在于深海火山口过高温的水中、酸性池中，甚至存在于地壳内部。[39] 在太阳系的其他天体上发现类似简单生命体的机会似乎从未如此真实过。但是，复杂的，甚至是拥有复杂技术的生命呢？还可以展开讨论的问题包括，弗兰克·德雷克（Frank Drake）和他著名的关于在别处可能存在技术生命体的方程式，以及搜寻地外文明计划（SETI），探索太阳系外行星，在火星、木卫二[40]或其他星体上是否曾经存在生命体，还有我们应该如何尝试去发现和理解它。但是，它还使得人们必须去探索两个极具争议的领域。首先，它涉及生命的起源。这将使国家航空航天博物馆直接面对神创论/智能设计力量所热衷的话题，因为它在解释生命起源时必然会涉及进化的问题。其次，我们还要遇到不明飞行物的问题，以及许多人所认为的我们受到来自地球以外的智能生命访问的想法。虽然没有丝毫合理的证据能够表明我们受到了访问，但是有一个相当庞大的、有发言权和政治影响力的群体在坚持着另一个相反的主张。在这样的背景下，有什么办法能够赢得争论吗？我恰巧认为这是一个足够重要的问题，有充足的理由应对任何可能的反对意见，但迄今国家航空航天博物馆尚未采取行动。

出于许多原因，这些展览目前并未在国家航空航天博物馆任何人员的工作清单上占据一席位置。我将努力实现其中的一些展览，但对于能否以既保证知识上的诚实，又可在政治上被接受的方式实现这些目标，仍然深感怀疑。在一个质疑伊拉克战争的进程就会被视为不爱国的时代，几乎没有理由能让人相信，人们会足够宽容地接受就许多其他存在争议的问题展开广泛而严肃的辩论。史密森学会的博物馆长、历史学家汤姆·克劳奇最近感叹，过去十五年间发生了很大的变化。20 世纪 80 年代末，他在史密森学会美国国家历史博物馆策划了一场有关监禁日本裔的展览。这在当时是有争议的，但他不能确定在今天是否还可以举办同样的展览。这对历史学家、策展人和社会评论家，以及我们在 21 世纪发挥有益的教育功能究竟意味着什么？

## 面对文化战争的挑战

面对深植于民族精神的宏大叙事，以及围绕其展开的诸多相互冲突的观点和问题，作为公众史家的我们，如何能展开卓有成效的工作呢？我们应从何处开始理解和解释美国人的记忆、神话，以及这个国家不可恢复的过去，包括其科学和技术的遗产？对于那些来饱含我们历史探求的文化机构参观的人们，我们可以在哪里产生积极的影响呢？许多善意的美国人相信，他们能够解答这些问题。

在理查德·休斯（Richard T. Hughes）最近出版的著作《美国赖以生存的神话》（*Myths America Lives By*）中，他评论了所谓美国清白论神话，这一观念在美国国家航空航天博物馆有关空军力量的所有展览中几乎都有所涉及，尤其是在战略轰炸方面。20 世纪 90 年代，围绕艾诺拉·盖号展览所展开的辩论，也完全是一个神话。它肯定美国公民乐于接受，国家无论做什么都是公正和正义的，而且它正陷于与邪恶对抗的艰难战斗中。这一点在美国历史上的各个时期几乎都能够看到，但在 20 世纪的伟大斗争中尤为显著，因为在这一时期空中力量对战争的影响至关重要。特别是第一和第二次世界大战让美国人相信，他们是在为全人类的生存而战，是正义对抗邪恶。但这种信念也可以在对抗苏联的冷战及全球反恐战争中看到。这是一个颇为不幸的发展。休斯指出：

> 事实上，世界并不像所谓美国清白论神话所说的那样泾渭分明地划分善与恶。2001 年 9 月 11 日恐怖袭击发生后，美国人再次将世界严格划分为善恶两类，美国明确无误地站在正义的一方，这使得美国人更加难以意识到这一真相。[41]

这种观点需要在国家航空航天博物馆和史密森学会的其他博物馆中呈现。但现在的情况如何呢？它在未来会有所发展吗？要是我知道答案就好了。

不幸的是，我不知道。我认为，我们一直在寻求以一种艰难而狭隘的视角来看待国家及其历史演变、进步的观念和美国人赖以生存的神话。其后果是，史密森学会所推崇的展览，倾向于肯定那些长期占主导的理念，而不是试图提供更为复杂和多样化的视野。国家航空航天博物馆的领导层自称只是一家科技博物馆的负责人，而往往回避那些需要深入分析更广泛社会背景的问题。国家航空航天博物馆所标榜的宗旨，是致力于纪念、教育和激励公众。在这个框架下，向参观者提出挑战，让他们能够创造性地，并有别于他们已知和已认为的事物而展开思考的机会，其实微乎其微。展览倾向于强化人们既有的观念，颂扬飞行史的宏大叙事，而不是处理可能令人不适的重要问题。这难道就够了吗？为了对我们所服务的社会有所作为，我们应该如何回应这种情况？在这一过程中，不论受到怎样的冷嘲热讽，我们应该如何在不背离服务社会这一承诺的前提下，最好地生存下来？我承认，对于这些问题的疑问要远多于答案，我期待着未来进一步的讨论。

# 注　释

[1] 有关这一讨论的细节见录于多部论著。参见 James Davison Hunter, *Culture Wars: The Struggle to Define America* (New York: Basic Books, 1991); Gary B. Nash, Charlotte Crabtree, and Ross E. Dunn, *History on Trial: Culture Wars and the Teaching of the Past* (New York: Alfred A. Knopf, 1997); Sam Wineburg, *Historical Thinking and Other Unnatural Acts: Charting the Future of Teaching the Past* (Philadelphia, PA: Temple University Press, 2001)。

[2] 关于神话与历史的精彩讨论，参见 Hayden White, *Metahistory: The Historical Imagination in Nineteenth-Century Europe* (Baltimore, MD: Johns Hopkins University Press, 1973); Roland Barthes, "The Discourse of History," trans. Stephen Bann, *Comparative Criticism: A Yearbook* 3 (1981): pp.3-20; Dominick LaCapra, *Rethinking Intellectual History* (Ithaca, NY: Cornell University Press, 1983); Brook Thomas, *The New Historicism: And Other Old-Fashioned Topics* (Princeton, NJ:Princeton University Press, 1991)。

[3] 关于美国例外主义，参见 Seymour Martin Lipset, *American Exceptionalism: A Double-Edged Sword* (New York: W. W. Norton & Company, 1997); Charles Lockhart, *The Roots of American Exceptionalism: Institutions, Culture and Policies* (New York: Palgrave Macmillan, 2003); Deborah L. Madsen, *American Exceptionalism* (Oxford: State University of Mississippi Press, 1998); David W. Noble, *Death of a Nation: American Culture and the End of Exceptionalism* (Minneapolis: University of Minnesota Press, 2002)。

[4] Richard Hofstadter, *The Progressive Historians: Turner, Beard, Parrington* (New York: Alfred A. Knopf, 1968), pp.438-439.

[5] Peter Charles Hoffer, *Past Imperfect: Facts, Fictions, Fraud-American History from Bancroft and Parkman to Ambrose, Bellesiles, Ellis, and Goodwin* (New York: Public Affairs, 2004), p.63.

[6] Frances Fitzgerald, *America Revised* (Boston, MA: Little, Brown, 1979), pp.53-58; Michael Kammen, *In the Past Lane: Historical Perspectives on American Culture* (New York: Oxford University Press, 1997), pp.64-68; Neil Jumonville, *Henry Steele Commager: Midcentury Liberalism and the History of the Present* (Chapel Hill: University of North Carolina Press, 1999), pp.232-235.

[7] 例如 Sterling Rome, "Revisionist History as Politically Correct Policy," October 18, 2002, CNSNews. com，评论的网址链接：http://www.cnsnews.com/ ViewCommentary.asp?Page=%5CCommentary% 5Carchive%5C200210%5CCOM20021018e.html（2006 年 9 月 5 日登录）。

[8] 译者注："思想的市场（Marketplace of ideas）这一概念的核心是政治传播的绝对自由主义模式。在绝对自由主义的公共领域中，利益党派理应为其立场而推动对其有利的论点，而理性的个体则应从相互竞争的论点中选择最符合其利益的论点；其结果是促进公共利益的观点立场得以采纳，就像受到无形之手的指挥一样。有关公共讨论这一比喻的灵感源于亚当·斯密的经济市场阐述。"参见约翰·尼罗（John C. Nerone）等著：《最后的权利——重议〈报刊的四种理论〉》，汕头大学出版社，2008 年，第 63 页。

[9] 译者注：K-12（kindergarten through twelfth grade），教育类专用名词，是学前教育至高中教育的缩写，现在普遍被用来代指基础教育。

[10] Lynne V. Cheney, "The End of History," *Wall Street Journal*, October 20, 1994.

[11] Gary B. Nash, Charlotte Crabtree, and Ross E. Dunn, *History on Trial: Culture Wars and the Teaching of the Past* (New York: Alfred A. Knopf, 1997), pp.189-190.

[12] 不过，林恩·切尼仍然不满意。2004 年，她迫使教育部修订了一本题为《帮助孩子学习历史》

（"Helping Your Child Learn History"）的小册子，以取消对国家历史标准的引用。参见 Gary B. Nash, "Lynne Cheney's Attack on the History Standards, 10 Years Later," November 8, 2004, History News Network, available on-line at http://hnn.us/articles/8418.html（2006 年 9 月 8 日登录）。

[13] Richard Brookhiser, *Founding Father: Rediscovering George Washington* (New York: Free Press, 1996).

[14]《理查德·布鲁克希瑟谈乔治·华盛顿》（"Richard Brookhiser on George Washington"），《吉姆·莱瑞尔新闻访谈》，1996 年 3 月 28 日，网址链接：http://www.pbs.org/newshour/gergen/ brookhiser.html（2006 年 9 月 5 日登录）。

[15] Robert Cassanello, "Education Reform and the History Wars in Florida," *OAH Newsletter*, August 2006, p. 47.

[16] 有关这一问题有大量的论述。部分长篇大作包括 Edward T. Linenthal and Tom Engelhardt, eds., *History Wars: The Enola Gay and Other Battles for the American Past* (New York: Owl Books, 1996); Martin Harwit, *An Exhibit Denied: Lobbying the History of Enola Gay* (New York: Copernicus Books, 1996); Steven C. Dubin, *Displays of Power: Controversy in the American Museum from the Enola Gay to Sensation* (Buffalo: New York University Press, 2000); Robert P. Newman, *Enola Gay and the Court of History* (New York: Peter Lang, 2004); Charles T. O'Reilly and William A. Rooney, *Enola Gay and the Smithsonian Institution* (Jefferson, N.C.: McFarland & Company, 2005)。 此外，在《技术与文化》（*Technology & Culture*）、《美国历史杂志》（*Journal of American History*）等刊物都出版有关于此事件的专刊。

[17] 汤姆·克劳奇（Tom D. Crouch）的《致马丁·哈维特的备忘录》（*Memo to Martin Harwit*, July 21, 1993）曾被多方征引。参见 Ken Ringle, "2 Views of History Collide Over Smithsonian A-Bomb Exhibit," September 26, 1994, 网址链接：http://www.h-net.org/~asia/threads/thrdenola.html （2005 年 10 月 28 日登录）。

[18] Maureen McConnell and Honee Hess, "A Controversy Timeline," *Journal of Museum Education* 23, no. 3 (1998): pp.4-6.

[19] Willard L. Boyd, "Museums as Centers for Controversy," *Daedalus* 128 (Summer 1999): pp.185-228.

[20] Heather MacDonald, "Revisionist Lust: The Smithsonian Today," *New Criterion* 15 (May 1997), 网址链接：http://www.newcriterion.com/archive/15/may97/heather.htm （2006 年 9 月 8 日登录）。

[21] Ibid.

[22] Carole Emberton, review of "The Price of Freedom: Americans at War," *Journal of American History* 92 (June 2005): pp.163-166.

[23] "Price of Freedom: American History Museum Exhibit Opens," *Disabled American Veterans Magazine*, January-February 2005, 网址链接：http://www.findarticles.com/p/articles/mi_m0LFT/ is_1_47/ai_n15338354 （2005 年 10 月 28 日登录）。

[24] 参见 John Bodnar, *Remaking America: Public Memory, Commemoration, and Patriotism in the Twentieth Century* (Princeton, NJ: Princeton University Press, 1992)。

[25] Jürgen Habermas, *The Theory of Communicative Action, Volume 2: Lifeworld and System, A Critique of Functionalist Reason* (Boston, MA: Beacon Press, 1987); Clifford Geertz, *The Interpretation of Culture* (New York: Basic Books, 1973).

[26] John Elsner, "From the Pyramids to Pausanias and Piglet: Monuments, Travel and Writing," in *Art and Text in Ancient Greek Culture*, eds. Simon Goldhill and Robin Osborne (Cambridge, UK: Cambridge University Press, 1994), pp.224-254.

[27] Cornelius J. Holtorf, "The Life-histories of Megalithic Monuments in Mecklenburg-Vorpommern (Germany)," 文本摘自 1998 年威尔士兰彼得大学 [University of Wales (Lampeter) ] 的一篇博

士 论 文，网 址 链 接：https://tspace.library.utoronto.ca/citd/holtorf/2.0.html（2005 年 10 月 26 日登录）。

[28] Roy Rosenweig and David Thelen, *The Presence of the Past: Popular Uses of History in American Life* (New York: Columbia University Press, 1998), pp.11-13, 引自 p. 18。

[29] Ibid，p. 237.

[30] 译者注：史密森学会是美国一系列博物馆和研究机构的集合组织，其地位大致相当于其他国家的国家博物馆系统。该组织囊括 19 座博物馆（美术馆）、9 座研究中心和国家动物园以及 1.365 亿件艺术品和标本。下文提到的位于华盛顿特区的国家航空航天博物馆（NASM）、美国国家历史博物馆（NMAH）均属于史密森学会博物馆系统。

[31] 史蒂文·卢巴（Steven Lubar），华盛顿特区美国国家历史博物馆，与罗杰·劳涅斯的讨论，2004 年 4 月 6 日。

[32] 迪克·达索（Dik Daso），华盛顿特区美国国家航空航天博物馆，与罗杰·劳涅斯的交谈，2005 年 10 月 26 日。

[33] Tip O'Neill and Gary Hymel, *All Politics Is Local: And Other Rules of the Game* (New York: Adams Media Corporation, 1995).

[34] 有关这一方面的精彩论述，参见 David T. Courtwright, *Sky as Frontier: Adventure, Aviation, and Empire* (College Station: Texas A&M University Press, 2005), pp.220-224。

[35] Jane Adams, "Melting Pot, Stew Pot, or Salad," 网 址 链 接：http://mccoy.lib.siu .edu/~jadams/introduction_text.html（2005 年 10 月 28 日登录）。社会学家罗伯特·贝拉（Robert Bellah）称之为"记忆社区"（communities of memory）。参见 Robert N. Bellah, et al., *Habits of the Heart: Individualism and Commitment in American Life* (New York: Harper and Row, 1985)。

[36] 这种潜在的假设见于 Tony Horowitz, *Confederates in the Attic: Dispatches from the Unfinished Civil War* (New York: Vintage Books, 1999)。另见 T. Harry Williams, "That Strange Sad War," *Colorado Quarterly* 10 (Winter 1962): pp.265-275。

[37] 参见 Richard Hofstadter, "Conflict and Consensus in American History," *The Progressive Historians*, pp. 437-466。

[38] 阿波罗登月计划阴谋论是一系列怀疑论（骗局论、造假论）。其认为美国阿波罗登月计划（1961—1972 年）并未实施，且 1969 年 7 月 21 日人类未登上月球（包含前后的 6 次登月及前后共 12 名登月的宇航员），这一切都是美国国家航空航天局编造的。

[39] 参见 Peter Douglas Ward and Donald Brownlee, *Rare Earth: Why Complex Life Is Uncommon in the Universe* (New York: Copernicus Books, 2000).

[40] 译者注：木星的卫星之一。

[41] Richard T. Hughes, *Myths America Lives By* (Urbana: University of Illinois Press, 2003), p.186.

# 历史博物馆的终结：什么是 B 计划？ *

卡里·卡森（Cary Carson）

**摘要：** 历史遗迹和故居类博物馆注定像奥兹莫比尔[1]和软盘[2]一样走向消失吗？三十年来，参观历史博物馆的人数在不断减少。尽管对此现象的理论解释有很多种，但没人真正理解原因所在。为引发关于此问题的更多讨论，这篇文章提醒我们不要被"过去已成为过往"的悲观论调迷惑。文章提出了全新的"B计划"，要求今天的学习者把（关于过去的）信息组织起来，赋予历史以意义。

**关键词：** 历史博物馆；故居类历史博物馆；参观博物馆；公众历史教育的前景；学习方式；新媒体

## Abstract

Are historic sites and house museums destined to go the way of Oldsmobile and floppy disk? Visitation has trended downwards for thirty years. Theories abound, but no one really knows why. To launch a discussion of the problem in the pages of *The Public Historian*, Cary Carson cautions against the pessimistic view that the past is simply passé. Instead he offers a "Plan B" that takes account of the new way that learners today organize information to make history meaningful.

## Key words

history museums; historic house museums; museum visitation; future of public

* Cary Carson, "The End of History Museums: What's Plan B?" *The Public Historian*, Vol. 30, No. 4 (Fall 2008), pp. 9-27. © 2008 by the Regents of the University of California and the National Council on Public History. Published by the University of California Press. 本文由于占杰（大连大学历史系讲师）、游丽诗（浙江大学历史学系博士生）翻译。

history education; learning styles; new media

安息吧，汽车影院、巡回马戏团、《生活杂志》、《斯卡代尔食谱》(*Scarsdale Diet*)、合约桥牌、零基预算、莱昂内尔火车套装 (Lionel train set)、摇滚乐。凡是用于娱乐的和用于自我提高的所有事物，都有其生命周期。从初次出现，到不断发展，到盛极一时，最终免不了烟消云散，而提供这些体验的机构的命运也是如此。地区的管弦乐队、经营严肃读物的书店、网络新闻、兄弟会、工会、唱片行业、圣公会乡村俱乐部，也都已经或正在消失。

历史博物馆，尤其是故居类历史博物馆，似乎也很快将被人遗忘。

真的是这样吗？这取决于你问的是谁。但这种论调首次出现时，其主张者所带来的消息往往是好坏参半。我的任务就是恰如其分地评估这种说法。为此，借《公众历史学家》(*The Public Historian*) 的数页篇幅，我建议读者不妨先对今日历史博物馆所涵盖的全部范畴进行一番概览，然后深入了解表层之下、视界之外的世界到底会是什么样子。最后，我将在结论部分尝试着就"什么是 B 计划?"这个问题给出答案。

困扰历史博物馆的问题是否已经终结？报章杂志上时不时地会出现历史博物馆已消亡或正在消亡的消息。[3] 去年，殖民地威廉斯堡 (Colonial Williamsburg) 宣布要把旁边的卡特的格罗夫庄园 (Cater's Grove Platation) 卖给个人中介或房产公司，只要他们愿意精心保护该博物馆的建筑。这一时引发了小规模的舆论哗然。[4] 出售的理由是：维护费用太高。还有一个尴尬的事实没有说出来，那就是该庄园（博物馆）对威廉斯堡的游客来说已经不再有吸引力，相反，它还要和复原的街区争夺本来就日渐减少的购票游客。

与此同时，在公路另一头的里士满，曾经的"南部的圣殿"——南部联盟博物馆，称该馆已到了难以为继的"临界点"了。[5] 参观人数从 20 世纪 90 年代头几年的 9.1 万锐减到今天（2008 年）的 5 万，因而资金严重不足，以至于博物馆负责人建议卖掉市中心的原建筑，将杰斐逊·戴维斯 (Jefferson Davis) 的邦联白宫迁至弗吉尼亚的列克星敦。新英格兰斯特布里奇村 (Sturbridge Village) 的做法则稍稍不同。该地区最大的古建筑博物馆群，将着古装的讲解员的人数从过去的 72 人大幅削减至目前的 20 人。[6] 诸如此类的热点新闻，无不向公众警示：我们国家最具历史价值的一些机构，现已麻烦不断。

例外总是有的，目前也有部分遏制参观人数下滑趋势的成功案例。例如，纽约市下东区廉价公寓博物馆一日游的申请名单越来越长。[7]美国各州和地方历史协会（American Association for State and Local History，AASLH）主席特里·戴维斯（Terry Davis）坚持认为，场馆的规模对于参观人数有重要影响。她认为，那些"景点"（destination sites）问题最大。这里她指的是那些已经落伍的观光胜地——芒特弗农、威廉斯堡、斯特布里奇村（Sturbridge Village）。她说："那些规模不大的民间博物馆的参观人数本就没有发生很大的变化。"[8]

迈克尔·威尔逊（Michael Wilson）负责的阿迪朗达克山脉范德比尔特隐居地"大酋长营"（Great Camp Sagamore），参观人数一直不多：2001年之前，每年最多有1.2万人次来参观此地，但2001年之后，人数跌至每年7000人次。[9]如果听了专家会议上的闲谈，你就会得出结论：许多"民间"博物馆并不比范德比尔特强多少。

真实的情况是：没人确切知道这背后的原因。还没有一家全国性的机构对博物馆的参观人数进行统计，是的，美国博物馆协会（American Association of Museums）没有统计，美国各州和地方历史协会（AASLH）没有统计，美国博物馆和图书馆服务协会（Museum and Library Services）也没有统计，也没有确立全行业统一的参观人数统计方式。更糟糕的是，每一个博物馆统计参观者人数的方式每年都在变化，缺乏可用于比较的可靠数字，因此这一（尚待确证的）看法从未引起过争论——在过去的五年里，历史博物馆付费参观的人数的确是在大幅下降。而极少量已公布的数字更是印证了这一看法：2000—2004年，殖民地威廉斯堡参观人数下降了18%，蒙蒂塞洛下降了15%，芒特弗农下降了28%。[10]其他博物馆参观人数也在下降。专门为博物馆界服务的营销研究公司"研究顾问"最近发布的调查结果表明，不管多大的规模和资金实力，没有一家故居博物馆和古迹的数据是令人鼓舞的。该公司在调查中发现，家庭观众访问的八种不同类型的博物馆中，历史博物馆排在最后。[11]大家普遍的看法是，历史博物馆的参观人数正在下降，加上成本逐渐上升的现实境况，是否会演化为一场全面的危机？或者，就像特里·戴维斯更倾向于认为的，"仅仅是经营方式的一种变化（而我们必须去适应这种变化）"？答案恐怕是言人人殊。

另一方面，没人会相信今天的历史博物馆比过去的黄金时代（如艾诺拉·盖和迪斯尼美国公园）更好。[12]

　　无论如何，焦虑万分的管理者和紧张不安的受托人都会寻找对策，而不是坐等数字变得好看。当然，他们一直在尝试的补救方案是建立在他们对某个问题的分析判断基础上的，即如何解释表面上全国范围内的参观人数的下降趋势。由于专门针对历史博物馆参观者的市场统计，无论是全国性的还是地区性的，都缺乏准确的数据，估测便成为面对这一问题的普遍做法。

　　在所有的猜测中，"竞争"往往会被认为是首要原因，从主题公园和滑水道到购物中心和电子游戏，竞争者无处不在。历史博物馆数量的过剩意味着更激烈的竞争。据估计，1960 年以来，全国有一半的博物馆已关闭。[13]除了"竞争"这一解释之外，还有其他可能的原因会导致博物馆的关闭，如天然气价格上升、"9·11"事件的冲击、度假方式的变化、母亲们进入职场、学校参观群体要求达到的学习标准产生的寒蝉效应[14]，以及历史教师对于大行其道的社会研究的指控，认为其造就了整整一代人的历史无知。或许，上述理由中的任何一个都难辞其咎。

　　要衡量这些问题到底有多严重，并理解这些推测的原因是否如此，最好的策略恐怕就是臆测了，而在寻求解决方案时，臆测依旧占主导。其中，最铤而走险的应对措施便是仅考虑遏制赤字，在固定支出、成本上升和收入下降的情况下尽量削减支出。斯特布里奇村为已营业四年之久的奥利弗·赖特酒馆（Oliver Wright Tavern）安上了百叶窗，取消了为登记住宿的一千名游客提供的感恩节晚餐。[15]弗吉尼亚州纽波特纽斯（Newport News）市的水手博物馆也大幅削减了从事公众教育的员工数量，原来七个人的部门被削减至仅剩两人的骨干业务室。包括许多故居博物馆在内的小博物馆也缩短了开放时间，薪资冻结，维修拖延，空房闲置。关于短期内的节约措施，特里·戴维斯的看法或许是对的，这正是周而复始的商业循环中痛苦却并不陌生的下滑趋势。

　　有些博物馆的专业人员认为形势更为严峻。他们认为，历史博物馆领域正经历着芭芭拉·西尔贝曼（Barbara Silberman）所说的"地震式"的变革，对应地质岩层比例可谓是最深层基岩的动荡。[16]五年前在位于哈德逊河谷的洛克菲勒庄园（Kykuit）——如今的会议中心举行的大型独家峰会，其议题就是：

这场变革预示着什么样的前景？2002 年，28 名博物馆界专家齐聚一堂（去年 4 月再次聚会），对博物馆面临的形势做出整体性的判断，试图解决全行业面临的问题，寻求长远的解决方案，还有一个普遍的议题就是：反思新世纪历史名人故居博物馆的经营之道。[17]

三天的会议中，自我评估环节并没有带来多少惊喜。与会者承认，那种适合向大众开放的故居博物馆太多了，而且千篇一律。正如某位与会者所指出的，"纺车太多了，而代表 20 世纪生活方式的实物又太少了"。[18] 除了趋同化，故居类博物馆的年代馆、指引参观、解说程序，不客气地说，简直是"令人厌烦"，这也是与会者所忧心的。正如有些与会者所说，多数故居博物馆的陈列品"老旧过时，让人提不起兴趣，与当前的主题无关，与他们所在的社区也毫无关联"。对于国家人文基金会（National Endowment for Humanities，NEH）、博物馆和图书馆服务协会（the Institution of Museum and Library Services）以及其他部分机构和基金会来说，这种结论可不是好消息，它们一直鼓励相关机构把历史提供的经验教训同当下建立起相关性，使这些经验教训能够打动社区选民。洛克菲勒庄园峰会的与会者则认为，联邦、州和私人为博物馆提供的资金，无论多么受欢迎，其为博物馆带来了过多的新项目，令博物馆头疼不已。由此承担的额外责任有时会令这些脆弱的机构崩溃。

我们暂且放下洛克菲勒庄园会议上的两个发现：一是博物馆项目的沉闷枯燥，二是国家人文基金会及其他资助机构在计划制定中所扮演的角色。稍后我将回到这两个问题上来。

首先，尽管我们发现的这些问题的确让人头疼，但要承认，有些规划已经制定出来了。精明的人已开始规划什么可以做、什么不可以做了。有几个比较看好的发展规划正来自洛克菲勒庄园峰会。会议中的部分提议也受到了国家历史保护信托基金会（National Trust for Historic Preservation）的关注。该基金会本身就拥有并经营着 28 家著名的故居类博物馆。该基金会，尤其是它大名鼎鼎的副理事长詹姆斯·沃恩（James Vaughan），一直致力于历史遗迹保护工作，为此也甘冒风险。在殖民地威廉斯堡把卡特的格罗夫庄园变卖之前，基金会的故居博物馆私有化尝试进展顺利。七年前，他们还私下帮助李-杰克逊基金会终止了将罗伯特·李少年时代在亚历山大港的故居作为公共博物馆的功能，然后连带保护性地役权售卖给富有的私人买主，使其能够对该屋舍予以悉心维护，从而"拯救"了该故居。[19] 基金会还鼓励博物馆间的合并、联营。此举无疑是对故居博物馆的管理者的挑战，促使他们更为灵活地使用建筑物附属的适于辟建公园的土地。利用这些土地举办的爵士音乐会、莎士比亚艺术节、故事会及其他广受民众欢迎的社区活动，不仅吸引了新的参观者，而且还募集到了修缮历史建筑物的经费。

有些尝试的失败似乎可预见。革新者们在多次的失败之后开始了解哪些事情是不能去碰的。例如，除通常使用的小型宣传画册（rack cards）、网站、旅游指南之外，不要把钱浪费在其他昂贵的广告营销上。"过多的营销努力往往收效甚微"，"往往是付出了，但没有结果"。[20]

更糟糕的是，由于额外的成本已经投入，人们便会有这样错误的期望：新的画廊、有轰动效应的展览、改装升级的时代室（period rooms）和添置的重要藏品将会通过某种方式把昔日失去的参观者拉回来。但在这些小打小闹的尝试偃旗息鼓之后，这些期待并不能实现，更不必说维持长期的效果。按照惯例，几乎所有人都认为：除了开幕之夜，（增加新的画廊）不会产生长期的影响，只是增加了更多需要维护和运营的建筑物。[21]

最近，正当博物馆为大幅增加游客或增加新的访客中心而孤注一掷、试图翻盘之际，反而遭遇了大危机。华盛顿特区的城市博物馆却没有出现这种情况。该博物馆拥有一栋闻名于世的维多利亚时代的宅邸，室内陈设保留完好，具有极高的历史价值。四年前，历史学会花费 2000 万美元将闲置的卡内基图书馆装饰一新，并迁入了新址。然而，十五个月后，该图书馆就永远地关上了大门，因为参观人数仅为 3.6 万人次，离预期的 10 万至 45 万人次相去甚远。[22]

就在我们仍在焦虑和束手无策的时候，距离威廉斯堡镇不远处的水手博物馆（Mariners' Museum），在开放了一个新建的用于展示铁甲舰"监视者号"的侧厅后，很快就陷入赤字的泥淖。同时，到该博物馆参访的门票收入仅为预估的（同时也是预算中的）40% 左右。[23] 大型博物馆倒闭的消息占据着头条，但确实也有不少故居博物馆还想赌一把。不过，正如沃恩所言，他们都赌输了。沃恩称，他"想不起来有哪个成功的案例，没人告诉我说'我们把客厅恢复原貌，然后人们就会为一睹芳容而挤破房门'"。[24]

公平地讲，所有这些失败的对策，乍看上去确实能够吸引大众并获得大众的支持。但仔细一想，未必如此。那些获得成功的新尝试在很大程度上往往都是非核心的、外围的行动，都是些甚少考虑历史博物馆教育功能的活动，都是些诸如婚礼、受戒礼、老式汽车展、冰激凌联谊会、无声拍卖等。当然，这些都是有益身心的娱乐活动，而且还能带来收入，没人能对此嗤之以鼻。尽管如此，这些活动也使得历史建筑和遗迹中原本居于核心的功能被迫退至幕后，这种地位的降低不仅仅是在教育这一层面，甚至往往是真正意义上的。

与之相反，博物馆在强化和丰富教育项目上的努力却总是惨淡收场。这又该如何解释？有时候你会听到这样的务实建议："尽一切所能去达成目的。"毕竟，古迹文物保护主义者坚称，保护（saving）古建筑才是最终目的。如果旧货甩卖和新娘送礼会能做到这一点，那我们为何还要吹毛求疵？

因为这些小打小闹并非历史，这就是答案！公众史学家必须对这些权宜之计提出异议：要衡量博物馆是否健康发展，参访者人数是个错误的指标。沃恩曾指出，国家历史保护信托基金会正"设法把我们的成功经验转变为质的提高，而不是致力于量的扩张"。[25] 质量当然是所有人的目标，但数量也很重要！甚至可以说能赚多少门票收入都不是最重要的。作为公众史学家，我们不应放下身段，去组织狗狗秀或为复活节彩蛋比赛充当裁判，无论此举能筹集到多少用于保护的资金。如果我们的终身学习机构并不教历史，或者我们只教给极少的学习者以历史知识，那才是我们应该去解决的问题。

我将从这些问题出发展开讨论。

A 计划就是历史博物馆过去的做法，目的是吸引观众购票参观，对他们传授历史知识并让他们感到愉悦。A 计划的范畴往往会延伸至外展计划，针对学校的项目以及近期的博物馆网站以及互联网编程项目。整个 A 计划依靠门票实现，它建立在门票收入的基础上，这是该计划的关键。简言之，该计划需要可观的参观者人数作为保证。但现在，对许多博物馆来说，无论具体的数字有多不精确，有一点是确定的，那就是参观者人数正在下降。不论是什么原因，A 计划都不再能够按照过去那样正常运作。

那么，什么是 B 计划？或者，更有策略的问法是，我们过去在博物馆领域尝试过的举措现在大多已经相当过时了，为了更好地教授博物馆历史，我们应该怎样引导那些还在苦苦挣扎的博物馆寻找更有效的、可持续的替代性做法？

　　要确立目前的定位并走上正确的方向，我们就得用更长远的眼光来看待博物馆参观人数的问题，拓宽对参观者业余时间的学习环境的理解。举目四望，我立马意识到，有三个显著的事实引起了我的注意。在大多数有关历史博物馆目前困境的新闻报道中，都没有提到参观人数这一数据。我们不妨逐一看一下这些值得关注的事实。

　　第一个事实是参观人数呈不断下降的趋势，并非过去五六年的事情，亦非始自"9·11"事件，而是持续了二十多年之久。所以，在这一现实情况下，参观人数的下降始于恐怖主义、燃气价格、共和党的吝啬等其他晚近才出现的奇怪理由，都缺乏解释力。诚然，20 世纪 70 年代的参观人数的数据比近期的统计更不可靠，但趋势是确定无疑的。威廉斯堡镇的参访人数（购票参访）在 20 世纪 70 年代和 80 年代为 100 万人次，90 年代下滑至 95.4 万人次，2002 年为 80.3 万人次，到 2005 年则跌至 73.4 万人次。[26] 同期的芒特弗农的参访人数的变化则是：70 年代为 105.4 万人次，80 年代为 101.1 万人次，十年前为 99.2 万人次，2000 年则跌至 93.5 万人次。[27] 国家历史保护信托基金会的报告显示，其所管理和运营的历史博物馆的参访人数平均每年减少 2%—3%。[28] 尽管一年间的数据变化并不是很剧烈，但在长达二十年或三十年的时段里，这些微小的减少量就会累积为一个很大的数字。这种整体的趋势应引起我们的注意。一些来自最深层基岩的根本性变化，将有很大的可能在近一代人的时间里，改变整个国家的文化景观，无论我们是否注意到这些，我们都需要对这一可能性保持警惕。

　　再看看第二个事实。历史博物馆和其他文化机构正面临着同样的困境。参访人数下降，获得的支持在减少，这是人文科学界广泛存在的问题，但还没到随处都是的程度。例外还是有的。某些文化机构就做得很好。值得关注的是到底是哪些文化机构成了例外，以及为什么它们可以成为例外。比如，交响乐团面临艰难困境的同时，[29] 歌剧院却迎来了空前繁荣。[30]

　　就此而言，对于一个全新类型的历史博物馆来说，这也是最好的时代，这也是我所要揭示的一个好苗头。你们当中有多少人参观过或至少听说过匡提科（Quantico）郊外的国家海军陆战队博物馆、位于华盛顿的间谍博物馆、位于伊利诺伊州斯普林菲尔德的亚伯拉罕·林肯博物馆、位于堪萨斯城的一战博物馆以及位于路易斯维尔的穆罕默德·阿里（Muhammad Ali）纪念中心？这些只是部分例子，《纽约时报》在去年秋天的报道中写道："放眼全国，这些耀眼的新型历史博物馆就像战场上的红罂粟[31]一样拔地而起，而战马（展品）则在努力刮去身上的霉菌。"[32]诚然，这些新的博物馆已非传统的故居类历史博物馆。这些新博物馆在展示和规划中的投资就达数百万美元，在吸引大众方面具有明星般的魅力，门票收入也极为可观，这都足以促使我们去探寻它们到底为什么如此受欢迎。

有三个现象值得注意：一是历史博物馆参观人数数十年来一直在下滑；二是其他文化机构的混合特征；三是新的多媒体手段在吸引参观者上的巨大成功。这些现象传达的信息并不总是那么容易厘清。悲观论者往往从参访人数的下降就得出了结论，认为年轻人早已在过去便失去了对博物馆的兴趣，而如今令人眼花缭乱的吸引手段的流行，则对此结论构成了挑战。另一方面，剧院的火爆似乎也驳斥了"技术是成功的秘诀"这一假设。尽管如此，有一件事情是清晰的。博物馆的历史学家应考虑到，20 世纪 70 年代之后新起的这代人，他们在获取和处理信息的方式上和前几代人有着很大的不同，并且能很好地为他们服务。让很多博物馆专家欣慰的是，一份广为人知的研究报告指出，很多美国人更愿意把博物馆而不是学校或祖父母视为历史教师。不过，这份欣慰本身是错位的。问题不在于把博物馆当成历史教师。关键在于，博物馆能否与当今的人们所习惯的学习方式有效地结合起来。他们不应将精力放在如何突破当今的博物馆所面临的大环境上，而是应着眼于怎样让今天的学习者更喜欢组织和汇集信息，从而形成意义。

在某种程度上，游客调查和参观者调查可把我们带到那个方向。我所说的市场调查，并不是拦下博物馆的参观者，然后让他们对其博物馆参观体验从 1 到 10 进行打分，如果这样做，参观者肯定会要求"请退款"！有一些机构会定期地开展深度调查，以此了解人们在参观博物馆时到底看到了什么、做了什么、学到了什么以及没有学到什么。除了博物馆教育者早已获取的信息外，最近来自康纳草原（Conner Prairie）博物馆、蒙蒂塞洛博物馆和殖民地威廉斯堡博物馆的三份调查报告又为他们带来了新的紧急信号。[33] 现代的参观者并不满足于当一名被动的旁观者。他们已不想再当有耐心的观众。康妮·格拉夫特

(Conny Graft) 是威廉斯堡博物馆游客调查中心主任。在最近提交的调查报告中，她所调查的参观者表示，他们希望有更为互动性的、更吸引人的体验。他们希望这样的体验能帮助他们感到"回到了过去"。请注意，要实现观众脑海中想象的 18 世纪熙熙攘攘的城镇的效果，其费用之高，完全超过了威廉斯堡博物馆的预算。基于观众的偏好，格拉夫特认为他们希望基金会"在街道上安排成百上千的身着当时服装的人，而且是二十四小时！他们希望听到普通人的声音，包括酒馆人员、奴隶、努力叫卖的商贩、穷苦士兵的家人以及与之关联的各色人等"。[34]

尽管这些调查数据对于博物馆教育者来说鲜有惊喜之处，但调查者却能从字里行间读出有关大众学习习惯的重要信息。今天博物馆的参观者期望能体验穿越回他们所想象的另一个时代、另一个地方。仅仅告诉他们过去发生了什么已经无法满足他们了。他们只有在那个过去时代生活过、感知过、体验过，才能得到满足。这是电视一代和如今的互联网一代的首选，这是和他们的先辈的一个很大的不同，他们的先辈几乎都是在阅读书本或在参观博物馆时听有声书长大的。一会儿我将进一步详谈视觉媒体的影响。

有报告称，威廉斯堡镇的参观者一旦被带到他们所想象的 18 世纪的城镇中，他们会想要遇到这个时期的普通人，这为我们提供了关于现代学习方式偏好的第二个线索。也就是说，在这些虚拟的世界里，他们并不满足于仅当一名旁观者，相反，他们想亲自与这些历史人物认识、熟识，分享他们的忧乐，真正进入正在讲述的故事。

正如我前面指出的，其实这里没有什么全新的东西。几年来，博物馆史学家都在要求参观者要有想象力。在历史遗迹解说中出现身着过去服饰的演员，也是他们惯用的手段。在展示历史事件时，能力最出色的那些演员—解说员，往往能够鼓励非专业人士通过将自己代入某一角色而置身于其所描绘的历史事件的中心。盛大的多媒体吸引手段则通过将观众参与水平提高到令人兴奋的新高度，对历史遗址解说提出了极为苛刻的要求。他们认为新型多媒体遗址解说的流行，应归功于高科技实现的想象工程：把观众变身为间谍组织的首脑、海军陆战队员、拳王穆罕默德·阿里[35]的拳击陪练等。

有的虚拟体验则有真正的教育功能。在亨利·福特博物馆手握方向盘驾驶一辆福特 T 型汽车，对于所有现代开定速巡航系统车的人来说，都是难忘的学习经历。而其他模拟仿真不过是主题公园的特技效果，比如，在弗农山庄 (Mount Vernon) [36] 斥资六千万美金打造的新定向中心，当华盛顿穿过特拉华州时，就有"真实的"雪（当然不是真雪）打在脸上。[37]

　　规模不大的博物馆无论多么适合现代学习风格，大部分还是不敢奢望请专业演员来表演，也不敢奢望模拟现实的虚拟场景。但如果他们采取 B 计划，相应的费用是他们承担得起的，也是在他们现有的人员和资金状况下可以做到的。

　　令人欣慰的是，我们做到了。从参观者对调查的反应中，还有另外一个教训值得汲取。现代博物馆参访者渴望想象自己身处于过去，他们期望他们所扮演的角色能与他们所遇到的历史人物共患难，所有这些都需要一个前提：博物馆教育者须为参观者提供一个潜在的、正在进行的故事。故事是大众历史的必要条件。而讲故事是我们公众历史学家做的事情，或者说是我们应该做的。但让我感到奇怪和失望的是，不少博物馆仍顽固地坚持认为，参观者更为关注的是所展示的物品而不是用这些物品来把参观者拉回到历史故事所发生的那个三维空间。[38] 如今，每个要有所兜售的人，不管是广告商、政治家还是新闻播音员，都知道人们所关注的信息往往是那些有人情味的故事所包装起来的信息。（顺便说一下，这恰好解释了歌剧院公司相较于管弦乐队的竞争优势。）首先，B 计划必须承认的一个现实就是，讲故事是现代学习过程得以实现的有效手段。接着让我们看看讲故事将给我们带来什么。

　　就此而言，大就是好。故事越大，就越能教出许多真正值得下很大力气去学的美国史。我们不妨看一下三年前殖民地威廉斯堡的情形，那时我们创立了"革命之城"。[39] 这一完全照本宣科和剧场化的项目，从 2006 年开始，已成为基金会的教育课程的招牌。宣传海报赫然写着"殖民地威廉斯堡探险"，这是一出精心制作的街头剧的一个片段，在连续两天里，每天实时展演两个小时。[40] 第一天，把参观者吸引到引发《独立宣言》诞生的一系列事件漩涡中，而后很快使其陷入与超级大国英国的艰难战争。第二天，参与者扮演"战争中的市民"，经受了一连串的形势逆转、食物短缺、叛国、奴隶起义的威胁和其他可怕的挫折，直到约克镇出人意料地传来捷报。三十多名专业演员上演了少数历史书上出现的名人，还有许多普通市民的生活情境，而这些普通市民正是参观者想要遇到的，他们也急切地想感知他们的痛苦。每天的事件分七段不同的情节，在街道的不同地点上演。参观者在观看时要从一个场景移动到另一个。

"革命之城"讲述了一个很宏大的故事。更确切地说，该剧的上演与参观者所喜爱的学习方法完美地契合。它将参观者拉到了过去的时代里，使他们获得了历史认同，并和历史关联起来。

还应加上一点，即这种方式可以说是现代学习者的"操盘手"。这些"操盘手"让学习者感到参观学习的重要性。这个故事足够宏大，足以使学习者相信，他们参与到这一故事中，也就意味着他们参与到美国历史上具有重要意义的事件中。一位参观者在被问到"'革命之城'的体验中，你最喜欢的是什么？"时回答说："我有一种身临其境的感觉，就好像那些经历真的发生在我身上，并将影响我的人生。这让我感觉这些事件很重要，非常重要。"[41]

如果让我来操作，我恐怕也写不出比这更贴切的开场白了，从一开始，这个问题就有着极大的诱惑力，一直推着我前进。与四五十年前相比，我们现代人掌握的学习方法到底有什么不同？如果博物馆教育者不希望仅仅以 R.I.P. 作为过去的墓志铭，那么什么样新的学习习惯是他们必须了解并将其植入到 B 计划中的？

对这些有所了解的人会认为，电视不仅使得沟通方式、政治、娱乐以及家庭聚餐形式发生了革命性的变化，而且也使得每一个电视迷一夜之间都进入世界性事件的中心。人类历史上第一次实现了新闻报道的即时性、轰动性以及最重要的可视性。20 世纪 50 年代的电视奇迹般地开启了一场根本的观众角色转变，观众原本作为远离事件中心的间接观察者，通过电视的虚拟图像直接到达犯罪现场、战场，甚至停在事故发生地的救护车前，成了现场目击者。此外，电视还具有把观众带入正在制造的历史事件中心的魔力。《你就在现场》正是年青的沃尔特·克朗凯特（Walter Cronkite）主播的备受欢迎的电视节目，节目中，记者报道的都是正在发生的、具有重要历史意义的事件，其风格仿佛晚间新闻。我们看电视看得越多，就越容易从我们作为一切事物的中心这一新优势位置去观察外面的世界。人类学家詹戈帝塔（Thomas de Zengotita）将其称为"某种意义上的上帝之眼"。[42] 我们很快就知道，虚拟现实好过实际现实。看电视不仅使得每个人都享受到了坐前排座位观看的待遇，多镜头摄像机还反复提供了各种角度的画面。特写镜头、交叉剪接、慢镜头、即时回放等技巧，使得每一名观众都能够获得演员视角下的观看体验。

通过把每个人置于我们选择观看的节目的中心，这种新的世界观最终改变了我们搜集、加工信息的方式。听听詹戈帝塔是怎么说的吧：久而久之，我们的头脑会分不清真实的和电视中呈现的东西。这种新媒体把我们请到幕后甚至舞台中央，如此取悦我们，结果就是使我们无法抗拒地被带入了一种"表演文化"。这种冶现实与表演于一炉的炼金术，就这样渐渐渗入我们的心灵，从而使得我们对自己的教师提出了类似的期待甚至要求：希望我们在各自的教育中也能像在电视面前一样成为平等的参与者。

便携式摄像机和移动录像手机则加速了电视所开启的进程。各地的教育者无一不受到挑战，要求将他们的讲义重新规划包装，使之成为一种受教育者能够运用自己的设备参与其中的表演艺术。例如，手持式"应答器"已入侵大学教室。学生可运用某种类似遥控器的设备，以电子化的方式即时回复老师的问题。意味深长的是，当一名大一新生被问到讲堂中使用的应答器时，他用了电视作为类比。他说："我觉得我好像身处《谁想成为百万富翁》节目的'场外求助'环节。"[43]

再举一个宗教教育的例子。所有教派的教堂都在提升技术装备水平，以做到座无虚席，让礼拜服务更为便捷。在康涅狄格州斯托尔斯（Storrs, Connecticut）的一座教堂里，做礼拜的人向牧师发送即时短信，牧师随后将短信即兴编成讲道内容。他解释说，我们这样做"是为了帮助人们在礼拜服务过程中参与到现场对话中"。[44]

就连作为"表演文化"发端的电视，也不得不开始寻求与观众更亲密的互动方式。美国有线电视新闻网（CNN）、微软全国有线广播电视公司（MSNBC）、福克斯新闻（Fox News）也开始播放那些被称为"公民记者"的人用手机拍下的镜头。该行业的一名发言人称："对观众和电视台来说，这的确是一个互相赋权的过程。我们实现了双向沟通，而不是仅仅向他们播放新闻，而且形成了一个在我们之间共享新闻的共同体。"除此之外，还有个好处就是成本低了。志愿者中的技术大拿可免费提供服务。在我的结论中，我将再次回到这一点上。[45]

教室、教堂、新闻编辑部、运动竞技场，无一例外。那么，博物馆还会远吗？但我们怎样才能把博物馆与这些与技术形影不离的大众联系起来，同时又不出卖我们的灵魂？在殖民地威廉斯堡开启"革命之城"项目之前的数年里，我们已经围绕这一困境展开了很多的讨论。这些讨论通常都是零星的对话，并且，这一主题往往与其他话题放在一起讨论。但不久，主任和副理事长提出要正面解决这个问题。以 2004 年在一次管理会议上发给高级职员的一份备忘录为例，这份以《未来的威廉斯堡》为题的备忘录，意在挑战传统观念，拓展人们的想象力。[46]（这里不妨爆点料。这里我之所以可以随意引用这份绝密的备忘录，是因为我就是起草人，因为我已从基金会荣退，最重要的是，四年前听起来还好像是牵强附会的设想，如今人们对其的接受度已经提高了很多。）我这里所要透露的文件就是 B 计划的早期草案。请记住，这项提议最初是，现在仍然是纯粹的胡闹。至于讨厌的可行性研究，那是以后的事情了。我们的第一个目标仅仅是摆脱传统思维的引力，在现代学习方式的指导下，迅速将博物馆展示提升到新的高度。毕竟，未来必须首先是可以想象的，之后我们才能去判断它是否可行。因此，正如我在下面展示的这样，2004 年的备忘录先从对未来的描述开始。

没人能肯定地说会如此，但如果二十年后我们的后继者回首 21 世纪之初，看到历史遗迹和博物馆村正走着始于 20 世纪 50 年代的职业体育运动的老路，我对此不会惊讶。

曾经，棒球、足球、篮球的球迷要体验体育赛事，只能购买门票并在球场或竞技场待上一下午。后来，电视出现了，很多人就不再去体育场馆观看比赛了。但是很快，电视播放的体育赛事使得全国各地的观众待在家里就可以收看，因此创造了一批新的观众群体，这一群体的人数远超过去在比赛日买票到现场观看的观众，最终差距可达到数千万人次。到 70 年代初，体育产业利用大型电视广告收入，使球员成了百万富翁，为媒体捧红的体育明星们建造了恢宏漂亮的体育场馆。很快，粉丝便回流到盛大豪奢的新体育馆中，现场体验过去只能通过电视播放而获得的快感，近距离一睹电视塑造出的明星的风采。而这一粉丝群体的数量到如今已经相当可观。现今，虽然大多数粉丝不可能到现场观看每一场比赛，但他们只要到现场观看比赛，往往和他们的朋友或者孩子一道前来，这足以让俱乐部老板赚个盆满钵满。

在短时间内，可能没有其他娱乐活动能与职业体育的成功相比。不过，亚军还是有的。比如，马戏团曾经是普通人观看奇异动物，满足自身好奇心的唯一去处。但 50 年代至今，电视上层出不穷的野生动物节目使得马戏团彻底销声匿迹了。尽管关于野生动物的电视节目也同样很快创造了一大批知识渊博的热心观众，他们对野生动物的兴趣和丰富知识也使得动物园获得新生。

面对这些以及其他依靠科技将过时的娱乐方式转化为虚拟体验的成功案例，难道博物馆就不能追随它们的脚步吗？难道就没有这样一种可能：我们所看到的并非人们对美国历史的兴趣在减退，而是越来越多的人更倾向于就像最初那样在非现场的媒体中接触美国历史？可以想象的是，"独自打保龄球"[47] 的一代会发现，比起他们的父辈把孩子塞进家庭旅行车、住进汽车旅馆、排队等待进馆，最后在导游人员的带领下参观故居博物馆，虚拟参观更方便，更有趣，更强调互动，更令人兴奋，更省事。

如果我的猜测有一半是对的，我们或许都已进入转变的第一个阶段了，而这个转变一旦完成，就可使数百万计的历史学习者在线"游历"殖民地威廉斯堡。在这种情况下，实时参观已修复原貌的城镇将成为一个可选项。而这对于原本通过网络、影像或电视来了解博物馆的历史迷来说，将会是很值得期待的特别体验。

我们的讨论就到这为止吧！"在线观看"到底是什么样子的？"虚拟的威廉斯堡"怎样才能在继续履行基金会作为负责任的历史博物馆教育者的义务的同时，替代"真实的威廉斯堡"的位置？

这里，我想请我的同事、副理事长一起考虑下面这一系列假设。我提出的设想建议是这样的：

想象一下，将来有一天，殖民地威廉斯堡年复一年、持续不断地每天播放 30 分钟一集的历史肥皂剧，全国有成千上万的忠实粉丝在观看。

想象一下，殖民地威廉斯堡在街道、草地、室内、商店、威廉斯堡的公共建筑物中上演了独立战争爆发前几年的一出戏。故事情节（自发的反抗和革命带来的震惊）和主要人物（合众国的奠基者）都可直接从历史书中找。配角和次要情节——阴谋、丑闻、背叛、三角恋、结核病——所有这些都应由审慎的、有目的的、有根据的猜测建构出来，而这些猜测也是我们的研究型历史学家和项目的规划者如今致力于探索的。以这个节目为主要媒介，我们向数百万的观众传递了"成为美国人"的信息。

**下面仍旧是我的想象：**

想象一下，基金会重新分配数百万美元的广告预算，用于聘请一流作者、一流的制片人、作为主演的八到十名专业演员，这些演员塑造了剧中的人物形象，观众可以喜欢也可以憎恨这些人物形象，但不会失去兴趣。

想象一下，这样的历史剧只能在流媒体视频中才能看到：只能在线看，不可下载。每天一集，免费，赔本售出。但用户可看到之前的全集，与他们喜欢的剧中人物交谈，可获得其反映的时代和事件的背景资料。对那些迫不及待地想参观真正的威廉斯堡的粉丝来说，我们的网站提供了热门链接。教师和学生可利用我们的档案文件、教学计划和数字图书馆。更重要的是，作为互联网生产，还会有周边产品、副产品及广告收入。

回到威廉斯堡，想象一下威廉斯堡的历史保护区为无预约的参观者提供有限的体验清单，即凭单日票游览带解说的展览馆和外贸商店。除此之外的所有其他景点，只对提前预约的参观者开放。他们都是来看这部肥皂剧制作过程的影迷。他们成群结队，吵着要见电视上的名人（演员、解说员），要和他们交谈。这些小规模的团体观光可专门定制、一条龙服务、专门定价，从而形成一条标准化的现场体验线路，为那些把"未来的威廉斯堡"列为主要目的地的游客服务。

　　我的备忘录到此并没有结束，但对我的同事来说，这个已经足够了。他们的怀疑是合理的，尽管我设想中的某些特征后来出现在"革命之城"的设计方案中。

　　尽管 B 计划的早期版本还有瑕疵，但有一件事是正确的。它为原本分离的两个领域建立起了重要的关联，其中，一方是媒体炒作的超级故事，是数百万人共享的在线体验或电视体验，另一方是博物馆一直以来做的，为学生、家庭、团体和个人提供可选择的互相独立且相互协调的各色现场参观体验。我可以预见，只有当国内某个特定区域的机构将它们现在各自独立讲述的故事集合起来时，历史博物馆才能实现迈向下一个美好新世界的重要一步。这样的区域可以像"大波士顿"一样集中，也可以像"平原各州"这样跨州分散。我所设想的联合行动，将支持一部庞大的、长期播出的历史电视剧或网络剧的自由创作。在这部剧包罗万象的叙事中，这一区域的每个故居博物馆及历史遗迹都能在这一叙事里找到语境和关系，并由这些情境和联系出发，创建出参观者只有在实地参访中才能体验到的项目和行动方案。

　　我们把这个称为 B 计划的第一部分——"超级故事元素"。要想实现这一目标，少不了广泛的合作，不仅各个博物馆和历史遗迹之间要相互合作，而且需要与独立制片人、软件工程师、地方剧团和公共电视台合作。电视或网络上播放的超级故事不能是迷你剧，不能是七集的《约翰·亚当斯》（*John Adams*）或十三集的《肯·伯恩斯》（*Ken Burns*）。它应是一部正在上演的连续剧。它需要拥有一群每周都会收看的忠实观众。想想《黑道家族》（*The Sopranos*）这部电视剧——剧情紧凑、嘈杂吵闹、拼贴混搭、尚未完成——但《黑道家族》却被视为历史小说而连播。再看看拉丁美洲的"电视小说"（telenovelas）及《丑女贝蒂》（*Ugly Betty*）在全世界引发的翻拍热潮。再看看老版的《福塞特世家》（*The Forsyte Sage*）吧，其讲述的家族故事涉及三十年间的好几代人。说到这里，不妨再看看棒球赛季，每集就是一场比赛，每周都会产生新的赢家和输家，每个赛季都会有令人目不暇接的冠军争夺赛和令人心碎的失望，每隔几年总会爆出点丑闻和操纵比赛的消息。它们的共同点都是：它们能让大众的观看行为成为习惯，让人无法抗拒，欲罢不能。但似乎没有人指责博物馆为何无法做到这一点！

现在进入 B 计划的第二部分——"实时的、现场的博物馆成分"。这是我在《未来的威廉斯堡镇》计划中没有预料到的。甚至在短短四年前，我还不知道怎样才能使得参观者不仅仅充当旁观者的角色。但旁观者是能够成为参观者的，他们也想成为参观者。第二部分还涉及另一种合作关系，这是各个博物馆与正在崛起的一代历史学习者之间的合作关系。这里的学习者并不是指那些知道如何使用耳机、电子语音导览（Acoustiguide）[48]和触屏电脑的参观者，他们只是按按钮罢了。他们并没有改变教师（及博物馆）与学习者（参观者）的关系。相反，我说的是可把人们"带入游戏"的最新手持摄像技术，正如他们所说的——小孩拿着手机拍照，年轻人则手持黑莓手机和便携式摄像机。我们还是抛弃那些套路化的故居博物馆之旅吧。"没劲！"——怎么可能记住？还是代之以专为技术玩家型的参观者而设计的博物馆项目吧，这些参观者对区域性的超级故事最感兴趣。他们可以用他们随身携带的自己的设备记录下从博物馆馆长、演员、导游、解说员、他们自己那里获得的可视化的信息以及与他们所看到的和学到的一切进行互动的场景。然后，他们就可以从博物馆的官方网站和与连播的超级故事相关联的网站下载背景材料作为补充，他们正是受这些可连播的超级故事影响而成为踏进博物馆大门的人。

还不止于此。他们不会满足于搜集图片和信息。将图片和信息重新组合，放到 DIY 网站共享，才是网络骑士热衷的"运动"。"油管"（YouTube）和"脸书"（FaceBook）可能过于关注个人，但诸如"第二人生"（Second Life）这样的网站，借助 Web 2.0 技术，将旅途中可自我选择的、"按自身需要量身定制的"、随心所欲的旅行者们，送往他们自己选择的，想要去往的虚拟旅行目的地。这些目的地里就包含一些非常真实的历史古迹。在网站的其他地方，"Eyespot"视频编辑服务则提供了上传和重新合成声音、音乐和视频"内容"所需的所有计算机工具。由此而来的结果就是一个互动的叙事，而这正应了卡尔·贝克尔（Carl Becker）的名言："人人都是自己的历史学家。"

咳！暂停一下，我好像听见你在叫停。这一切要通向何方？实话告诉你吧，我也不知道。对我来说，如何使得利用新的社交网络技术上传、下载的公众历史能够为博物馆历史学家服务，我也不清楚。就像唱片业，就像学着在互联网上参加竞选的政客，我们也只能一步一步摸索前行。

但不管喜欢与否，那个庞然大物已驶入信息高速公路。我是怎么知道的？就在去年秋天，位于华盛顿的国家非裔美国人历史文化博物馆推出了一个互动网站，这比史密森体系下的博物馆预计的破土动工时间还要早六年。这个互动性的网站用的是社交网络软件，可让线上参观者贡献出自己的故事，并使其"成为博物馆的一部分"，网站的创办负责人朗尼·邦奇（Lonnie Bunch）称。[49]这是数据收集阶段。他还承诺网站将提供"内容和关联"，参观者可由此建立他们自己的社区。他并没有说明这一提议的具体内涵，现在或许也只有一部分和邦奇一样处于初始阶段的开拓者。但重要的是，他尚停留在口头阶段，这正是我们从熟悉的领域进入未知领域时的固有感受。

无论你觉得 B 计划听起来是令人兴奋还是害怕，好像有一点是可以肯定的，得花不少钱。那么，规模不大的故居博物馆承担得起吗？答案是承担不起，即使是 B 计划第一部分也承担不起。甚至威廉斯堡镇的财力也不足以制作出我在备忘录里所想象的、全国观众都会看的肥皂剧。不过，这也是好消息。B 计划的第一部分，即制作出区域性的超级故事，因其花费的不可承担性，恰恰说明合作才是正途。只有为博物馆注资的公立机构、私人机构、商业伙伴共同努力，才能承担制作出一流的、抓人眼球的电视或网络文献纪录片的成本。这些机构包括公共电视、私人基金会，或许还有诸如美国各州和地方历史协会（AASLH）这样的专业组织，当然还有国家人文基金会（NEH）等专业机构。我认为，现在是时候让国家人文基金会设立一个专项资助奖助类别，以资助全国各地的区域性超级故事的创作。对如此多的小博物馆来说，此举无疑是最有效的。

B 计划第二部分也有个好消息。BYOT 是"带上你自己的技术设备"（Bring Your Own Technology）的缩写。忘掉麻烦的电子语音导览（爱可声）和不靠谱的柯达转轮幻灯机吧。今天的学习者包里塞满了他们自己的技术设备。为什么你会认为电视新闻已被用数码相机和摄影手机进行拍摄的"市民记者"们打败？小博物馆可以掏钱建网站，但 B 计划第二章提到的必不可少的互动，就需要小博物馆迈出前门，与参观者互动了。

我将用最后一个预测来结束本文。我认为，博物馆等机构将来所面临的最大的挑战不是钱的问题。大问题自然有大方案，并且这一方案肯定能找到融资途径。真正的考验是，博物馆是否愿意合作完成比他们以前联合完成的项目更有雄心的项目。所有这些，再加上那些持续时间最长、最大的挑战——如何激活创新能力，设计出 21 世纪的方式来使历史活起来，就是未来时代的人的挑战了。

我虽以"安息吧"作为本文的开头，但我希望没人准备"安息"。但对历史博物馆来说，围绕某个人制定的 B 计划集结力量的时机已经成熟。如若不然，我们将冒着获得另一个墓志铭的巨大风险——也是我最喜欢的，来自新英格兰墓地的墓志铭——"安息于碎片之中"。

## 注　释

[1] 译者注：奥兹莫比尔（Oldsmobile），是美国通用汽车的一个汽车品牌，在 1897 年创立，2004 年被裁撤。

[2] 译者注：软盘（floppy disk），是一种碟盘存储，2000 年以前，3.5 英寸软盘驱动器是电脑普及设备之一，之后渐渐被淘汰。

[3] Bruce Courson, "Why Rural Museums Are Becoming Ancient History," *Wall Street Journal*, December 27, 2005; David A. Fahrenthold, "Living-History Museums Struggle to Draw Visitors," *Washington Post*, December 25, 2005.

[4] Tracie Rozhon, "Homes Sell, And History Goes Private," *New York Times*, December 31, 2006; Marian Godfrey and Barbara Silberman, "Carter's Grave Reassessment is a Model for Historic House Museums," *Virginian Pilot,* January 29, 2008; Edward A.Chappell, "Carter's Grove: Next Chapter," *Colonial Williamsburg Journal* 30, no.2 (Spring 2008): pp.68-73.

[5] Neely Tucker, "Swept Away By History," *Washington Post*, April 4, 2007. 类似的事件又见 Neely Tucker, "Plan Would Divide Conferderate Museum's Relics," *Washington Post*, September 6, 2007。

[6] Jenna Russell, "A Historic Replica Retrenches, Sturbridge Village Cuts Staff, Facilities to Make Ends Meet," *Boston Globe*, November 21, 2005.

[7] 马萨诸塞州的"夹心玻璃博物馆"（Sandwich Glass Museum）则是另一个成功的案例。参见 Courson, "Why Rural Museums Are Becoming Ancient History"。

[8] 2007 年 8 月 2 日特里·戴维斯致卡里·卡森的电子邮件。

[9] 2007 年 8 月 26 日作者对马克尔·威尔逊的访谈。

[10] 2004 年 12 月 30 日在肯塔基路易斯维尔举行的一次主题为"为什么历史遗址参观人数在下滑？"的专题讨论会（国家历史保护基金会年会）上，蒙蒂塞洛的执行董事丹尼尔·乔丹（Daniel Jordan）发布的 2002—2003 年的参观人数。一个自称是"户外历史博物馆论坛"的协会没有公布其会员机构参观者的统计数字，但他们的报告里也没有好消息。殖民时代的威廉斯堡的年度报告的数据表明，从 2000 以来，购票参观人数大幅下滑，下滑了近 21.5%.

[11] 《博物馆参观者趋势》（*Museum Audience Trends*），《"研究顾问"公司对家庭参观博物馆的调查结果》（*Research Advisors Study of Family Visitation at Museums*）第二章，研究顾问在线内部通信（1479 New Scotland Avenue, Slingerlands, New York 12159），2007 年夏季号。

[12] 2007 年 8 月 2 日特里·戴维斯致卡里·卡森的电子邮件。

[13] 引自 Harold Skramstad, "An Agenda for American Museums in the Twenty-First Century," *Daedalus* 128, no.3 (Summer 1999): p.117。

[14] 译者注：寒蝉效应着重涉及个人思想、言论、集会等核心价值和自由权利的社会存在及其影响。或专指人民因恐惧于遭受惩罚，或是无力承受所必将面对的预期耗损，就必将放弃行使其正当权利，进而打击公共事务、社会道德、个人信心。

[15] Russell, "Historic Replica Retrenches."

[16] 对 2006 年 2 月 1 日在芭芭拉·西尔贝曼主管的"费城遗址项目"（Heritage Philadelphia Program）主办的会议上的公开演讲的评论。

[17]《反思 21 世纪的故居类历史博物馆》(*Rethinking the Historic House Museum of the 21st Century*)，洛克菲勒庄园会议中心 2002 年 4 月和 2007 年 4 月。关于最近的会议记录的报道，见 Jay D. Vogt, "The Kykuit Summit: The Sustainability of Historic Sites," *Histoty News* 62, no.4 (Autumn 2007): 17-20。南希·坎贝尔（Nancy Compbell）为我提供了 2007 年 4 月《洛克菲勒庄园会议的成果与备忘录》(*Findings and Recommendations from Kykuit Conference*) 的打印稿。

[18] 国家历史保护信托基金会副理事长詹姆斯·沃恩 2006 年 2 月 1 日在费城基督堂（Christ Church）的演讲《21 世纪的具历史意义的故居：今日的具历史意义的故居保存》(*Historic Houses in the 21st Century: Preserving Historic Houses Today*)。

[19] "Robert E. Lee's Childhood Home Is Sold," *New York Times*, March 12, 2000.

[20] Vaughan, "Historic Houses in the 21st Century."

[21] Vaughan, "Historic Houses in the 21st Century."

[22] Blake Gopnik, "Object Lessons; One Museum Soars, One Plods. Both Want Open Minds, but the Former Knows Eyes Come First," *Washington Post*, August 8, 2004; Jacqueline Trescott, "City Museum to Close Its Galleries," *Washington Post*, October 9, 2004; Debbi Wilgoren, "A Last Day With Many First Visits," *Washington Post*, Novermber 29, 2004.

[23] 2007 年 9 月 12 日阿瑟·巴恩斯（Authur Barnes）致卡里·卡森的电子邮件。

[24] Vaughan, "Historic Houses in the 21st Century."

[25] Vaughan, "Historic Houses in the 21st Century."

[26] 数据来自基金会的年度报告。2006 年，购票参观者人数增至 74.5 万人，但去年，如果减去赠票，则实际参观人数未见增长，尽管去年在临近的詹姆斯教举行了人数众多的、长达一年的四百周年纪念活动。

[27] 感谢丹尼尔·乔丹和丹尼斯·伯格（Dennis Pogue）为我提供的 1970—2005 年蒙蒂塞洛和芒特弗农的参访者人数的数据。

[28] 在《21 世纪的具历史意义的故居》的演讲中，沃恩接下来谈到了长远趋势的重要性。

[29] Joseph Horowitz, *Classical Music in America: A History of Its Rise and Fall* (New York: W.W. Norton &Co., 2005); Stephen Brookes, "The Post-Classical: No Coats, Ties or Stuffed Shirts," *Washington Post*, October 14, 2007.

[30] Jonathan Leaf, "America's Opera Boom," *The American: A Magazine of Ideas* 1, no.5, July/August, 2007. 要想理解剧院收入增长何以如此快速，可参见 Bruce Crawford, "The Met Looks to the Future," *Opera News*, September 1, 1993。

[31] 一战期间，红罂粟成为战争记忆的象征。

[32] Kathryn Shattuck, "History's Real Stuff (Sorry, Miss Grundy)," *New York Times*, September 9, 2007; John Maynard, "I, Spy: The Secret Agent Experience," *Washington Post*, September 6, 2007.

[33] "Reforming Authenticity: Discourse Analysis at a Living History Museum [Conner Prairie]," presented by Mary Theresa Seig and Jane Metrick, July 27, 2006; "Monticello Strategic Marketing

Plan," report prepared by Southeastern Institute of Research, September 12, 2005; "Colonial Williamsburg Guest Satisfaction: Issues and Insights, 2006 Year-end Summary," report presented by Southeastern Institute of Research in conjunction with Guest Research, Colonial Williamsburg Foundation, March 2007.

[34] Conny Graft, "Listen, Evaluate, and Respond! The Colonial Williamsburg Visitor Research Stoty," *ASSLH History News* 62, no.2 (Spring 2007).

[35] 译者注：穆罕默德·阿里，原名小卡修斯·马塞勒斯·克莱（Cassius Marcellus Clay, Jr.）。

[36] 译者注：美国总统乔治·华盛顿故居。

[37] Jacqueline Trescott, "Fleshing Out a Founding Father" and "The New Builidinga at Mount Vernon: America's First Home Gets an Opgrade," *Washington Post*, October 24, 2006.

[38] Barbara and Cary Carson, "Things Unspoken: Learning Social History from Attifacts," in *Ordinary People and Everyday Life: Perspectives in the New Social History*, James B. Gardner and George Rollie Adams, eds. (Nashville: American Association for State and Local History, 1983), pp.181-203.

[39] Cary Carson, Rex Ellis, Jim Horn, Kevin Kelly, Richard McCluney, and Bill White to Colin Campbell, "Teaching Citizenship at Colonial Williamsburg: What We Offer Today," memorandum, March 18, 2004(Colonial Williamsburg Foundation archive, Williamsburg, Va.); Cary Carson to Jim Easton(chairman,ad hoc Historic Area Planning Group), "Williamsburg Needs a Restricted-Access Precinct in the Historic Area," confidential memorandum, Novermber 16, 2004(Colonial Williamsburg Foundation archive, Williamsburg, Va.); Rex Ellis to ad hoc Historic Area Planning Group, "Historic Area Immersion," confidential memorandum, December 17, 2004(Colonial Williamsburg Foundation archive, Williamsburg, Va.); James Horn(chairman) for the Education for Citizenship Steering Committee, "Educaiton for Citizenship. From Subjects to Citizens: Our Struggle To Be Both Free and Euqal," draft report, April 29, 2005 (Colonial Williamsburg Foundation archive, Williamsburg, Va.); Colin G. Campbell, transcribed remarks to a community leaders' breakfast, May 10, 2005(Colonial Williamsburg Foundation archive, Williamsburg, Va.); Colin G. Campbell, "From Subjects to Citizens: The American Experience," lecture to the Chautauqua Institution, Chautauqua, New York, July 10, 2006(Colonial Williamsburg Foundation archive, Williamsburg, Va.); Cary Carson to Robin Reed and Bill Weldon, "Revolutionary City = Baghdad Outside the Green Zone," memorandum, November 15, 2005(Colonial Williamsburg Foundation archive, Williamsburg, Va.).

[40] Edward Rothstein, "An Upgrade For Ye Olde History Park," *New York Times*, April 6, 2007; Margot Crévieaux-Genertz, "Revolutionary City Comes to Colonial Williamsburg," *History News* 61, no.4 (Autumn 2006): pp.7-12.

[41] 东南研究学会（Southeastern Institue of Research）2007 年 3 月致威廉斯堡基金会的报告。

[42] Thomas de Zengotita, "Attack of the Superheroes. Why Washington, Einstein, and Madonna can't compete with you," *Harper's Magazine* 309, no. 1855 (December 2004): pp.35-42.；Thomas de Zengotita, *Mediated: How the Midia Shapes Your World and the Way You Live In It* (New York and London: Bloomsbury Publishing, 2005)；Yochai Benkler, *The Wealth of Networks: How Scocial Production Transforms Markets and Freedom* (New Haven and London: Yale University Press, 2006); Henry Jekins, *Convergence Culture: Where Old and New Media Collide* (New York and London, New York University Press, 2006).

[43] Valerie Strauss, "Breathing Life Into the Lecture Hall," *Washington Post*, September 24, 2007.

[44] Virgil Dickson and Catherine Rampell, "High-Tech Churches Stir Fears of Lost Reverence," *Washington Post*, September 25, 2007.

[45] Howard Kurtz, "Got a Camera? You, Too, Can Be A Network Reporter," *Washington Post*, September

25, 2007.

[46] 2004 年 8 月 25 日，卡里·卡森致科林·坎贝尔（Colin Campbell）和行政负责人的题为《未来的威廉斯堡》（*Future Williamsburg*）的绝密备忘录（威廉斯堡基金会档案馆，弗吉尼亚州威廉斯堡）。

[47] 译者注：这一说法来源于当代西方著名政治学家罗伯特·帕特南（Robert D. Putnam）的著作《独自打保龄：美国社区的衰落与复兴》，指当代美国社会的个人主义趋势，人们对公共活动的热情降低，公共话题的讨论度减少，这意味着人们公共意识与公共兴趣的大打折扣；这种"独自打保龄"的趋势意味着传统的治理结构发生重大的改变，民众的政治态度从社群主义者转向个人主义者，传统社区治理转向衰落。

[48] 译者注：爱可声（Acoustiguide）是全球第一电子语音导览公司，在全球有九大分公司，分布在欧洲、北美洲、中美洲、亚太地区以及澳大利亚和新西兰等地区。

[49] Jacqueline Trescott, "Black History Museum Debuts Online," *Washington Post*, September 26, 2007.

# 追随佩里的脚步：史密森学会走进日本

史蒂文·卢巴（Steven Lubar）*

1852年，美国海军将领马修·卡尔布莱斯·佩里（Mathew Calbraith Perry）率领海军打开了日本的国门，开启了日本与美国的贸易。他成功地完成了这次任务。经过一系列谈判，1854年，佩里代表美国和日本将军（Shogun）签订了《神奈川条约》（*Kanagawa Treaty*）。一百四十年过去了，1992年，史密森学会着手筹备在日本举办美国历史文化和音乐的展览项目，这次展览以"史密森学会的美国"（"The Smithsonian's America"）命名。1994年7月，东京附近举办美国文化节以纪念佩里日本之行一百四十周年，"史密森学会的美国"展览成为活动的一部分。在随后的七周时间里，有超过130万观众购买了20美元的展览门票。他们在这里可以参观美国手工艺品、阅读解说牌中的美国历史以及欣赏美国音乐家的作品。

与一百四十年前佩里的日本远征相比，此次史密森学会日本展览的地缘政治地位并不突出，但对于博物馆项目而言，却意义非凡。筹备过程中，每个

* Steven Lubar, "In the Footsteps of Perry: The Smithsonian Goes to Japan," *The Public Historian*, Vol. 17, No.3, Summer 1995, pp. 25-59. © 1995 by the Regents of the University of California and the National Council on Public History. Published by the University of California Press. 本文由田乐（英国布里斯托大学历史系博士生）翻译，由刘雨石（浙江大学历史学系博士生）校对。史蒂文·卢巴（Steven Lubar）是美国国家历史博物馆（National Museum of American History）史密森学会（Smithsonian Institution）科技史研究室（Division of the History of Technology）主任。他向"史密森学会的美国"展览中所有来自美国和日本的工作人员表示感谢，向国家自然历史博物馆的 Chang-su Houchins 女士表示感谢，她帮助作者理解他们所保存的展品，并允许作者展出她的一本有关史密森博物馆的佩里物品的书的原稿。作者还感谢 Ikuko Sobayashi 的翻译，特别感谢 Jeff Brodie, Lonnie Bunch, Harold Closter, Susan Smulyan, Lisa Thoerle, Mari Yoshihara 以及《公众史学家》的评审——Alfred Young 和两位匿名评审，感谢他们对本文的意见和修改。

项目似乎都充满艰辛，每次谈判都用尽全力。虽然有很多不同之处，佩里的远征和此次展览却有一个重要的共同点：佩里和史密森学会都通过美国文化的代表器物向日本国民展现美国。在本文中，我将通过佩里和史密森学会展览的案例，讨论利用器物、展览、音乐节进行跨文化交流的问题和可能性。我将首先简要描述 1994 年的美国文化节，分析佩里和他的日本同行利用器物的方式，并与史密森学会展览进行对比。其中，本文将集中讨论物质文化、美学、表现和叙事等两者共享的一些议题。最后，我将通过细节具体分析佩里的使命和史密森学会展览中一项重要的元素：种族的呈现。

本文的分析和经验同样适用于其他展览，对整体理解跨文化表达亦有所帮助。展览通过物件讲故事，我将对此重点讨论，并称之为再现的物质文化。这是博物馆工作的精髓，是展览的艺术，所以史密斯在日本以此种方式设计展览是顺理成章的。但一百四十年前人们以同样的方式利用器物就不寻常了。当时，佩里将军和日本官员互赠礼物，他们试图通过这些礼物讲述某个故事和展现某种画面。当然，接受者对器物的解读常常与赠予者的意图不相吻合。赠予者希望通过一件器物表达一些显而易见、自然而然的意思，但对接受者来说其意义可能完全不同。一些实用性物件常常蕴含难以传达的象征意义，而象征性物件则几乎难以逾越文化的界限。

1994 年史密森学会送到日本的展品在表达含义的同时也遭遇了误读。实际上，对所有的物件和展览而言，从来都没有放之四海而皆准的含义，即使是最好的解释也无法超越先入之见。物件都被编入一些文化意义之网，但这些文化意义并不会随着一次礼物交换仪式而传播。物件可以"诉说"，但我们对它们所讲的故事也会做出各自不同的阐释。只有当物件被纳入一种叙事，以表达某种观点的时候，它们才能连贯地讲故事。此时，物件只承载我们所要传达的信息，而不是它们自己或者观众的信息。构建某种叙事成为博物馆工作中最难的部分。尼克尔森·托马斯（Nicholson Thomas）在《被缠绕的物件》（*Entangled Objects*）一书中诠释了这一观点，这大概是关于物件传递意义最有思想的解释。他这样写道：

　　展览的物件提示我们注意到物质文化扮演的重要角色，以及它时常为我们塑造的光学幻象：我们利用"实在可感"的器物证实那些我们希望强调的事实，我们的幻象在物件的物质性中得到确认，这种物质性更多是一种客体化的想象，而非物理质料。当然，这并不意味着此种神秘化是一种虚假的表象。物化和消费辩证存在是人类社会必要且根本的组成部分，而真实是一种诱导的事实而非存在的事实。

1991 年，由日本广播协会（NHK）和日本最大的日报《读卖新闻》（*Yomiuri Shinbun*）的合营机构 MICO 向史密森学会提出倡议，举办美国文化节。这几家机构都长期举办大规模的艺术展、音乐会及其他公共项目，但美国文化节对他们来说都是一项挑战：整个展览群占地约 16722 平方米，[1] 耗资三千万美元。由史密森学会负责的展览，正式的名称为"了解美国"（Learn America），共展出 350 件物件、近 1000 张图表以及超过 200 页的展板文字，展览占地约 465 平方米。剩余部分展览名为"享受美国"（Enjoy America），这部分展览展示了美国的州立、市立旅游机构以及美国国家航空和宇航局（NASA）的空间设备，还有美国国家足球联盟（National Football League）、国家篮球联盟（National Basketball League）、棒球名人馆（Baseball Hall of Fame）的展览，以及其他商业展览，其中包括两个定制的"美国之家"（American homes）展览，这些都表现出展览的规模及其中立性质。[2]（我们坚持设置一整面墙把展览的两部分完全分隔开。）

虽然承办的日本公司和史密森学会都有承办大型项目的丰富经验，但他们都未曾承办过规模如此庞大而复杂的项目。而且这些组织都面临着内部政治问题，这使展览进程更加复杂。与此同时，他们也都希望通过此次展览提高自己的文化声望。日本方面的主要合作方日本广播协会是一个公共的广播网络，刚刚进行了私有化改制。所以在展览筹备期间，它正在经历一场重要的内部改制。此时，它在日本的政治文化地位并不明确，在日本人民眼中，它的地位也已经不如从前。但在日本广播协会员工的心目中，他们依然为自己所做的工作而感到自豪，并认为日本广播协会仍是日本主要的文化机构。一位日本朋友曾经用"傲慢"和"自大"形容日本广播协会的员工，认为他们对自己的智力自视甚高。他说，事实上由他所见，日本广播协会的员工表现出和史密森学会相似的态度。

在此期间，史密森学会也在经历变化。"少花钱多办事"和处理政治两极化环境下的复杂问题是当时的时代要求，这些都将史密森学会推入了某种困境。当美国国内有大量工作需要做的时候，为什么要在日本举办展览？资金当然是一个答案，日本答应为此次展览提供经费，虽然他们并无法负担。我们提出的价码足以支持我们在美国国内举办有益的活动。所以，我们为什么要把工作局限于在国内"增加和传播知识"？美国国家历史博物馆的使命在于，通过成熟而贴切的方式展现美国历史文化，通过"关于美国历史的挑战性观点"来启发"对我们国家及其多种族的更宽广的理解"。我们设计的展览或许会让日本观众真正"了解美国"，能够超越日常的新闻头条以理解我们的历史和文化。这或许值得我们试一试。

如今，美日两国关系出于经济和政治原因而日趋紧张，向日本展示美国的历史与文化似乎变得尤为重要。两国的每日新闻中都充斥着关于对方的肤浅报道，一边是日本的奇风异俗以及反美的经济政治风气，另一边是美国社会的暴力和浅薄。据我们了解，此次展览对日本广播协会的老一辈员工意义重大，这一代人依旧对二战后美国对日本的帮助满怀感激之情，他们因年轻一代轻视美国而颇为沮丧。对史密森学会而言，这是一个难得的机会，可以从全新的角度展现美国历史，这种视角呈现了当今美国专业史学家所关注的核心问题：人种、种族和性别议题。[3] 此次展览最终满足了各主办方的诉求，在经济和文化方面都很成功。

展厅中首先呈现的是一组壮观的"美国标志"（American Icons）：高高的底座上放置着原作者的自由女神像模型；另外，还有高约 6.1 米的美国总统山模型、美国国家历史博物馆前悬挂的国旗原尺寸复制品，以及国会大厦的巨幅照片。伴着雷·查尔斯（Ray Charles）《美丽的美国》（"America the Beautiful"）的歌声，巨型电视屏幕展示着美国的影像。这部分设计感动了很多美国观众（见图 4-1）。紧接着"美国标志"的是"美国之梦"（American Ideals），由一组摄影文章组成：十张主要图片的高度都超过 3 米（选择这些代表美国之梦的照片是我们最有意思也最有挑战的工作之一）。随后，是一个有关美国地形的简短视频。

图 4-1　史密森学会展览美国展厅的巨大入口

离开这个剧场展厅之后，观众将进入美国民众的展示部分，这部分展示内容设计丰富。展品包括美国移民迁入时所带的物品、表现文化身份融合与对抗的物品以及反映反移民和反黑人潮流的物品和图片。接下来是展示美国大众文化特点的物件和图片，分为爵士音乐、乡村音乐、摇滚乐、流行音乐以及电台音乐，电视和电影几部分，这些都通过一组壮丽的原声音乐和循环播放的美国电影集锦展现。娱乐之后是政治的展现。这部分展览不仅为观众普及基本的公民教育，同时也展示了一些史密森学会所藏最珍贵的展品，包括乔治·华盛顿的剑、19 世纪 40 年代参议院的桌子、竞选纪念品和一个约 16.7 米 ×6.1 米的白宫模型。政治部分之后，是美国西部的展示，这里的"西部"包括多重意义的边疆，它们都对美国历史特征具有决定性意义。"边疆"的最后一部分——太空的展示，通过阿波罗太空舱和 19 世纪 50 年代瓦萨尔学院（Vassar College）使用的望远镜得以呈现，它们接续了紧跟其后的技术、发明、交通以及通信部分。这一部分展示有美国汽车、自行车、摩托车、一架早期怀特兄弟飞机、火车模型、蒸汽船以及一组通信设备，借用这些展品讨论发明的领域以及美国社群本质的变化（见图 4-2、图 4-3）。

图 4-2　"美国走向人民"（Peopling of America）版块局部

图 4-3　"征服时空"（Conquering Time and Space）版块局部

　　在私人生活展览——住宅部分中，一件 19 世纪 50 年代伊利诺伊州的轻型木架房屋，以及展示美国住房和家庭多样特点的幻灯片。紧接着是美国服饰部分，展示了美国时尚（从嬉皮风格牛仔到好莱坞明星）和丹宁布牛仔衣的来源。最后一部分是关于佩里将军打开日本国门的历史，以及对一百四十年以来日美关系的总结。这部分简短而态度平和，提到了日美两国都存在的种族主义与国家主义，以及二战和近期的贸易摩擦。[4]

　　这次激荡的展览穿越了美国历史，每位观众平均观看展览近一小时。这听起来可能像一个大杂烩，这样的形容在某种程度上是贴切的。展览的主题选择服务于整体展示美国历史的目标，并遵从以下原则：符合日本方面和史密森学会员工的趣味，展品合适且易于得到，并取决于它们能在多大程度上表达我们希望讲述的故事——以表现美国的多样性。虽因需要分成了不同的版块，展览还是由一个统一的主旨连贯而成，即种族和民族多样性是理解美国历史的关键；种族是美国人生活中最典型的特点；而美国的多元文化是这个国家成长的不竭力量源泉。类似这样的展览如果在美国国内展出将会是一项艰难的工作，而在这个遥远的国度，则或难或易。

　　日本广播协会和史密森学会通过不断沟通，对展览的主旨和解读角度达成了共识。合同中明确规定展览的内容和解读由史密森学会全权负责，而史密森学会坚持以专业的标准控制展览和音乐项目的内容。但对这样的案例来说，"控制"的意义并不简单。这并不意味着可以展示任何展品，但我们可以执着于那些我们认为最重要的展品。我们既需要证明这些展品的重要性，也需要证明它们能够吸引日本观众的兴趣。如同所有展览，这个展览的内容也需要调和布展者的诉求和观众及资助方的需求、兴趣和能力。[5]

　　除此之外，我们还要解释清楚为什么纳入我们所选择的展品，这一点是超越很多展览的。虽然日美团队大部分时间合作顺利，并且为创设一场一流展览而共同努力，双方还是在某些方面存在分歧。我们在根本上对"一流展览"的理解就不尽相同，我们对实现好的展览设计抱有不同观点，对展览中叙事所处位置以及展品在其中所起作用观点不统一，对美国历史史实、其解读以及历史物件的意义，包括更具体的保存和运输事宜都有不同的想法。最重要的是，我们在历史展览的权力来源问题上意见相左。史密森团队坚持认为这种权力来自学术和布展的专业性，日本团队则认为日本人的兴趣与品位更加重要，因此也希望展览更加符合日本人所习惯的大众图景。

　　筹展的每个步骤都进行得步履维艰，整个合作和协调的过程漫长而艰辛，这不仅是因为国家文化的差异，更是源于投资者和策展方的分歧。投资者带有获利的目标，因此将展览成功的标准集中于获得更多大众关注和文化方面的权益；而策展方对成功展览的衡量并不包括经济利益，而是希望展览能够为日本观众讲述一个精妙、有意义的美国历史故事。

在一次异常艰难的会议之后，我开始阅读塞缪尔·艾略特·莫里森（Samuel Eliot Morison）关于佩里将军的传记。起初，我并没有期望佩里和作为日本将军代表之间的谈判对分析史密森学会和日本广播协会代表的协商过程有太大帮助，毕竟佩里将军背后有全副武装的舰队停在港口。但随着阅读的深入，我发现两者之间的共同点越来越多。佩里的任务是从理性、外交、商业和军事几个方面说服日本人打开与美国贸易的大门。在无休止的讨论中，他利用美国物件和娱乐方式向日本人介绍美国。将美国这两次对日展示做比较是自然而然的，当然，随着更深入的考察，我们会发现更多区别而非相似点。但这样的比较依然很有帮助，它让我重新审视策展人对物件、叙事、教育以及娱乐所抱有的先入之见；它也为我们更好地理解跨文化交流和展览的过程提供了窗口。

## 佩里远征

1852—1854 年美国对日本的海军远征缘起于一系列地缘政治方面的考虑，即把注意力集中于太平洋地区。此时，美国商人与中国的商业贸易方兴未艾，正在寻求海军保护；大量在日本海岸的美国捕鲸船需要补给港口；淘金时代加利福尼亚州地位日渐重要，以及俄国势力东扩给美国带来恐慌。这些都使美国对太平洋地区和亚洲产生兴趣，其中尤其具有战略意义的是日本。日本可以成为美国海军新式蒸汽动力船舰理想的燃料补给站，也提供了商业的新机会。但此时的日本正闭关锁国，对海岸上因船只失事而滞留海滩的海员并不友好，也对跨国生意不感兴趣。[6]

佩里是当时海军高级军官之一，也是最重要的外交官，此时被派来改变局面。他面临多项任务：包括将美国国旗带到中国，[7] 探索和绘制亚洲主要水系，调查太平洋岛屿的自然历史和人种民族，以及最重要的，和日本签订条约以建立贸易联系并确保失事船只的船员得到善待。

佩里很圆满地完成了任务。一方面，源于他有以军事火力为后盾的外交技巧；另一方面，也因为此时日本正在经历内部政治变动，他们很清楚不久以前西方国家怎样制服中国。1854 年 3 月，佩里将军和日本幕府将军签订的《神奈川条约》规定，同意美国设置领事；允许美国船只在特定口岸停泊补给、进行有限的贸易；失事船只的船员得到善待；确立两国间永久的友好关系。

这一过程对佩里来说并不容易，需要他在不同层面进行谈判。他与日本政府代表之间进行了多次艰难的外交商讨（船员现存的日记表明，他们觉得这些谈判内容极其枯燥，他们的描述让我想起史密森学会与日本的策展协商过程）。军事力量支撑了美国的外交谈判，佩里很确信，在他率领的五艘全副武装的战船面前，日本人没有力量抗议反对，而日本人也的确清楚自己处于弱势的境况。但是，由于佩里并不希望动用武力，他所使用的另两种方式就尤为重要。一种方式是他展示自己及自己的国家，另一种方式是他运用物件和娱乐为自己和美国代言。

佩里精心考虑了展示方式。例如，他强调，希望通过一些必要的游行展示，区别美国舰队第二次登陆日本的时机和背景，并且强调这样的展示具有重要性和道德影响力。[8] 他希望以此表明，他将"要求一项权利，而非请求一种帮助，这些都是两个文明国家之间的礼貌行为"。[9] 他仔细挑选了可能令日本人印象深刻的象征符号。旗手的选择便是一个很好的例子：佩里挑选两位高大、威风、全副武装的黑人作为个人保镖。（佩里对日关系中对种族的采用和考虑将在后文进一步讨论。）关于如何向日本天皇呈递美国菲尔莫尔总统（President Fillmore）的公函，佩里也费了心思。信函本身内容谦逊适度，但包装方式使它变得高雅，甚至在佩里看来是贵重的。当呈递给日本方面时，信函"包裹在一个华丽的盒子中，这个盒子是在华盛顿准备的，它精巧的工艺和昂贵的价值显然让日本天皇阁下惊讶"。佩里确信这一呈现是值得的，他写道，他首次获得了茶点招待。[10] 在观看了一场日本相扑表演之后，佩里指挥了美国海军演习，如同他的海员所写，这也许是"将一种表现组织性与纪律性的演示与一场纯粹的蛮力角逐做对比"。[11]

但总体而言，对美国人来说，物品本身比展示过程更加重要。与史密森学会的展览相比，佩里远征最重要也最有趣的是他运用物品与日本人交流的方式。佩里非常谨慎地为日本方面挑选礼物，他很清楚礼物象征性地代表了美国，这些礼物比他自己说任何话都更能表达美国的国力和意图。启程前，佩里花费数月时间挑选、购买，甚至求得所带礼物。从佩里船队在澳门转移货物的场景中，我们可以看到佩里所带礼物的数量之大和种类之多。佩里的翻译威廉·海涅（William Heine）对当时情景的描述，让我想到史密森学会展览的物品在美国汇集以及它们被装入 747 货运飞机运往东京时的场景：

> 船上嘈杂混乱。成箱的物品运上船，机器、农具和花哨的物品聚集在一起，这些都是送给日本天皇的礼物。打印机、高压泵、割草机、打谷机、织布机、纺纱机，还有一个便携式室外烤箱，所有这些物品占满了船上每一寸空间。船上放着一段拆卸的铁路，一个小巧玲珑的火车头正在被拆开做检查，还有一辆以皇家奢华标准装饰的 50 座汽车，以及几千米的铁路。当这些壮观的物品在适当的时机被卸下轮船用作展示时，我们会呈现一场美妙的、全尺寸的工业博览会。[12]

这个场景可以用"工业博览会"一词来形容。佩里希望展现出美国的这些特点：注重实用的而非贵族的、注重技术的而非艺术的，并在商业、政治、军事方面强大有力。虽然佩里也送出一些他认为具有普遍吸引力的个人礼物，如红酒、香槟和香水，但他主要赠送的是新技术物品。除了上文提及的物品外，还有一个可传送数千米信息的电报系统、银版照相法照相机、望远镜、地图及海岸线调查图表、铜制小艇和工程书籍。技术方面更凸显优势的物品是武器：柯尔特左轮手枪、霍尔式来复枪以及一些其他的火器和冷兵器。除了这些武器，他还呈现了肯德尔（R. S. Kendall）《墨西哥战争》（*War with Mexico*）一书的复印本，无疑意在通过美国强大的军事力量震慑日本人。最后，为了让日本人了解北美洲以及绚烂的美国艺术，佩里展示了约翰·詹姆斯·奥杜邦（John J. Audubon）的著作《美国鸟类》（*Birds of America*）与《美洲的四足动物》（*Quadrupeds of America*）中有关大象的图页（见图 4-4）。[13]

佩里向日本人解释了挑选这些物品的原因和考虑，以消除日本方面对物件本身可能产生的误解。他表示："美国政府挑选这些礼物是出于实用性的考虑，而非展示财力。我们本可以设计一场更加浮华而非实用的展示，但这些礼物是拿来用的，不是拿来看的，正因为此，我们希望你们能够了解它们。"[14] 菲尔莫尔总统写给日本天皇的信中，通过朴实谦逊的外交辞令，表达了相似的观点：

图 4-4　"释放出现在下田（Shimoda）的美国人"源自《远征队纪事》（*Narrative of the Expedition*）

"我们派佩里将军向阁下呈送几样礼物，请您笑纳。它们本身价值菲薄，但却是展示美国制造业发展的样本，我谨以此表达和贵国诚挚而互相尊重的友好关系。"[15]

这些礼物也许代表着两国间"诚挚而互相尊重的友好关系"，但它们也同时带着强烈的权力底色。当佩里将军向日本人表示，菲尔莫尔总统"向日本王室展示的三架宏伟蒸汽机船，在美国国内大大小小还有成千上万艘；他也向日本天皇阁下呈现了我们国家最具实用性的新发明"。[16] 一位海员更不客气地表述了此次展示的目的：他在日记中写道，第二次日本登陆的主要目的是要"用我们的铁路、电力电报惊醒这些'小猪尾巴们'"。[17]

实际上，对日本人来说，这些美国礼物的象征价值远胜于实用价值。虽然佩里的船员教授过日本人如何使用这些设备，它们对日本人来说依然不实用。农业机械和海图在日本没有用武之地；铁路和电报更如同玩具。这些礼物只是更有效地展示出一个骄傲、务实、技术发达国家的自画像。佩里希望展示"实际的证据以证明美国奇迹般的发展，这些让日本人确信，他们很快就必须做出让步"。而技术服务于权力。佩里似乎特别青睐因距离而产生的"魔法"技术，如照相术、电报术、火枪，以及奇异的技术，例如蒸汽火车头和消防车。这些实用的礼物还有另一层作用：佩里希望它们能够增进两国贸易。他写道："商业经验和历史表明，向未开化或半开化的人群介绍实用或装饰商品，都一定会导向更大的供应需求。"[18]

　　本文中我都只用佩里一人的名字代表礼物的赠予者，但他代表着美国政府向日本方赠送礼物。佩里的表达代表谁的立场？礼物又代表着谁？当然不仅仅是佩里，那是美国政府吗？还是物品的制造商？又或者是整个国家？谁又有权利代表整个国家、为之代言？（这个问题对"史密森学会的美国"展览以及史密森学会的众多展览来说，也是个好问题。史密森学会代表谁的立场？政府？美国？史密森学会？官方文化？历史协会还是只是我们自己？）

　　美国政府全权委托佩里挑选礼物。但正如同19世纪众多探险活动（也如同今天史密森学会一样），政府并没有拨出充足的资金。因此在1852年上半年，佩里一直来回穿梭于美国东海岸、拜访各种公司、向商品制造商们请求礼物，很多公司都乐于捐赠礼物。佩里的翻译记录道，"绝大部分发明者和制造商都自愿免费捐赠他们的产品，这一点更增加了礼物的价值"[19]。但与此同时，他们也要求某种回报作为交换。（博物馆展品的捐赠和选择也同样具有多重目的。）佩里曾请求塞缪尔·莫尔斯（Samuel Morse）捐赠一套电报发射接收设备，并指导佩里的副官学习摩斯电码和搭置设备。佩里在给莫尔斯的信中写道，"很抱歉占用您宝贵的时间。但我很确信您对此事会很有兴趣，就是向一个对世界知之甚少的民族展示您伟大的发明"。塞缪尔·柯尔特（Samuel Colt）对向日本人展示自己的产品似乎有更加实际的兴趣。他屡次向佩里写信要求带上他的手枪，并表示自己非常乐意"无偿装饰这些物品，以在您的此次使命中展现出礼物的特别之处，也为了维护我们政府的声誉"。[20] 柯尔特此时已经对国际军火贸易非常熟悉，显然此时他正在为自己的枪支寻找新市场，也在为"我们政府的声誉"做考虑。

　　佩里的捐赠者为国家赢得了骄傲，这些捐赠物品很好地展现了19世纪50年代美国作为技术、商业帝国的自画像。他们的确很乐意把这些物品和一年前伦敦水晶宫（London Crystal Palace）展览中的美国展品做一比较，在一年前的展览中，美国的技术和工业进步首次引起世界的注意。[21] 显然，美国人对这次带往日本的礼物更加满意。美方翻译威廉·海涅在回忆录中写道，"这些送给日本的美国礼物如此精美，它们会引起世界其他国家的惊叹和掌声"，接着，他无意识地将自己的注意力从日本人的惊奇之处转向自己的惊讶之处：

> 日本人对铁路展品最为惊讶。由红木和金属做成的精美火车头、煤水车、车厢（由费城诺里斯的机车厂按照更小的尺寸制造）是我见过的最引人瞩目的铁路……另外有著名的六轮手枪以及二十四发霍尔式来复枪，以及各种各样的工业制品、布料和最精美版本的美国作家著作（包括杰出的奥德邦所著的《美国的鸟》，它是自然科学的一块丰碑）。总而言之，这些物品是国家之间赠送礼物历史上最有价值的礼物之一。[22]

佩里认为向日本成功地赠送和展示礼物是他此次任务最主要的成就之一，他认为这一步是获得日本方面信任的关键。行程途中他列举了自己的成绩，认为自己和此次远征

> 在很大程度上赢得了日本官方和人民的信任。此次远征在日本土地上铺设了约 1.6 公里长的电磁式电报，其完美程度堪比美国电报，英文、荷兰文、日文三种语言的电报都已经成功送达……（铺设铁道、运行火车）搭载了沿途的许多对此惊讶不已的日本国民。远征还展示了大量我国的发明，并解释了用途，尤其是畜牧工具。在此过程中，双方的交流非常友好。[23]

几乎所有美国人都认为日本方面为他们所收到的礼物感到高兴。佩里的翻译这样写道，"日本人都为之赞叹、鼓掌"，并特别提到"此时美国国会应起草一份法律，允许美国人指导日本人运用这些实用发明"。[24] 美国人还用到"吃惊"（使用次数最多）、"赞赏""讶异""惊叹"等词形容日本人的反应。

但日本人对这些礼物实际想法是怎样的呢？他们理解礼物的意义了吗？他们理解佩里希望传达的意思了吗？通过物品代表意义的策略成功吗？这些问题

很难给出统一的答案，日本方面的不同资料来源讲述了不同的故事。有人写道，"佩里离开的第二天，他送的礼物都被烧毁了……大家很恐惧这些东西可能带着某种诅咒"[25]。但第二次访问时，情况显然和以上描述并不相符。1855年，当第二批美国轮船抵达日本，"亚当斯司令官发现日本人已经学会如何开火车头……他们的海上也漂浮着配有受训船员的救生艇，但他们也表示电磁式电报机太难使用了"[26]。几年后一位游览日本的旅客提及，他看到一些佩里赠送的书籍被收藏着。[27] 而据我所知，唯一一件确认幸存至今的当时的礼物，是电报机，现存于东京电信博物馆（Tokyo Telecommunications Museum）。

为什么这些礼物没有引起日本人持久的兴趣？这些礼物看似实用，但实际并非如此。农场器具太过昂贵、复杂，并且不适用于日本农业实际状况。人们读不懂那些书。没有相关技术的基础设施，电报和铁路并无用武之地。日本人所受到的技术训练难以支撑他们运用这些技术产品。它们顶多只能算玩具：乔治·普雷布尔（George Preble）日记中的记载最为直白，"信息通过电报传送，并收到荷兰语的回复，这些都令日本人感到惊奇。此后，一些更低等级的贵族，以体验电机触电为乐"。[28] 尽管佩里对这些说法表示异议，大部分礼物的确都是象征而非实用的。它们是技术力量的象征。

佩里的确希望通过这些礼物表达这层意思。他希望西方技术能给日本人留下深刻印象，而他做到了这一点。日本人也知道自己没有力量与美国对抗，他们必须加入近代世界潮流。山口正雄（Masao Yamaguchi）对日本人如何看待佩里礼物的描述很有意思，他写道，19 世纪中叶，一些日本人把西方当作乌托邦，并考虑把西方世界的组件移植到国内，日本便可以共享西方的成功。这些物件是理想之作的代表，通过它们，可以与西方国力的来源产生直接联系。[29] 通过引入西方制造品，日本也可以获得西方强大的国力。

也许是出于这样的观念，也许是出于更实际的原因，日本人热切地接受了佩里的一些礼物。"日本军官仅提出一项请求，希望我能够给予他们人数三倍数量的黄铜榴弹炮和发射台……他三番五次提出这个要求。"[30] 他们对火车头及其他机械的细节图纸也有兴趣。[31] 一位船员写道，"日本军官在船上好奇地探索、测量、绘制这些机器，并为它们起名"。他还写道：

日本军官告诉亚当斯船长，他很清楚日本已经在发明、改革方面落后于世界其他国家，此时已经是时候打开日本港口并与其他国家进行贸易往来。但我们美国方面却过于迫切想要得到一切，并告诉对方，我们认为日本在短时间内扔掉三个世纪所建立的习俗和法律传统并不容易。[32]

然而，双方很快便交换了各自的习俗传统。日本外交部长及国务委员会主席堀田正睦（Hotta Masayoshi）表达了一种全新的外交观点。他大约在 1857 年 12 月，也就是佩里远征三年之后写道：

> 因此，我确信我们的政策应当取决于当今的机遇，包括建立友盟、派船出洋贸易、师夷长技以自强，并最终使其他国家臣服于我们的文化和影响力，它们都会了解我们文化中对完满宁静的追求，我们的霸权也将闻名于世。[33]

毫无疑问，佩里会为后来日本学习美国的能力感到震惊。

虽然美国人对自己带到日本的礼物印象深刻，但对日本方回赠的礼物，与其说印象深刻，不如说是迷惑不解。这样的对比是有意义的，因为日本方面挑选礼物的方式完全不同。对日本人而言，具有高昂物质价值的礼物是一种贿赂甚至是严重的侮辱。常苏·霍钦斯（Chang-su Houchins）仔细研究了送给佩里的礼物，并指出即便在今天，日本礼物也"通常是不实际甚至毫无用处，它们的商业价值也并不明显"，[34] 她写道：

> 日本官方回赠的礼物展示了日本人心目中有代表性、适宜赠送给外国政府的文化物品。它们巧妙地展现了日本人对美国人或西方人需求和品位的认知或误解。[35]

日本回赠给佩里的礼物都是象征性的、缺乏实用价值。佩里第一次登陆日本时的情况尤其如此，当时日本人仅仅希望他们赶紧离开。海涅写道，"我们离开前收到大量礼物：织物（包括金线锦缎），一百多只家禽，一千多枚鸡蛋，各式各样的漆器、米酒、扇子和其他一些东西"。[36]佩里第二次登陆日本并签订《神奈川条约》时，情况也基本相同：漆器、丝绸、陶器、上好的纸张、伞等等。这些礼物都具有某些含义：布料表达尊重和崇敬；鸡蛋、鱼和米代表富饶充裕。[37]

佩里将大部分礼物保存于史密森学会，并留存至今。这些物品可以用来研究当时日本的艺术和制造业，但它们并非珍贵也没有特别的艺术价值。这也正是佩里及其船员看到这些礼物时的想法。佩里识时务地接受了这些礼物，把它们当作"日本的首次赠送品"。他写道，"这些东西价值不高，但它们来自一个最近刚对新世界充满兴趣的国家……它们显然不是日本最精良的制品。对这些心口不一的人来说，他们显然自己保留了更多精品"。他把这些礼物称作"可有可无"，但也很高兴由此建立了两国互送礼物、"平等礼节"[38]的先例。美国人并没有理解日本人通过礼物所表达的象征意义。相反，他们从实际、交换价值的美国模式解读这些礼物。有几位也从美学角度做出评价，认为丝绸和剑因美观、稀少、做工精良而颇具价值。

日本人似乎对礼物的包装和呈现更有兴趣。S. 威尔斯·威廉斯（S. Wells Williams）谈道，他们"用牛皮纸和粗纸盒包装得很漂亮，远比我们做得好"。[39]普雷布尔写道，"成包的稻米和成捆的木炭因其整齐的包束而惹人注意"[40]。稻米的赠送仪式经过精心的设计，由相扑手背着大袋稻米送给美国人。尽管对很多美国船员来说，相扑手是他们在日本看到最具异域特点的事物，但他们仅停留于对相扑手的戏谑，完全没有领会仪式的意涵。爱德华·约克·麦考利（Edward Yorke McCauley）写道，"相扑手背着成包的稻米是多么可笑的操作啊！他们想表达很多意思，但我们只关心稻米本身"[41]。虽然相扑手背稻米的场景令人难忘，许多船员为此画画、记录他们的体型，但并非所有美国人都对此印象深刻，麦考利写道，"我所见过仅有他们一半肌肉的摔跤手都会嘲笑他们"[42]。

简言之，两国在赠予礼物及借此表达意义的态度上有本质性的差别。美国人赠送给日本方的务实性礼物都明确地表现出技术力量，是带有明确象征意义的实用物品。呈现方式本身没有太多意涵。日本人赠送给美国人的礼物是纯粹象征性的，但他们并没有向美国人做出解释。美国人便以自己实用主义的赠礼传统、美学以及对日本先入为主的印象为标准，评价这些礼物——对日本人而言，这些礼物的赠送仪式及其意涵远胜于它们的交换价值。

只有一样美国物品以雅致的风格送给日本，即美国总统菲尔莫尔呈送日本天皇的信函。美国人似乎认为，物品本身便体现了自己的价值。只有"言辞"需要"精美、昂贵的盒子"包装，具有货币价值的物品不需要这些。佩里注意到信函的呈送令日本人印象深刻，但似乎并没有从中意识到呈现方式的重要性，因为其他礼物没有任何呈送仪式，只是简单地装在它们本来的板条箱中。

博物馆展览采纳所有这些评估展品的方式。展品的价值，有时是交换价值，有时是象征价值，有时则是它们呈现方式的价值。但对佩里和当时日本方面而言，双方解读物品的方式各有不同。这一点很重要，是博物馆策展者需要牢记的重要问题。对类似于日本方赠送的那类象征性物品，有必要向不了解的人解释它们的象征意义。即使是类似于美国人赠送的实用性物品，也需要解释其象征价值。而"交换"价值对不同的人有不同的意义。有时"华丽的包装盒"比盒中物品本身更加重要。后文我将细致分析我们史密森学会展览中物品的"意义"问题。我们是不是无意识地接纳了佩里将军的一些先入之见？

还有四组佩里带回的物品表现了文化交换中利用物品的其他视角。第一种是用于商业交换的物品。佩里买了一些可能会在美国有市场的物品，他此行的任务之一就是鼓励贸易。[43] 他和他的船员也特别注意到了贸易建立后日本人可能购买的物品，有人列举了一些选项，包括眼镜、侦查镜、皮革、手表和小饰品。[44]

佩里的船员为自己购买的纪念品也与此问题相关。他们都是急切的购物者：麦考利记录了日本商店店主"看到我们有人走进他们的店，把每一样看到的东西都买下一堆，问过价钱后立即付清，毫不在意找的零钱，然后头也不回地离开，他们对这样的情景感到很震惊"。[45] 他记录道，"当购买古董的热情耗尽时，购买犬类动物释放了船员最后的热情"[46]。二十多个水手购买了狗。此前，佩里就收到三只作为礼物的狗。

想必同时，日本人也从美国水手手里买了东西，虽然这是官方所禁止的。几年后，弗兰西斯·霍尔（Francis Hall）访问日本时，他听说有一样美国进口物品很受欢迎，"佩里访问日本时，他船上带来一种斑点鼠，也被称为'美国鼠'，一到日本即被喂养以供销售。这种老鼠很快热销。贵族和有钱人因其50两（ichibus）的奢侈价格而竞相追逐"。不久之后，这些老鼠自然繁殖，人们便弃如敝屣。[47]

图4-5 美国节日吉祥物"乔恩-乔恩与汀克"（Jon² and Twink）

狗和斑点鼠与美国文化节上的吉祥物遥相呼应，乔恩-乔恩（Jon²，发音为 Jon-Jon），是坐在山姆大叔帽子上的一只小狗，汀克（Twink，发音 Tink），是坐在他肩上的一只老鼠。我们无法清楚地解释这两只吉祥物的意涵。此时一只乔恩填充玩具正坐在我的桌上，让我不断想起那次展览以及关于我们思考诸多事物的方式的不同观点（见图4-5）。

第三组物品更有趣，是佩里为了快速了解日本文化收集的材料。如同 19 世纪大部分的美国航海探险，佩里所收集的民族志材料最终收藏在史密森学会。威廉斯在日记中写道，"佩里将军尤其希望为华盛顿的博物馆收集多种多样的物品，如丝绸、棉布、漆器、陶器以及其他物品"。[48] 因此，佩里在市集购买了许多东西。他以当时人类学理论的标准，仔细挑选了传统、异域风格、"原始"的物品。对比他自己挑选的物品和他收到的礼物是很有趣的。佩里对日常生活感兴趣，他带回了烹饪器具、农业工具、玩具以及其他类似物品。但更有意思的是，他并不清楚这些东西是做什么的，他以自己西方的观念想象它们的用途。他将温酒器认作茶壶，并错把一尊财神像认作神社（Shinto Shrine）中的神灵。[49] 如同博物馆的观众一样，佩里也在解读外国物品的过程中，加入了自己的先入之见。这一点在考察史密森学会的展览时也需要注意。

最后一组展品展示了记忆的物质文化。这些展品是私人收藏家或机构以及史密森学会收藏的物品，它们都和佩里有一些联系。佩里在日本颇具盛名，与佩里远征相关的物品也很珍贵——甚至是生锈的加农炮弹。[50] 我们得到了其中几个可以放入展览的物品，但就我所知，只有一个物品可以清晰地追溯到佩里的远征，大部分出于风格或时间的缘故都被排除在外。这些假冒的佩里物品验证了物品与过去建立联系的权力——即便这种联系大部分是虚构的。

在 1854 年佩里和日本人交换礼物的案例中，我们至少可以分辨三种假设。首先，佩里认为所有物品在文化交流中包含固有价值，这种假设部分成立，至少当这种价值表现为军事实力时是成立的。其次，日本人假设物品的呈现方式和象征意义在跨文化交流中具有意义——但接收者似乎没有领悟这层意义。最后，双方都以为物品的用途是一种天然的知识，但实际上在对方文化中这种知识是缺席的，这种误解使双方都未能巧妙地挑选礼物，也未能准确地了解对方社会。我认为史密森学会的展览团队在某种程度上受制于这三种假设。所以在某些方面，我们重复了 1854 年的错误；而在另一些方面，我们做得更好。

## 史密森学会展览

让我们回到更晚近的史密森学会展览。日本和美国对展品和呈现期待不同，也对展览、设计和历史存在不同观点。一个展览如果要起到充分的教育作用，它必须协调好策展人和观众之间不同的观念。展览的意义要传达给观众，并使他们理解。在同一文化内部做这样的工作已经很困难；对于跨文化展览，这样的工作更加棘手，但也并非绝无可能。

与佩里相比，策展者需要花费更多心思为观众设计展览。（与佩里不同，他们没有用全副武装的战舰表达意图！）他们需要从共识出发。借用当代术语，某种程度上他们需要和观众"共享权威"。如果共享权威过少，观众会对展览叙事失去兴趣或无法理解。这一点比策展者的观点更加重要。而相反，如果共享权威过多，就会变为向观众灌输陈词滥调、仅回答他们感兴趣的问题或强化已有记忆，而不会增加知识的维度、增多获取知识的方式或增进新的理解，迪士尼和美国退伍军人协会（American Legion）比史密森学会更擅长做这类工作。而展览的任务，是将观众带离他们的先入之见，形成更复杂、微妙和问题导向的思考方式，这也是任何一个展览的任务。好的展览会向观众介绍新的问题、观点和信息，并带着观众跳出已有的印象和期望、形成更开阔的理解。接下来的问题就是智识控制和共享权威的复杂性，本文将集中分析史密斯学会展览，但这一问题通用于更多的展览工作。[51]

展览由两个主要要素组成，实物和叙事，我们和日本同事对两者的理解不同。首先是物件。虽然一些物件在不同文化中具有相同意涵，比如当提交文本的截点临近时，日本同事常常送给我们钢笔和钟表，以作提醒，但并不是所有物件都如此。甚至对"历史物件"的认定也因文化不同而存在差异。

在工作过程中，我发现一点很重要的区别，就是我们对待"真品"的不同态度。在备展过程中，我们为获得真品而非复制品，经历了很多困难。美国的博物馆通过保存真品而获得文化权力，因此我们珍视真品，花费巨大代价保护保存它们，并把它们用作展览叙事的基础。我们收藏并保存"十字架真迹碎片"、华盛顿的剑、林肯的帽子，甚至是某次抗议集会中用到的大量廉价海报。[52] 历史真迹为我们的故事增添了真实性，因为在我们的文化中，它们被赋予巨大的修辞力量。

但在日本，情况有所不同。物件同样非常重要，但重要性以不同的方式体现。真品并非博物馆的重点，可靠性也并非源于历史真迹。如果日本博物馆藏有历史真品，但并非处于完美状态，那么时常就会展出复制品。历史建筑也经常重造，包括常规修复和意外损毁后的修缮，此后人们依然把它们认作值得尊重的古迹。（显然，在日本，国家文化瑰宝通常是制作物件、艺术品，或用古法制作的匠人；在美国，则是历史物件或建筑本身。）

而当展品低于国宝级别时，史密森学会的工作人员和日本赞助方之间出现了更大的分歧。我们的展览大多是关于普罗大众的，而非要呈现美国过去的那些伟大人物。我们花费数月向日本方面解释，为什么展览中要更加突出牛仔裤而非盛装；为什么我们除了展出爱迪生发明的灯泡之外，还坚持展出由女性发明的相对不重要的物品；以及为什么我们坚持认为1963年3月华盛顿游行的示威牌应该和乔治·华盛顿的剑一起作为展品。

对日本人来说，把上述这些物品放入展览已经够糟了，而把它们视为珍宝则近乎疯狂。在一次早期的会谈中，日本资助方带来一位艺术品保护专家，他仔细地听了我们的解释后，认为我们的展品基本都是"垃圾"，我们毫无必要担心它们的保存方法和技术，这些物品不值得以艺术品的身份被对待。当然，我们为此非常恼怒，为他和他的同事上了一堂美国博物馆信条课，即所有博物馆展品都是珍贵的物品，需要以同样高的标准进行保存和保护。此次展览应设计最严格的保护标准，每一次展览都需要合格的保管员。

而这些绝不是日本的标准，至少不是很多日本博物馆所施行的标准。在一次日本之行中，史密森学会展览团队参观了明治神社博物馆（Meiji Shrine Museum），那里保存着明治天皇生前的物品：朝服、御驾和一些版画。简单来说，那里简直就是博物馆保管员的噩梦。一些盒子是打开的，完全暴露在强烈光照中，主要光源是裸露的荧光灯泡和自然日光。布匹，包括皇室服装，雅致的丝质长袍都展示在木杆上。我们的保管员自然为此感到震惊。

当日本人尚未给自己的国宝提供应有的保护，我们为什么坚持给我们的"日常"物件配备最高标准的光照、温度、湿度控制？为什么要给我们的"垃圾"设置比他们国宝更高的标准？仅仅是因为科学吗？这当然是部分答案。我们告诉他们，我们的科学专家坚持认为光照、湿度、温度会在哪些方面影响展品，因此你必须按照标准展示它。但我认为还有更多原因。实际上，七周不达标准的展览并不会毁坏这些物品。很多时候我们对日本要求的标准高于我们自己所能提供的条件。相比于我们在东京的强制标准，美国国家历史博物馆在展和馆藏的物品很可能更长时间处于更恶劣的环境。我们坚持以华盛顿的安保标准要求日本方面，虽然这里几乎没有犯罪事件、我们的展品经济价值不高、日本博物馆通行的标准远低得多。为什么我们要坚持？

原因似乎不仅仅是"科学"，不同层面都有文化声明。博物馆内部有一份政治声明，说明了保存重要性，这是策展人和保管员之间长久论争的一部分，即物件的使用一方面在于展陈，另一方面在于教育项目。国家层面也有一份文化声明。我们利用自身的文化威望和物件保存标准，作为强调物件重要性特别是美国日常生活物品重要性的政治声明。当我们向日本方要求以高标准对待我们"垃圾"一般的日常物品，甚至比对待他们的国宝标准更高时，这对日本观众意味着什么？这难道不是某种形式的文化帝国主义？我们也以此作为协商工具，当我们的日本同事无法理解这些物品的历史价值时，这样的做法使它们富有"价值"。

　　在策展的过程中，物件以某种隐喻孤立于底座之上。日本展览的情况总体都是这样的，一场典型的日本展览由放置在底座上的物品组成，底座上还贴有短小的标签，起初日本赞助商认为史密森学会的展览也应如此。但这并不是我们希望的，我们希望通过展品讲述一个故事。如前文所述，好的展览包括展品和叙事两部分。底座之上的展品贴有描述性的短小标签，会让参观者把展品纳入到他们原有的叙事当中，并强化了其脑海中原有的故事。日本教科书（如同许多美国教科书）教授的是过时、陈旧的美国历史，我们希望为他们展现新美国史。因此我们更愿意把展品编入我们的叙事，使观众形成对美国的新认识。

　　这或许是我们和日本赞助方之间最大的分歧。我们希望呈现一场观点导向的展览。我们头脑中已有成形的主题——日本的赞助者并不完全赞成这些主题，或者认为不适合日本大众。但实际上，引起双方争执的并不是某些特定的主题，而是对这些主题的表现，即我们所坚持的叙事结构。

　　这一表面上的矛盾指向博物馆工作的核心。展品的重要性并非来自它本身，而是来自它在叙事中的位置。另一方面，展品所代表的事实和所蕴含的真相，证实了叙事的重要性和真实性。我们坚信展品所讲述的故事比它们自身更重要，但同时声明正是这些物品本身使故事成为真实。这样的悖论的确会令展览赞助方感到迷惑。

　　此次展览所奉行的叙事的概念植根于西方长久以来的表现传统。苏珊·皮尔斯（Susan Pearce）写道，"博物馆展览，即相信知识可以通过临时的、三维空间的展示陈列出来，相信这是一种道德需求并推动新知识的发展，这本身是现代社会的一种元叙事"。[53] 虽然今天的日本博物馆采用了很多西方理想模式，但仍然存在另一种展览和展示物件的传统。这便是"模仿"的传统，即展品引用了某种经典文献。展品不仅仅是它历史叙事的一部分，也参与了某种超越性叙事。"单"（mono）一词，今义为物品，古义则有两重内涵，一重是指无形世界中某种物品的根源，另一重是指有形世界的根源。山口正雄（Masao Yamaguchi）写道，日本文化"发展出一种显示技艺，即通过物质化的无形显示出来……这套理论包含一种辩证观念，即无形的背景环绕着一件物品，有形便由此种无形而来"。物品是一种象征物，即鲍德里亚（Baudrillard）所说的"幻影"（simulacrum），一种"使无形变有形的修辞"。在展览会上，"通过对历史、虚构的形势、表演以及物品的展览进行调和，神圣的现实由此展现"。[54]

　　但我们坚持自己的叙事方式。我们不只坚持让展品讲述西式叙事，更要讲述我们选择的某种特定叙事。对此次展览及更广泛的博物馆展览而言，这意味着我们希望通过展品讲述我们的故事，而不是让参观者用自身的故事来解读展品。（1854 年，佩里在日本挑选民族志材料时，便把这些物品编入自己的故事，而不是基于它们实际的用途。）我们希望通过此次展览讲述自己的美国历史故事，而我们的日本伙伴则更希望把物品本身呈现给观众，由他们自己解读——这与"模仿"观念相一致，即假设物件的意义是由某种话语决定的，这种不言自明的话语源于长久积累的传统，并且不需要修正。我们花费数个小时讨论这一问题，而令问题更加复杂的是，对日本伙伴来说，"展览"和"展品"在日语中是同一个词，他们很难理解超越展品本身的展览。显然，当我们没有意识到语言问题时，事情变得更加复杂！

　　我们双方对叙事的分歧即日本方希望展览不包括叙事，而我们坚持展品由我们所构建的叙事来安排陈列。从文化帝国主义的角度来看，这场争论的确是一场战斗：谁可以讲述美国历史的故事？我们可以讲述我们的故事，还是我们允许观众自由解读展品并用展品创造自己的故事？这一点在分析展览视频——"土地影像"（land video）时，显得非常清楚。我们希望通过视频展现土地如何塑造美国人性格以及美国人如何改造国土。日本方觉得这种做法不大可能。他们认为这个故事太复杂，需要三小时而不是三分钟的节目来展现。他们似乎不明白领会思想"要旨"的方法。（这一问题也许并不是美日两国之间的文化差异问题，而更像是电视节目制作人和博物馆工作者之间深刻的文化差异。）除此之外，日本人很确定视频应纯粹表现美国土地。

　　我对此强烈反对，但直到我想起这正是美国以前的做法——例如国家地理（National Geographic）的关于非洲的电视节目时，才明白自己强烈反对的原因。他们只希望展示表象而不是美国人——他们希望美国是一处由他们阐释理解的地域。这便以隐喻的方式否定了我们作为美国方面代表的地位，而任由他们把美国当作一片开阔的荒野，并自由赋予它意义和解释。我认为，这是一种广义上的殖民主义，任由他们自己拓殖和主宰。他们否认我们的叙事，而相反，为我们的展品或此例中的土地，赋予他们的意义。[55]

我们关于叙事的分歧也可以通过其他方式分析。权威的来源是什么？如何证明一种叙事优于其他？我们坚持认为策展者的权威，来源于对历史的出众理解能力，而非因为我们是美国人，因此我们有权利讲述美国历史；也源于我们对历史的亲身经历，因此有权利将我们的记忆与叙事联系起来；还源于我们代表了一个政府投资的公共国家级博物馆，所以我们是"官方"故事的保卫者。我们的权威来自专业性和学术性。经过长时间的协调，日本人才理解我们守卫的并不是某种官方历史，而是我们对历史事实的解读。而经过了甚至更长时间，我们认识到这种根本性的差异，并意识到这是一种问题。如果我们对自身权威的地位和来源已有过彻底的自查，并在早些时候告知日本方面，这对问题的解决会有所帮助。这样的处理方式对任何展览都很有用。

协调叙事的方式和内容也是讨论设计问题的重要部分。日本团队的设计师会告诉我们日本观众的喜好，他们知道这种口味和我们的设计有所不同，并认为它仅仅反映出美学品位和展陈方式的差别。的确，两种文化间存在美学上的差异。（佩里时代也是同样的情况，佩里将军花费了大量精力解释日本设计方式的"原始性"。）但我们不认为"日本人民"的口味是单一的，也不认为日本广播协会团队可以代表日本人民。日本广播协会的权威来自何处？在我看来，很多"美学"差异在一定程度上可以转化为叙事问题。

例如，日本设计师反对我们所运用的一项常见展陈技术，即将巨型照片作为展品的背景幕墙，或以此呈现某种语境和空间感，或作为代表展品的剪裁画。这是美国展览中为展品创造更大语境背景的方式，也是美国展陈设计者最常用的技法。但我们的日本同事从美学角度反对这种做法，他们认为对日本人来说，像这样的照片看起来廉价而不真实。（他们也不赞同这部分花费。）他们更喜欢三维模型。这和"模仿"概念一脉相承，即把物品原件和以之（"大作"）为原型的模拟物联系起来的做法。舞台布景也是用于联系实际物体和更深刻的真实。山口写道，"所有展览都不愿出现'虚假'，但在追寻真实性的过程中需要戏剧化的语境"[56]。这与美国利用展览和布景的方式正好相反。

因此，展览开篇的美国伟大标志——总统山，是由一种泡沫雕刻而成，我们担心它看起来廉价，并为放弃巨幅照片的呈现方式做出勉强妥协，而日本人却更加青睐这种方式。同样地，日本人坚持使用实物布景展现西部城镇，而我们更想用一组照片。照片可以营造情境、展现规模，把观众放置于场景当中，而模型做不到这些。我们最终同意妥协，使用总统山的巨大泡沫模型，利用实物尺寸的照片—模型展现一座西部小城，很勉强地加入了白宫的巨大模型，以及其他种种向日本美学意见妥协的做法。毕竟展品需要接触观众，而熟悉的设计方式会让观众更容易捕捉陌生的观点。[总统山模型高约 6.1 米、距地面约 12.2 米，当观众从二层步入展厅便会发现它的存在，实际上它看起来非常壮观！]

　　然而，在历史事实问题上，我们很少妥协。这对我们来说是最重要的问题，也是展览的首要价值。我们希望日本观众有机会了解美国历史和文化，因此，与设计问题的妥协态度不同，我们坚持不因日本方面的口味甚至利益改变展览的叙事。

## 表现种族问题

　　我们没有在内容、主题和叙事问题上做出妥协。因为这些内容很重要，它们应该被讲述，并帮助日本观众了解美国。我在前文中概述了展览的叙事。在这里，我将集中分析一个主要议题——种族，它是我们讲述美国历史中的关键问题，并且贯穿于展览各个部分。种族是美国历史中一项基本分类，它塑造了人们的世界观，也决定了人们在多大程度上希望了解美国。虽然展览集中于黑人和亚裔美国人，但我们也提到了其他被排除在美国历史之外的人群，他们也常常被当作不同的种族——例如犹太人、爱尔兰人都曾被当作非白人。我们试图启发观众质疑他们的种族观，并意识到种族是一种社会建构的分类。这个主题对于在日本的美国展览似乎尤其适合，因为种族观在两个国家中以及两国关系问题上都扮演了相应的角色。

　　我们在整个展览中都用到这个主题，试图展现出种族问题如何贯穿于美国历史的各个方面，以及为什么它是理解美国过去的关键。在展览中，处处可见黑人的身影：在"美国西部"展区，我们展示了黑人牛仔的图片和一顶水牛士兵（Buffalo Soldier）[57] 的头盔；在"内战"展区，展示了一个现存的黑人兵团的战旗；在"抗议"部分，放映了马丁·路德·金（Martin Luther King, Jr.）

1963 年 3 月在华盛顿的演讲录像。我们甚至围绕一些展品讨论了与之相关的种族问题。例如，一架早期怀特兄弟的飞机是最大的展品之一，我们围绕它讲述了怀特兄弟的故事以及一架飞机的飞行员（他碰巧是佩里将军的曾孙！），同时我们也讲述了一些非裔美国人驾驶飞机的故事。在一群展出的黑人飞行员旁边，有一张标签写道：

> 20 世纪 20 年代的非裔美国人将飞行视为对抗种族歧视和偏见的机遇。一些黑人认为，只要他们可以和白人飞得一样高、一样快，他们便可证明种族歧视是没有根基的，种族平等便会到来。美国黑人领袖威廉·爱德华·布格哈特·杜波依斯（W. E. B. Du Bois）在 1932 年写道，"黑人种族的命运向着飞机羽翼呼啸而上"。同时，女性也加入飞行员行列，以此证明她们同样可以征服自然和技术。

亚裔美国人也是此次展览所强调的种群，尤其在日本做展览，这样的强调很合适。（我们的日本赞助方一开始并不同意。当我们建议突出二战期间日裔美国人集中营时，他们告诉我们这个故事没有什么意思，因为毕竟日裔美国人不是日本人。）

展览的最后部分简要讨论了日美关系，我们也在此处强调种族是故事的一部分。这里所触及的一些故事众所周知，例如种族主义导致二战期间出现日裔美国人集中营。有一些话题具有争议，例如种族区别的感受如何加剧了二战的严重程度。[58] 还有一些话题神秘而富有异域色彩：例如雷纳德·麦克唐纳（Ranald Mcdonald）的故事，他是切努克印第安部落的一员。由于相信美洲印第安人和日本人之间存在紧密的关联，他于 1848 年在日本海岸设计船只失事，由此进入封闭的日本内部，或许成了第一位旅日美国人。（麦克唐纳在日本停留了近一年，在此期间，如同日本人俘虏的其他美国水手，他也遭到囚犯般的待遇。尽管如此，在他的自传中，他仍然写到他的日本"兄弟"待他有多好。）[59]

最后一部分展览主要集中在佩里将军。在此我们没有集中讨论种族问题，因为佩里将军和他的船员在访日期间已经注意到种族的议题。至少 19 世纪 50 年代的美国人对种族问题的关注并不比今天少。佩里的一位船员乔治·普雷布尔，直接把种族问题列为日美历史的核心问题。当他注意到在过去的三百年间，日本由"富饶帝国"衰败为当时的弱国，北美却开始走向辉煌，他反思两国或许还会再次互换位置："或许历史的循环又会带日本走向进步，而美国则转换历史的车轮方向——日本摆脱其傲慢排外，在雄健的活力中获得繁盛，美国则受"黑奴制度"所累步入糊涂幼稚的阶段。"[60]

在佩里和他船员的脑海中，一个关键的种族问题是：日本人是什么人种？很少有美国人沿着麦克唐纳的思路，在日本人和印第安人之间建立联系。一幅1860年的卡通画暗示非裔美国人认为日本人是黑人，或者说日本人和非裔美国人看起来一样，但这似乎更像是南方神经质的幽默。[61]日本人是亚洲人，但显然不像中国人那么亚洲。佩里的一位船员写道，"他们的学习热情和求知欲与中国人刚好相反"，虽然他坚持把他们称为"小猪尾巴"。[62]另一位船员认为"这些上层阶层和亚洲典型面孔只有一丁点相似，而下层人民、渔民和船员则更像亚洲面孔"。[63]

正是出于对种族问题的疑问和兴趣，我们应该考虑佩里船员数次为日本人举行的一种吟游表演，他们在冲绳靠岸时也做了这样的表演。一张现存的表演传单显示，表演命名为"埃塞俄比亚音乐会"（Ethiopian Concert），由"日本混合吟游诗人"（the Japanese Olio Minstrels）通过"黑鬼形象"（即黑色面孔）表演出来。这一"节目"由三部分组成，首先是"北方有色'绅士'"（Colored 'Gemmen' of the North）之歌，第二部分为"南方种植园的'黑人'"（Plantation 'Niggas' of the South）之歌。最后一部分表演是黑人方言剧，名为"由布尔沃（Bulwer）著名喜剧《里昂的女士，或爱与傲慢》（*The Lady of Lyons; or Love and Pride*）改编的滑稽剧"，但该剧的场景从卢瓦尔河畔转移到了密西西比河沿岸。佩里的翻译用"南方种植园黑人歌舞"（songs and dances of plantation blacks of the South）来形容这个表演。[64]

佩里为什么要给日本人展示吟游表演？一种答案可能仅仅是佩里的船员熟悉美国剧院里最新的戏剧热潮，几乎未加思索便把它呈现给日本人。这与佩里时常做的假设相吻合：日本人和美国人一样，他们至少能够理解我们所理解的一切。但情况或许并非如此。我认为那场表演和种族有关。19世纪50年代，吟游表演有其特定含义，这些意思为美国水手所熟知，但日本观众却并不了解。在 20 世纪 40 年代和 50 年代，吟游表演是一种美国特有的表现形式，它也回应了欧洲对美国原创音乐缺席的不满。所以佩里等人也许只是在炫耀他们所认识的最具美国特点的娱乐形式。[虽然我们今天把吟游表演的流行曲调当作非裔美国文化的表现，但对当时的人来说很可能并非如此：它们更像是非裔美国人粗犷的乡土风情（native airs），与白人改编、表演者所代表的技巧和科学，这两者的结合体。[65]] 但我们也应当考虑到其他可能。亚历山大·萨克斯顿（Alexander Saxton）在《白色共和国沉浮录》（*The Rise and Fall of the White Republic*）中认为吟游技艺是一种虚幻的怀旧，它指向更简单、更静止的过去，以美国南方为代表，是"集体乡村往昔和个人童年的象征"。[66] 吟游技艺在政治上是保守的，它护卫奴隶制度、强化了慈善主人与奴隶们渴望回归种植园的神话。黑脸演员尤其包含一种流行观念，即黑人是自然界的一部分，而非历史的一部分，对面临城市化与工业化快速变化的人来说，这显得很有吸引力。[67] 还有一例也是对虚幻怀旧的政治宣传：罗伯特·托尔（Robert Toll）在《黑化》（*Blacking Up*）一书中认为，黑脸吟游是借由种族讲述阶层的一种方式，黑脸角色增添了上层虚伪面目的滑稽荒唐。[68]

那么所有这些在日本意味着什么呢？这一问题分为两个方面：佩里希望表达什么意思？日本人理解成什么意思？也许佩里只是逗逗乐。但因为他代表的不是美国文化中的怀旧派，而强调商业的、外交的未来，也因为他不是政治保守派，所以应该考虑吟游技艺传统意义之外的因素。我认为佩里可能在传递白人优于黑人和亚洲人这一信息。显然，他正是以这样的方式使用黑人海员。当他第一次登岸时，他由两位"六英尺（约 1.8 米）高的健壮黑人"陪伴，他们举着美国国旗和信号旗。这两个黑人虽然比佩里体型高大，但他们显然是服从于佩里的。[69] 所以他也许考虑到，以黑脸的形式跨越种族边界，借用此种方式，宣扬自己任意制造、消除、守卫这些边界的能力。更简单地说，通过塑造黑人丑角及表现他们接近自然的状态，佩里也许在表达对日本人类似的认知。

那么，日本人对美国水手涂成黑脸、吟唱黑人方言怎样理解呢？美国水手都认为日本人很喜爱这个表演。佩里的一位船员写道，"他们非常享受这个表演，表演期间都大笑不止"。[70] 另一位船员在评论冲绳县一个相似的表演时，提出这样的问题："这些观众看起来很高兴，他们常常大笑，但为什么高兴？或许他们自己也不知道。"[71] 观看美国吟游表演的日本观众显然很迷惑，数百年来他们努力使自己的国家和民族远离世界的其他部分。从 1860 年访美的日本外交官所写的评论来看，他们很轻视非洲人和非裔美国人。[72] 而佩里的船员此时显然在融合不同种族，模糊种族间的界限。日本人一定无法在吟游剧中读出对南方乡村的怀旧情怀，但他们很可能意识到，白人这种不把其他种族身份观念放在心上的做法，对所有非白人或可能树立种族界限的人来说，是一种暗示性的威胁。

　　和佩里一样，史密森学会将音乐表演和带去日本的物品放在一起展示；也和佩里的表演一样，史密森学会的音乐节同样关注种族议题。我们用心地设计了音乐项目，来表现美国音乐传统的多样性，特别是音乐传统的多种族、多民族的特点。在宣传页上，团队选择这样的语言描述音乐项目——"代表美国某些最重要最长盛不衰的社区音乐和舞蹈传统"。这些音乐的选择基于以下因素，"卓越的艺术价值、所属社群的高度评价、表演经验、区域多样性以及文化多样性"。经过大量试镜，最终选出八个组合，它们的风格有夏威夷滑音吉他（Hawaiian slack key guitar）、波多黎各古巴音乐（Puerto Rican mvisicajibara）、阿巴拉契亚小提琴（Appalachian fiddle）以及底特律福音诗（Detroit gospel）（见图 1-6）。这些都是"正宗""传统""原始"的音乐表演。[73]

　　除此之外，我们还可以挑选哪些音乐，或者说我们还可以怎样呈现美国音乐，这是个很有意思的问题。（这一问题曾经引起热烈的课堂讨论。）我们可以选择以"正宗"的方式表演历史音乐，即请学者型音乐家表演美国历史上的音乐。我们也可以选择今天美国最流行的音乐，比如迈克尔·杰克逊（Michael Jackson）和麦当娜（Madonna）。（这样可能会出现一点小小的预算问题。）那么，音乐应该来源于单一民族传统，保持"纯正"（有一个团队表演了传统祖尼 [Zuni][74] 音乐和舞蹈），还是应该表现更符合美国文化特点即民族传统融合的特征：新奥尔良爵士，犹太音乐或我最喜欢的萨摩亚福音（Samoan gospel group）？（这个问题似乎特别体现个人的文化政治倾向。）我们应该展演最传统的音乐形式，还是选择商业上成功的版本：选择小城业余小提琴手还是大奥普里剧院（Grand Ole Opry）[75]？这是一个无解的问题：八个音乐团体怎样抗衡美国一个国家？

图 4-6　美国节日里的音乐舞台上正在表演的底特律福音会（Detroit Gospel）[76]

我们采取的解决办法，是建立在乡村音乐长久的传统、乡村音乐复兴和"正宗"传统音乐的基础之上。[77] 对民俗艺术节有所研究的民俗学家理查德·鲍曼（Richard Bauman）和帕翠夏尔·沙文（Patricia Sawin）写道：

> 现代美国民俗艺术节的思想基础是自由多元主义。民俗文化节传播了一幅以流行为基础的美国国家文化图景，从组成美国社会的各民族、区域、职业团体中提炼出本国文化，并选择本国文化一些特征，将其传统化、稳固化和合法化，以此建构一幅象征性图景。[78]

我们的音乐项目作用相同。虽然演出的音乐完全可以被称为"正宗"，并且反映了美国的多样性，它却并非典型的美国音乐。我们挑选用来代表美国音乐文化的音乐却很少有美国人听过。"传统音乐"在美国受众很少，然而我们很愿意把它作为美国音乐的代表。它可以一直追溯到一个田园牧歌式的过去，那时统一的国内音乐市场还未形成，传统似乎也比今天更加"纯正"。

佩里将军也呈现过一场音乐表演来表达怀旧之情和田园诗般的过去。但与佩里让表演诉说自身的方式不同，我们的音乐项目得到了很多解读。和我们的展览一样，音乐也伴有某种叙事，清楚地表达我们为什么选择这些音乐家并清楚地讲述种族多样化的故事。但即便如此，我们也很难知道观众对史密森学会呈现的多样但小众的音乐家有何反应。一定有一些人仅仅是享受这些表演；还有一些观众也许会跟随我们的叙事解读这些音乐，把它们当作对美国音乐甚至美国国家的精彩纷呈多样性的致敬。未展出的音乐类别则意味着这些表演团体没能进入美国音乐主流，而这样的态度代表美国的文化共识。

史密森学会的展览和音乐项目与佩里当初的任务表现为一种根本的且恰好对称的颠倒。佩里向日本人赠送技术，交换回代表性的文化物品。如今，日本人向美国人出口技术，例如本田汽车和电视机，而我们送给他们文化，不仅通过"史密森学会的美国"和音乐节的方式，还有电影和流行音乐。佩里所赠送的包含技术类礼物带着清晰的权力信号，并掩饰在实用性之下。而文化礼物，无论是1854年日本赠予我们的还是今天我们带给他们的，都没有携带那么清晰的信息。对电影和流行音乐来说，这或许无关紧要，但对博物馆展览来说并非如此。一个成功的历史博物馆展览一定要携带某种信息。"史密森学会的美国"包含一种信息，但我们花费了很多工作传达它，最终利用物品和叙事编织了一张意义之网。

我们的观众获得了什么呢？这是本质性的一点。我们设计展览，让日本公众有机会了解美国历史和文化。以通常的标准来看，这次展览是成功的。观众量很大：七周之内有超过130万人次购买门票，这完全超出我们的预期，也远远超过了在华盛顿一场类似展览的观众数量。（赞助方的确做了很多宣传工作，在东京贴出铺天盖地的海报，这无疑对提高我们的受众数量有很大帮助。）展览也受到大量媒体报道——但我们的赞助方是日本最大的报纸和电台，这项成绩就容易很多。[79]然而，观众真的"了解美国"了吗？

展览期间的采访和评论本中的内容显示，展览成功地完成了我们的目标：观众离开展览时，脑海中已经呈现出一个新的美国，这幅图景比他们的高中历史课本上的知识更加有趣、有意义，比他们在美国电影和电视节目中看到的更加复杂，也比他们在晚间新闻中了解到的更加精确细腻。很多评论很赞赏我们对种族和不平等、政治分歧和社会问题这些棘手议题的关注和呈现。他们说，

这些内容使我们的展览变得可信。正是这些评论让我们相信自己的确打了一场
胜仗。

　　展览是饱含争论的领域：展示哪些物件，怎样展示，为它们做怎样的说
明。博物馆展览是对观念和物件的呈现，而这些观点值得讨论。为了传达这些
观念，我们需要利用所有可以动用的力量：将实物放在叙事和设计情境之中，
来强化策展者所要传达的信息。但要使叙事和设计有意义，它们必须形成对
话，这也意味着策展人和观众必须说同一种语言。对任何博物馆展览来说，这
都非常困难；对一场万里之外的展览来说，更是难上加难。而这次举办远距离
展览所面对的挑战，促使我们比在美国时更透彻地思考一些值得深入思索的
议题。

## 注 释

[1] 此为估计数字，财务数字并未公开。

[2] 对文化节的描述参见 *American Festival Japan '94 Official Guidebook* (Tokyo: n.p., 1994)。

[3] 史密森学会团队有 40 多人。主要参与者有：项目主任 Lonnie Bunch，他负责展览的整体方
　　向；项目经理 Harold Closter；馆长 Ellen Roney Hughes 和 Steven Lubar；设计师 Nigel Briggs 和
　　Michael Carrigan。和所有展览一样，本团队也有过很多争论和分歧。本文讨论展览的部分主要
　　表达了笔者的观点，但团队中的其他成员并不一定赞同这些观点。日本团队有过数次调整，主
　　要人员有 Haruo Ohashi, Mayumi Harada 和 Hiroshi Kowamura。日本方面的历史顾问是 Kaname
　　Saruya 教授。

[4] 展览的目录综述（日文目录中文综述）发表于：Jeff Brodie, Lonnie Bunch, Ellen Hughes, and
　　Steven Lubar, *The Smithsonian's An Exhibition of American History and Culture* (Tokyo: NHK and
　　*Yomuiri Shinbun*, 1994)。大部分展览材料备份在硬盘中："The Smithsonian's America: A CD-
　　ROM of American History and Culture" (Portland: Creative Multimedia Corporation, 1994)。The
　　entire script is available on the National Museum of American History's World Wide Web server:
　　http://www.si.edu/organiza/museums/nmah/japan.

[5] 更多有关谈判协调的情况，参见 Lonnie Bunch, "The Gaijin are Coming! The Gaijin are Coming! A
　　Personal and Curatorial Odyssey," *Museum News*, March/April 1994, 32 ff。

[6] 佩里行程的最好描述参见 Peter Booth Wiley, *Yankees in the Land of the Gods: Commodore Perry
　　and the Opening of Japan* (N.Y.: Viking, 1990)。这段历史仍存有一手材料，如官方报告 Narrative
　　of the Expedition of an American Squadron to the China Seas and Japan, performed in the years
　　1852,1853, and 1854, under the Command of Commodore M. C. Perry, United States Navy, by
　　Order of the Government of the United States. Compiled from the Original Notes and Journals of
　　Commodore Perry and his Officers, at his request, and under his supervision, by Francis L. Hawks,
　　D.D., L. L.D. 3 vols. (Washington, D.C.: Beverley Tucker, Senate Printer, 1856), hereafter referred to
　　as Narrative)，以及此次任务中的水手和其他随行人员的手稿及公开发表日记。

[7] 译者注：指向中国介绍美国的存在。

[8] Commodore M.C. Perry, *Message to the President of the United States, transmitting A report of the Secretary of the Navy... relative to the naval expedition to Japan, 33rd Congress, 2nd session, Ex. Doc. No. 34*, p. 125.

[9] Ibid., p.45.

[10] Ibid., p.47.

[11] Rear Admiral George Henry Preble, USN, *The Opening of Japan: A Diary of Discovery in the Far East, 1853—1856*, ed. Boleslaw Szczesniak (Norman: University of Oklahoma Press, 1962), p.147.

[12] William Heine, *With Perry to Japan: A Memoir*, translated, with an introduction and annotations by Frederic Frautmann. (Honolulu: University of Hawaii Press, 1990), p.93.

[13] Samuel Eliot Morison, *"Old Bruin": Commodore Matthew C. Perry, 1794—1858* (Boston: Little, Brown, 1967), p.280. 该书中的观点是：佩里以为"日本人主要对机械和小玩意感兴趣"。如同莫里森其他分析一样，这一观点也过于简单。

[14] John Glendy Sproston, *A Private Journal of John Glendy Sproston, U.S.N.*, Sakanishi (Tokyo: Sophia University, 1940), p.10.

[15] Letter reprinted in Perry, *Narrative*, p.221.

[16] Ibid., p.352.

[17] Preble, *The Opening of Japan*, p.109.

[18] 转引自 Wiley, *Yankees*, p.110。

[19] Heine, *With Perry to Japan*, p.126.

[20] Morison, *"Old Bruin,"* p.280; Samuel Colt to Commodore Matthew Perry, April 10, 1852, Samuel Colt papers, Box VII (1851—1859), Connecticut Historical Society. My thanks to William Hosley of the Wadsworth Atheneum, Hartford, Connecticut, for calling this to my attention.

[21] 美国在 1851 年伦敦水晶宫世博会的表现方式与佩里一行准备的礼物和呈现方式之间，值得做一个简要的对比。在伦敦，个体制造商也展出了自己的产品，技术产品同样得到很多关注。但同样地，这些展示的原本意图和观众的理解之间出现了偏差。虽然一些产品找到了新市场，例如枪支，但美国的农业技术产品却无法适应英国的情况。很多美国产品引起英国人的好奇，但他们并不会购买。这些产品更像技术复杂性和差异性的代言者。参见 Brooke Hindle and Steven Lubar, *Engines of Change: The American Industrial Revolution* (Washington, D.C.: Smithsonian Institution Press, 1986), chap. p.15。

[22] Heine, *With Perry to Japan*, p.126.

[23] Perry, *Message*, p.133.

[24] Heine, *With Perry to Japan*, p.165.

[25] Toson Shimazaki, *Before the Dawn* (Honolulu: University of Hawaii Press, 1987), p.96, 引自 *With Perry to Japan*, p.208, footnotes。*Before the Dawn* is historical fiction, but based on solid research in Japanese sources.

[26] Letter reprinted in Perry, *Narrative*, p.512.

[27] Morison, *"Old Bruin,"* p.371.

[28] Preble, *The Opening of Japan*, p.147.

[29] Masao Yamaguchi, "Exhibition in Japanese Culture," in Ivan Karp and Lavine, *Exhibiting Cultures: The Poetics and Politics of Museum Display* (Washington, Smithsonian Institution Press, 1993), pp.65-66.

[30] Perry to Sec. of Navy, April 4, 1854, in Perry, *Message*, p.151.

[31] 部分复制品参见 Okubo Toshiaki, ed., *Kurufune raikofu: Kaiko e no jokyoku* (Tokyo: Mainichi

Shinbunsha, 1988), plate p.106。

[32] Preble, *The Opening of Japan*, pp.138-140.

[33] 转引自 Masao Miyoshi, *As We Saw Them: the First Japanese Embassy to States (1860)* (Chicago: University of Chicago Press, 1979), p.5。

[34] Chang-su Houchins, *Artifacts of Diplomacy: Smithsonian Collections from Commodore Matthew Perry's Japan Expedition (1853—1854)* (Smithsonian Contributions to Anthropology No. 37), in press.

[35] Ibid., pp.27-28. 人类学家在这里对礼物和商品所做的区分很有用。美国礼物是商业和交换体系中的一部分，虽然它们有象征价值。对人类学材料的总结参见 Thomas, *Entangled Objects*, chap. p.1。

[36] Heine, *With Perry to Japan*, p. 75. 从威廉所记载的浦贺长官送给佩里的礼物中，可以看出日本礼物的规模，"5 匹织锦，40 把竹扇，50 支烟管，50 件漆制杯子"（引自 Houchins, *Artifacts of Diplomacy*, in press）。Houchins 认为，日方所送的这些礼物质量低劣，至少部分如此，这是希望佩里对日本失去兴趣并离开日本。

[37] 这些礼物的照片和描述可见于 Houchins, *Artifacts of Diplomacy*。官方列表可见于 *The Japan Expedition, 1852—1854; The Personal Journal of Commodore Matthew C. Perry,* ed. Roger Pineau (Washington, D.C.: Smithsonian Institution Press, 1968), pp.195-196。

[38] 引自 Houchins, *Artifacts of Diplomacy*, in press。

[39] Houchins, *Artifacts of Diplomacy*, in press.

[40] Preble, *The Opening of Japan*, p.150.

[41] McCauley, *With Perry in Japan*, p.99 and pp. 96-97.

[42] Ibid., p.99.

[43] 佩里列出了各种可能选择，参见 Houchins, *Artifacts of Diplomacy*, Appendix V。

[44] Preble, *The Opening of Japan*, 127; Heine, *With Perry to Japan*, p.153.

[45] McCauley, *With Perry in Japan*, p.118. 日本人对美国人的购物热情感到迷惑。一位当代日本作家写道，"因此，去商店买东西不是日本武士的风格，但也许是美国人的风格。这似乎是一种很低俗的习俗"。（引自 Morison, "*Old Bruin,*" p.393）

[46] McCauley, *With Perry in Japan*, p.118.

[47] *Japan through American Eyes: The Journal of Francis Hall, Kanagawa and Yokohama 1859—1866*, ed. and annotated by F. G. Notehelfer (Princeton University Press, 1992), p.169.

[48] Williams diary, July 26, 1853, quoted in Houchins, *Artifacts of Diplomacy*, in press.

[49] 感谢 Chang-su Houchins 帮我指出这一点。

[50] Okubo Toshiaki, ed., *Kurufune raikofiu, and Peri raiko kankei shiryo zuroku* (Japan Expedition of Commodore M. C. Perry) (Yokohama: Yokohama Archive of History, 1982).

[51] 对 "纪念的声音与历史的声音之间不可避免的张力" 的深度分析参见 Edward T. Linenthal, "Can Museums Achieve a Balance between Memory and History," *Chronicle of Higher Education* (February 1995) p. B1。

[52] 参见 Brooke Hindle, "How Much is a Piece of the True Cross Worth," in Ian M. G. Quimby, ed., *Material Culture and the Study of American Life* (New York, 1978), pp.5-20。

[53] Susan M. Pearce, *Museums, Objects and Collections: A Cultural Study* (Washington, D.C.: Smithsonian Institution Press, 1993), p.139.

[54] Yamaguchi, "Exhibition in Japanese Culture," pp.62-65.

[55] 米柯·鲍尔在对美国国家历史博物馆非洲展的分析中表达了这一观点。他写道，"用视觉理解的方式展现非洲人民，便主动放弃了他们历史中外国势力殖民的部分"。参见 Mieke Bal, "Telling Showing, Showing Off," *Critical Inquiry* 18 (Spring 1992), p.588。

[56] Yamaguchi, "Exhibition in Japanese Culture," p.67.

[57] 译者注：美国内战后西部地区的非洲裔美国士兵。

[58] 这部分材料基于 John W. Dower, *War Without Mercy: Race and Powerin the Pacific War* (New York: Pantheon, 1986)。

[59] *Ranald MacDonald: The Narrative of His Early Life on the Columbia under the Hudson's Bay Company's Regime; of His Experiences in the Pacific Whale Fishery; and of His Great Adventure to Japan; with a Sketch of His Later Life on the Western Frontier, 1824—1894*, annotated by William S. Lewis and Naojiro Murakami. (Spokane: Published for The Eastern Washington State Historical Society, Spokane, Washington, by the Inland-American Printing Company, 1923).

[60] Preble, *The Opening of Japan*, pp.138-139.

[61] "Natural Mistakes," *Harper's Weekly*, June 30, 1860, p.416

[62] Preble, *The Opening of Japan*, p.141 and p.109.

[63] Heine, *With Perry to Japan*, p.65.

[64] Ibid., p.154.

[65] Alexander Saxton, *The Rise and Fall of the White Republic: Class Politics and Mass Culture in Nineteenth-Century America* (London: Verso, 1990), p.166.

[66] Ibid., p.177.

[67] Ibid., pp.165-171.

[68] Robert C. Toll, *Blacking Up: The Minstrel Show in Nineteenth-Century America* (New York: Oxford University Press, 1974).

[69] Preble, *The Opening of Japan*, p.134.

[70] McCauley, *With Perry in Japan*, p.101. 海涅写道："日本客人看起来很高兴。"(*With Perry in Japan*, p.154)。普雷布尔写道："他们很享受黑人的模仿表演，并由衷地大笑。"(Preble, *The Opening of Japan*, p.152)。

[71] Heine, *With Perry to Japan*, p.169.

[72] 关于这些日本外交官对种族的看法，可参见 Miyoshi, *As We Saw Them*, pp.58-67。

[73] *Rhythm and Roots: A Celebration of American Music and Dance* (Washington, D.C.: National Museum of American History, 1994). 该书中描述了这些表演团体。

[74] 译者注：祖尼音乐是美国印第安人的一种传统音乐。

[75] 译者注：美国田纳西州纳什维尔市的大奥普里剧院上演曲目代表美国流行趋势，被誉为美国乡村乐灵魂。

[76] 译者注：底特律福音会（Detroit Gospel）是位于美国密歇根州底特律市的多种族福音音乐社团，他们的官网是：http://detroitgospel.com/。

[77] On the ironies of authentic traditions, see Neil V. Rosenberg, ed., *Transforming Tradition: Folk Music Revivals Examined* (Urbana: University of Illinois Press, 1993).

[78] Richard Bauman and Patricia Sawin, "The Politics of Participation in Folklife Festivals," Karp and Lavine, eds., *Exhibiting Cultures*, p.289.

[79] 令人失望的是，这个展览在美国只受到很少媒体的关注和报道。一篇美联社报道题目类似于"史密森学会博物馆把美国文物带到东京"，或"日本人一睹'美国的阁楼'"，只有不到 20 份报纸登载了这篇报道（1994 年 7 月 9 日）；《华盛顿邮报》记者 T. R. Reid 用了标题"美国的阁楼，同一屋檐下"（1994 年 8 月 14 日），这篇报道理解了展览的目标，但对此感到同情；《洛杉矶时报》的一篇文章对展览理解最复杂，标题为"东京最大的美国展览并不只是狂热的爱国主义"（1994 年 8 月 2 日）。几本美国期刊计划刊登有关展览的学术评论。

# 寻找商朝人祖先：中美商丘考古队的一些往事

唐际根 *

**摘要**：作为甲骨文的使用者，商朝人是什么样的种族？建立商王朝前他们从何地起源？文献透露的信息是，该问题与豫东商丘地区的古文化相关。20 世纪 90 年代，中美学者共同推动的考古学界广为人知的考古科研项目"商丘计划"由此出台。"商丘计划"结束后，学术界对其学术成绩评价不一。本文从公众考古的角度回顾了"商丘计划"的立项背景、考古队组队模式、项目实施过程及主要工作，总结了该项目的学术贡献以及该项目在中国考古学史上的意义。

**关键词**：商族起源；商丘计划；中美考古队

**Abstract**

What kind of people were the ruling clan of the Shang Dynasty? Who carved and used the oracle bone inscriptions? Where was their homeland before they established the Shang state? Many transmitted texts indicate that the Shang royal clan might have come from the Shangqiu region in Eastern Henan. In the 1990s, a well-known research plan called the "Shangqiu Project" was put forward by the Chinese and American archaeologists, and the fieldwork of the Project continued for more than ten years. However, the research results were controversial. This article, from the perspective of public archeology, reviews the motives of the Project, the structure

---

* 唐际根：南方科技大学讲席教授，南方科技大学文化遗产中心（深圳市人文社科重点研究基地）研究员。

of the archaeological team, the implementation of the project. It also discusses the major outcomes and the intellectual contribution of the Project to Chinese archaeology.

**Key words**

origin of the Shang royal clan; the Shangqiu Project; the Sino-US Archaeological Team

安阳殷墟遗址发现后，凭着甲骨文与埋藏在地下的各种文物的共存关系，中国历史上的商王朝，早已从司马迁笔下 3000 多字的《史记·殷本纪》，转换成了看得见、摸得着的青铜器、玉器、陶器。我们确信商朝人盘起了头发、穿上了彩衣、住上了四合院；确信他们以小米为主粮，掌握了复杂的青铜铸造技术；确信他们有着狂热的祖灵信仰；确信他们创造了"中国最早的成文文献"。

然而每当我们陶醉于商朝人的智慧时，冷不丁总被一个问题难倒：商王朝人从哪里来？

1990 年，一支特殊的考古队悄悄地组织起来。这支考古队由中国社会科学院考古研究所、美国哈佛大学、明尼苏达大学和麻省理工学院（MIT）等院校的学者组成。考古队被赋予的使命是"探索中国商丘地区早商和先商文明"（In Search for the Early and Pre-dynastic Shang Civilization in Shangqiu, China）。换一种说法，便是寻找商朝人的祖先。

## 王国维"说商"与中美队组建

1988 年 10 月，位于北京王府井大街 27 号的中国社会科学院考古研究所大院迎来一位儒雅的学者。他身材不算高大，但着装整齐，双目炯炯有神。这位学者就是张光直，时任美国哈佛大学人类学系主任。

考古研究所的"首脑机关"在大院深处的一间平房，考古研究所本所人习惯性地称之为"北屋"。张光直到达北屋门口，时任考古研究所所长的徐苹芳迎出。寒暄之后，双方把话题转向学术。重点是中国社会科学院考古研究所与哈佛大学合作的问题。张光直希望双方在豫东、鲁西南或淮北一带选择遗址共同开展田野发掘，"寻找早商和先商的遗迹"。

商王朝是个很特别的王朝。无论是甲骨文中的"祀谱"（刻写在甲骨文上的受祭祀对象的祖先名录），还是司马迁的《史记·殷本纪》，均提到商朝王族的祖先包括两拨人：一拨人是"先王"，即死去的国王，从商朝的国家奠基人"大乙"（或"成汤"）开始；另一拨人是"先公"，即商王朝建国之前的商人祖先。受此影响，考古学家也以成汤建国为标志，将商王朝建国后的文化称为"商文化"，而把建国前的商族人或以商族人为主体的文化称为"先商文化"。

张光直所说的"早商遗迹"，指商王朝建国后的早期遗迹，而他所说的"先商"，指的便是"先商文化"。做商代考古的学者都知道，寻找"先商文化"是世纪性难题。

中国的考古机构与国外合作开展"考古发掘"并非易事。20世纪初，斯坦因、伯希和、斯文·赫定等外国学者从中国西部拿走了大量地下文物，引发了中国学术界强烈不满。1930年，国民政府为此专门颁布《古物保存法》，以节制外国学者在中国境内的考古活动。中华人民共和国成立后，为进一步维护国家尊严，规定外国学术机构在中国境内的考古发掘必须报中央政府批准，难度极大。此次访问，双方只签订了"备忘录"。考古所方面强调合作发掘需要按中国的法规程序申报。好在20世纪90年代的中国，改革开放已经深入人心。经过一年的协商、沟通，主管中国文物考古工作的国家文物局同意了中、美共组考古队的请求。

1990年3月，张光直以哈佛大学皮博迪博物馆（Peabody Museum）名义与中国社科院考古研究所签订协议，商定共组考古队，前往商丘地区寻找早商或先商时期的古遗存。随后，中国社会科学院考古研究所高天麟等多次陪同美国学者前往河南进行先期调查。经过认真准备，1994年中、美双方确认了各自的考古队成员。

为什么是商丘？

考古工作地点的选择，通常都取决于研究者的学术思路。张光直选择商丘，是受了王国维的影响。

王国维早年写过一篇论文，取名《说商》。他在文章中说：

　　商之国号，本于地名。《史记·殷本纪》云：契封于商。郑玄、皇甫谧以为上洛之商，盖非也。古之宋国，实名商丘。丘者虚也。宋之称商丘，犹洹水南之称殷墟，是商在宋地。左传昭元年：后帝不臧，迁阏伯于商丘，主辰，商人是因，故辰为商星。又襄九年传：陶唐氏之火正阏伯居商丘，祀大火，而火纪时焉。相土因之，故商主大火。又昭十七年传：宋，大辰之虚也。大火谓之大辰，则宋之国都确为昭明、相土故地。杜预春秋释地以商丘为梁国睢阳，又云宋、商、商丘三名一地，其说是也。[1]

　　这段话的意思可简单概括为：商王朝之所以称"商"，是因为地名。当年宋国人（指西周、春秋和战国时期的宋国，非赵匡胤建立的宋王朝）称"商丘"，正如今人称"殷墟"。宋国的国都即是商王朝先公昭明、相土居住过的地方。而这个地方就是后来的梁国睢阳，也即今天的商丘。

　　张光直相信王国维，认为要从考古学上找到"先商"遗迹，必前往商丘。

　　但张光直的这一举动在学术上"冒犯"了另一位人物，北京大学的邹衡。邹衡是长期从事商王朝考古研究的大学者。早在张光直1988年拜访考古所之前，邹衡根据考古线索已经提出另一主张：商王朝建国以前的"先商文化"在豫北冀南地区。

　　邹衡直接以"先商文化"命名了一批分布在河北南部、河南北部的遗址。包括著名的河北磁县下七垣遗址等。邹衡的逻辑是：历史上商王朝曾多次迁都，其最后的都城是河南的安阳殷墟，而最早的都城是位于今郑州市区的"郑州商城"遗址。因此要寻找"先商遗存"，便只能追溯年代早于郑州商城而文化面貌又与郑州商城保持着强烈一致性的遗址。他认为只有豫北冀南地带的"下七垣等一批遗址"能够满足这一条件。他认为下七垣等遗址正是商王朝的"先公"遗留下来的。

　　邹衡的观点由于有考古资料的支持，在中国考古学界已有无数拥趸。张光直突然将目光转向豫东的商丘地区，无异于"叫板"邹衡等一大批中国学者。

　　在邹衡等学者看来，王国维的论述主要依靠陶唐氏、火正阏伯之类的传说，可信度较低，前往商丘寻找"先商"无异于缘木求鱼。张光直却认为：依靠陶器所反映的"物质文化"去寻找商朝人祖先的思路有问题。他认为以"郑州商城"为代表的早商文明创造者应该包括两个阶级或群体：以普通陶器为代表的被统治阶级和以高等级文物为代表的统治阶级。前者可能的确来自豫北冀南，而后者应如王国维所说的来自东方。甚至可能是自东海岸从苏北经徐州进入豫东，征服了土著后，在商丘一带建立起第一个都城。到成汤时期才与豫北冀南的被统治阶级结合。张光直提出商丘项目，就是想证明自己的理论。

张光直能够赢得博弈吗？

## 学术博弈下的目标调整

王国维的"说商"早已深入人心。

1936 年 10 月，全面抗日战争开始前夕，社会还算安静。中央研究院历史语言研究所的李景聃奉傅斯年、李济、梁思永等人之命，与韩维周等一道来到商丘。

李景聃说："在河南东部与江苏山东接界的地方有一县名商邱，单就这个名词说，已经够吸引人们的注意。这里靠旧黄河，很可能是商代发祥之地。历史上的记载又给予我们隐隐约约的印象。"

他所说的"隐隐约约"，包括《括地志》所说的"宋州谷熟县西南三十五里南亳故城，即南亳，汤都也"。所以他认定"殷墟的前身在商邱（即商丘）一带很有找着的希望"。[2]

张光直与李景聃的区别，在于他握有现代科学技术。张光直认为商丘的工作必须多学科参与。因此中美考古队的美方名单里有地质学家乔治·拉普（George Rapp）、荆志淳、地球物理学家温森特·莫菲（Vincent Murphy）、大卫·席思（David Cist）、罗伯特·雷根（Robert Regan）等。美方成员也包括跟随张光直先生本人学习考古学的慕容捷（Robert Murowchick）、冷健、高德（David Cohen）、李永迪。

张光直的想法充满自信。他显然想尽快找出"先商文化"的线索，因此他一方面安排乔治·拉普、荆志淳进行地质勘探，建立商丘地区的古地貌，一方面委托温森特·莫菲、大卫·席思、罗伯特·雷根以地球物理学的手段寻找地下遗迹，希望能找到一座早商城址。

张光直相信中国古代都城在低平地带的说法。鉴于自北宋末年（或南宋初年）至清咸丰末年的黄泛，商丘一带黄沙淤泥普遍厚达十米许，古城应该已被填平覆掩。慕容捷甚至还找来一批抗战期间日军在中国境内测绘的地形图，想从中直接找到古城的线索。

中美考古队由中、美双方成员组成。但在商丘地区寻找"先商文明"的观点却主要是张光直提出的。那么，中方队员是否都同意张光直的意见？

面对张光直的科研思路，中方成员出现不同反应。

中方领队张长寿先生出于掌握全局的需要，对张光直和邹衡的观点不做评论。他主张先把工作开展起来，一切由田野工作的结果决定。

作为中方队员，我倾向于认同邹衡的观点。约 3000 年前，陶器是贵族和平民都要用的东西，更重要的是当时人们以"族"为单位生活，怎么分得开"用陶器的被统治者"和"用高级物品的贵族"呢？私底下我对高天麟先生说，北京大学在山东安丘、河南夏邑清凉山的田野调查已经反复证明豫东地区在早商及早商以前分布的岳石文化，我们应该没有机会找到年代早于郑州商城而文化面貌又与郑州商城有密切关系的大遗址。即使找到了，也只能是文化面貌与郑州商城大异其趣的"岳石文化"遗址。然而作为成员，我们都同意张长寿先生的意见，先将工作做起来。

张光直和张长寿两位领队显然掌握了考古队内部的动向。大家商量后，决定一方面继续按照张光直原先的部署，由乔治·拉普、荆志淳进行地质勘探，以恢复商丘地区的古地貌，由大卫·席思等利用地球物理手段，结合慕容捷的遥感和古地图研究，寻找大型古遗址，而另一方面在战略上做出微调，将田野发掘的重点放在"建立细密的商丘地区古文化序列"这一目标上。无论最终能否找到"先商文化"，通过调查和发掘找出以商丘为核心的豫东地区的完整而细密的古文化序列，有利于还原商丘地区人类社会发展演变的早期轨迹。只要序列完整建立起来，"商文化"和比商王朝更早的"先商文化"一定会反映到这条完整序列上，下一步任务便是要从中辨识出来。

## 在菩萨前面挖墓

1994 年，中美考古队的田野作业按照既定学术思路开展起来。

纳入发掘的遗址包括商丘县（今商丘市）潘庙遗址、虞城县马庄遗址以及柘城县山台寺遗址。

有趣的是，三处遗址都供有一座小庙。在菩萨前面挖墓看来是不可避免的了。

### 1. 果然是岳石文化

潘庙遗址是中美考古队为探讨商文化源头在商丘地区选定发掘的第一个地点。遗址位于河南省商丘县南约 20 公里的高辛乡潘庙村。此村西部的小庙不大，但香火未绝。

考古队选择的发掘点在小庙南部。发掘工作自 1994 年 4 月 5 日开始，至 5 月 17 日结束。共发掘了 200 平方米。

发掘探方内的表层农耕土以下，便是极厚的细沙层和淤泥层，挖到 9 米以下，才见到黑色的"文化层"，而出土的遗物居然是明代的青花瓷片。这意味着明代此地的地面在今天地表的 9 米以下。黄河在商丘的泛滥，由此可见一斑。换句话说，明代以前的商丘人，居住在今天商丘地面 9 米甚至 10 米以下。

明代地层以下，地面似乎十分稳定，地层可直接推至史前的龙山文化时期。我们获得此地的文化堆积序列如下：

龙山文化时期

岳石文化时期

东周时期

汉代

唐宋时期

明清时期

龙山文化被写进了中学历史课本，读过高中的都应该比较熟悉。但什么是岳石文化？

所谓岳石文化，是继龙山文化发展起来的一支考古学文化。其分布地域主要在山东地区，后来证明在豫东也有分布。岳石文化的年代大约相当于公元前 1900—前 1600 年，时代上大致与中原地区的二里头文化相当。在考古学上，岳石文化的物质遗存与以郑州商城为代表的商文化面貌大不相同。因此邹衡认定它不会是以郑州商城为代表的"早商文化"的源头，换句话说不可能是"先商文化"。

岳石文化是被商文化取代的。通常认为商文化取代岳石文化的时间是公元前1600年前后，但潘庙遗址的发掘却改变了大家的看法。

我从潘庙遗址的岳石文化地层中挖到1件残陶爵，其形制居然与郑州商城的"二里冈上层"（距今约3500年，相当于商王朝早期偏晚）的陶爵完全一样。我将陶爵递给哈佛大学的高德（David Cohen）说，这件陶爵虽残，但意义非同寻常，它应该可以证明商王朝控制郑州地区很长时间以后，商丘地区仍然是"岳石文化"分布区。高德显然认同我的观点，后来将此件陶爵作为重要证据写入了他的博士论文。

岳石文化地层中这件陶爵，显然不利于张光直的学说。

2. 鬼还能再"死"一次吗？

公元1127年，金国大军围攻北宋都城汴京（今河南开封），赵构在南京应天府登基，即高宗皇帝，开启了中国历史的南宋时代。赵构登基称帝的应天府，即今天的河南商丘。

商丘与宋的关系，远不止北宋、南宋，更远在西周、东周时期，商丘便称为宋。

我常驾车穿梭于河南各地。每到一地，便忍不住嘴上穿越历史。例如到了濮阳，便说若是回到两千多年前说不定会碰到子路（子路是卫国人）。到了开封便说到了汴京。而每次驾车到商丘，便感觉穿越到了宋国。

两周时期的宋国，曾经发生过许多故事。其中最著名的便是春秋时期的泓水之战。

泓水之战的主角是宋襄公。公元前638年，宋襄公联合卫国、许国、滕国进攻郑国。当时郑国附属于楚。楚成王得知消息，果断发兵救郑攻宋。

双方交战于泓水（其位置大概为今河南柘城北15公里）。

这一仗打得极为悲壮：本来宋军先抵泓水列阵待敌。后抵泓水南岸的楚军必须渡河之后才能攻击。楚军半渡之时，襄公的部下建议出击。不料襄公却认为击半渡之敌有损"仁义"之名。楚军渡河列阵，部下又建议利用其布阵时立足未稳出击。襄公仍说不妥。襄公想赢得堂堂正正。然而等楚军布阵完毕，双方接战，宋军大败。襄公自己也受了伤。但襄公却严肃告诫大家，说仁义之师

"不推人于险，不迫人于陋"。甚至说君子不能伤害已经受伤之敌，不捉拿老年兵士，不攻击列阵未稳的军队。襄公败了，但他的名言"君子不重伤、不擒二毛……不鼓不成列"流传至今。

襄公演绎的故事虽然悲壮，我却心生钦佩。潘庙发掘的东周至西汉遗存中，发现大量带有随葬品的墓葬。我知道，这些墓葬中的很大一部分，其实便是宋国人的墓葬。

发掘区内共发现43座墓葬。事后研究证明是一处以春秋中期偏早阶段历经战国直至西汉初期的墓地。

公元前287年起，齐国图谋伐宋。前286年宋亡。齐灭宋后，宋地为魏所得。魏在所得地设置大宋、方与两郡。并指其大宋郡系以宋的旧都睢阳（今河南商丘南）为中心。如此，潘庙一带在此以前必属宋国无疑。[3] 中原地区东周墓，战国早期流行的是"鼎、豆、壶"组合，[4] 与潘庙战国早期墓葬的单罐或鬲、豆（鬲是炊器、豆是食器，流行于中国历史上的夏、商、周时期）组合不同。看来宋国被击灭以前，曾有自身独特的葬俗。

有一天挖开的墓葬刚好是春秋晚期的鬲、豆组合。

工人问：谁的墓？

我答：宋国人的。

工人道：原来是宋国死鬼。

我笑：死鬼？鬼还能再"死"一次吗？

3. 杏岗寺赌局

马庄遗址是中美考古队选定发掘的第二个地点。遗址位于河南省虞城县沙集乡东南约2公里的马庄村。这里的发掘从1994年10月8日开始，持续了50天。

马庄同样有一座寺庙。原称"杏岗寺"。20世纪90年代拆寺改建为杏岗寺小学。我们的发掘选点，就在杏岗寺的后墙边上。

马庄遗址呈现的文化层与潘庙类似，明清层以下，依次是宋元层、汉代层、战国层，直到龙山文化时期。意外的是，此处的龙山文化层之下多出来一层很厚的堆积。此层内出土陶片以红陶为主，包括大量彩陶。甚至还发现了以"叠埋"为特征的墓地。

考古队的第一反应，是将其与仰韶文化相联系，但"叠埋"现象和以猪牙随葬的现象，以及红陶、彩陶的细部特征却又不像是仰韶文化。

考古队显然遇到了新情况：究竟该如何定义一时看不懂的古文化现象呢？

正当考古队员一边发掘，一边思考如何解释这支全新文化现象的时候，张光直先生在当时的考古研究所副所长乌恩陪同下来到工地。这时的张光直先生，已经开始经受帕金森氏病魔的折磨。但他以惊人的意志力沿着台阶进入正在发掘的探方。

大家很想听听张光直关于新的文化现象的意见，于是由高天麟将问题提了出来。

张光直先生伛偻着病体反问高天麟先生什么意见。

高天麟说可能是仰韶文化。

张光直先生突然愉快地与高天麟先生打起赌来：我觉得应该是大汶口文化，不信我们赌一局？那份淡定和轻松自若，感染着在场的所有人。

这场赌局没有输家。马庄遗址的新材料，既有仰韶文化特征，也有大汶口文化色彩，更有鲁西南史前文化特征。我在《豫东考古报告》[5] 中将其定义为"马庄类型史前文化"。究竟是否合适，只有交给学术界去评判了。

4. 山台寺的牛坑与"六连间"

山台寺遗址位于柘城县申桥乡，是考古队选择的第三个发掘点。

遗址原为高出四周的土台，台上建有寺院，曰山台寺。旧寺已毁，后村民搭建小庙一间延续香火。发掘点选在小庙的东侧。

自1995年开始，针对山台寺的发掘持续了两年半。揭露面积约400平方米。

山台寺遗址主要堆积的是龙山文化。年代大概在公元前2200—前1700年之间。其中最不能忘记的是龙山文化的房址和牛坑。

房基包括一处有六间居室的"排房"，其建筑方式是先挖基槽，槽内立木柱，再以木柱为龙骨（有点类似今天混凝土中的钢筋）夯筑土墙。室内先抹草泥土，再抹白灰面。此种房屋结构复杂，入住后应该比较舒适。

遗址内发现一个牛坑，其年代晚于"六连间"房址。坑形不甚规则，长、宽大概各3米，深0.8米。坑内埋有互相叠压牛骨架九具，此外，还有一个鹿的上颌骨。这种一次性用九条牛祭祀的现象，在龙山文化中很罕见。张光直先生似乎很想将牛坑的发现与文献记载中关于商人先祖"王亥服牛"的记载联系起来。

## 宋襄公的古城被深埋 10 米

我上大学的时候，考古教材中的东周部分会将各国的都城轮流介绍一番。例如秦都咸阳、楚都荆州、赵都邯郸、鲁都曲阜、齐都临淄等等。但唯独没讲宋国都城。因为宋国古都那时还没有被发现。

没有料到宋国都城的发现要等到中美考古队出场。

受张光直之托，荆志淳负责研究商丘的古地貌。他带着包括洛阳铲、地质铲在内的钻探工具，在商丘及商丘附近打了无数探孔。

在商丘进行勘探的艰辛，不在于路途遥远，而在于埋藏太深。正如潘庙等遗址发掘出的地层所显示的，商丘地区的稳定古地面深埋在近 10 米以下。现今的豫东平原，所能见到的农田地表是宋代特别是明代以后淤积起来的。

理论上说，宋明以后淤积起来的商丘农田，肯定找不到汉代以前的文物。因为早于汉代的地层被埋藏在 10 米以下。然而有一种遗迹例外。这便是城墙。我们不妨设想，倘若汉代甚至更早的时期古人在平原上建过一座城，城墙又宽又厚高达 10 米以上，后世洪水即使淹没了城内的房屋道路，城墙仍有可能矗立不倒，甚至局部"出露"在今天的麦田之中。

问题是，经历了数千年的风雨和人为耕种破坏，考古队有没有本事将它找出来。

1996 年 5 月，荆志淳带着受雇于考古队的几位队员，照例在商丘县南的王营、胡楼附近钻探。他提醒大家，若发现料礓石一定要告诉他。

料礓石是黄土中的一种钙结核。是黄土长期淋滤后钙物质富集的结果。宋明以后的淤土或沙层中，通常不会有料礓石。但古老的城墙便保不准有料礓石。这可能是最直观的"指标"。

茫茫豫东平原，找到料礓石谈何容易？

戏剧性的一幕出现了。这天，长期跟随荆志淳钻探的刘世奎突然"内急"，便躲到麦地里"大解"。当地的习惯，解手之后不用纸擦，而是从麦地里随手抓一把黄土解决问题。刘世奎就是这么做的。意外的是，今天他用来擦拭的那把土中，有块硬硬的东西硌了他一下。他抓来一看，大惊失色：居然是料礓石。

岂能放过这个线索？大家立即奔向刘世奎"大解"之处，追随着料礓石的线索勘探。

宋国故城就这么被发现了。

这座城平面呈平行四边形，方向北偏东 24 度。东墙长 2805 米，西墙长 3010 米，北墙长 3555 米，南墙长 3550 米，周长为 12920 米，面积为 10.5 平方公里。随后的发掘表明，此城始建于西周初期甚至更早，沿用至汉代。宋襄公当年组织泓水之战时，都城便是此城。

## 成功还是失败：评价截然不同

商丘项目自 1990 年启动，直至 2000 年终止田野工作，历来广受关注。但学界对项目成果的评价褒贬不一。有学者认为，商丘项目以寻找早商和先商文化为目标，但最终并未发现与郑州商城所代表的考古学文化相关联的大型商代遗址，铩羽而归，属一次不成功的学术活动。

2010 年，台北南港，历史语言研究所组织了一场张光直先生去世十周年追思会。会上大家就张光直的生前考古活动进行讨论。一位名头极大的学者对张光直的商丘项目做了负面点评，大意是商丘项目未达成学术目的。

我当时是代表张光直先生的旧部参加会议的，本来准备在会上谈宋国墓地问题，听了这位学者的批评，决定脱稿演讲。

我大意讲了以下观点：从既定学术目标上说，商丘项目确实未达成预期的学术目的。但商丘项目的成败，应该从它是否对整个考古学科的发展有所推动来看待。我列举了商丘项目的三项贡献。

1. 厘清了商丘地区古人类遗存的埋藏环境与聚落分布模式

商丘项目一开始即设定目标为对豫东地区进行沉积学研究，以考察全新世地层及其所记录的地貌变迁历史，进而探讨地貌演化与史前和早期历史遗址间的动态关系。

多年的勘探表明，商丘地区的黄泛沉积主要来源于12世纪初（北宋末、南宋初）至19世纪中叶（清咸丰年间）七百余年间。这一时期内黄河改道南流由淮入海，商丘及其邻近地区屡遭泛滥，堆积了很厚的泥沙，地貌景观的变迁甚为可观。但汉代以前，商丘地区的地貌远非今日面貌。以两周时期为例，商丘的平地上建有面积超过10平方公里的宋国都城，宋都附近的台地上则散布着当时的墓地。过去考古调查发现的零星分布的"堌堆"遗址并不能真实反映当时人类聚落的基本模式。人们除了分布在相对较高的台地上外，平地很可能还有更大型的居民点。

2. 建立了商丘地区商代以前的考古学文化序列

调查和发掘建立起来的豫东地区考古学文化编年表明，豫东地区的商文化和先商文化，与商文化核心郑州地区的发展步调不完全相同。二地间考古遗存的对应关系大致可表达如表5-1：

表5-1　郑州地区与豫东地区商文化序列对比

| 郑州地区 | 豫东地区 |
|---|---|
| 先商（以洛达庙遗址代表） | 岳石文化 |
| 早商（以郑州商城为代表） | 岳石文化 |
| 中商（以洹北商城为代表） | 岳石文化 |
| 晚商文化（以郑州人民公园殷遗存为代表） | 商文化 |

表5-1显示的两个地区之间的细密对应关系，有助于思考商丘商文化与郑州地区商文化的关系。但这只是问题的一个方面。从更为宏观的角度看，豫东考古的意义，远远超出商文化研究的范畴。

以商丘潘庙、虞城马庄和柘城山台寺三处遗址的发掘为基础，结合豫东地区其他考古工作成果，课题组建立起该地区商代以前的考古学文化序列，具体如下：

马庄类型史前文化（马庄）

龙山文化（山台寺、马庄、潘庙）

岳石文化（潘庙、山台寺）

商文化（山台寺、马庄、孟庄遗址。大约在中商时期，由岳石文化过渡至此）。

豫东史前考古学文化序列的建立，是考察和研究商文化的基础，更是认识史前中国的重要条件。

3. 找到了宋国古城和宋人墓地

宋国是春秋时期的大国。长期以来，我们对宋国的了解仅限于《左传》等文献，而对于同时期其他大国如晋、秦、齐、鲁、楚、吴、越，20 世纪的考古学均提供了丰富的地下资料。都城、墓葬、手工业作坊几乎一应俱全。商丘项目发现的宋国故城，以及潘庙宋国墓地是东周考古的重大发现。

按文献记载，西周迁微子于"宋"为的是"续商祀"。找到宋国古城，不也是商丘与商王朝早期文化的重要线索吗？

## 离别与相思

中美考古队在商丘的万顷田畴中活跃了十年。相聚无比快乐，别离催人泪下。当年不经意间发生的一些故事，真切而感人肺腑。

1. 我们的"高司令"

高天麟是中美考古队的中方主要成员。由于他凡事都冲在第一线，工作热情比谁都高，我们都称他"高司令"。

1994 年发掘潘庙遗址的时候，高司令办过的一件事让我至今记忆犹新。

那年我们是 3 月 14 日到达商丘的。我陪同高天麟先生到潘庙村租了一处民房，然后返回商丘县采购物品。春寒尚未退尽的豫东，温度仍然很低。被子是必需品。

我们二人来到商丘百货大楼。我在柜台前选好 5 床被子，谈妥价钱准备给售货员付款，不料斜插过来的高天麟先生阻止了我。

高天麟先生说，小唐，买现成的被子贵啊，我们扯布缝吧。

我心想不至于吧？能省多少钱？

我拿出计算器按了几下，压住不悦对高天麟先生说，我算过了，缝 5 床被子只比买现成的省 2 块多。关键是缝被子还要等一天才能取货。

高先生笑着说科研经费要省着花。我自是拗不过"高司令"。最后选了棉絮扯了布找人缝。

当天晚上没有被子盖。大家只能在老乡家单薄的木板床上和衣而睡，半夜冻得瑟瑟发抖。第二天早起，我不争气的身体直接就感冒了。

看着我直流鼻涕，高天麟瞬间变成高大伟岸的"司令"。他脱下自己的军大衣披在我身上，先是让张管狮去村卫生所给我买感冒药，接着又严肃地对炊事员说，小张你去老乡家买只鸡，给唐先生炖点鸡汤。

我自是心头一热。但转念一想，买药和买鸡的钱加一起，大概超过了缝被子省下的两块钱吧。

考古队常常要处理一些琐事。

发掘潘庙时，有一件在我看来十分棘手的事也是高司令处理的。

有一天收工时，我们无意中将一批东周人骨带进了租住的老乡家的院子。没想到这下惹祸了。老乡说你们怎么能随便将死人骨头带进我家院子呢？

院子主人是潘庙村当时的村主任。可能顾忌自己的一官半职，他本人没有与我们纠缠，出面吵架的是他的儿媳妇。我从未见过如此凶悍的少妇。她怀抱着1岁多的孩子坐在大院骂骂咧咧。毕竟我们有错，大家一个劲地赔不是，一边道歉一边问凶悍的少妇怎么处理才能让她满意。少妇说这院子进了死人骨头，我们不要了，你们考古队必须给我们盖一处全新的院子。

风波折腾了很长时间。最后也不知怎的就由高司令解决了。

院子自然是没给少妇盖，好像钱也没赔多少。

在高司令眼中，国家的钱一份要掰成两半花。

2. 高德要入党

高司令的魅力，不仅表现在学术上，还表现在人格和党格上。

虽然觉得高先生做事有些死板，但工作在前，吃苦在先。每天第一个到工地的是他，最后一个离开工地的还是他。无论中方队员还是美国学者，无时无刻不被高司令的言行感染。

高德原名 David Cohen，是张光直先生在哈佛带的博士生。高德是他给自己起的名字。我曾经调侃说他和高司令都姓高。

每天面对高司令这么一个中国人，高德大惑不解。大家笑着说高司令这么好，全因为他是共产党员。高德似乎对共产党很佩服。有一次高德喝多了，居然举起手用汉语对高司令说："高老师，我要入党。"

究竟是真要入党还是借酒找乐，大家并没有深究。但美国人高德要入党的故事就这么传开了。

3. 美国帅哥的中国情结

高大英俊的慕容捷，原名 Roert Murowchick，也是张光直的学生。因自己的姓发音像"慕容"，他便给自己取了个名字叫慕容捷。稍不小心还以为他有鲜卑血统。参加商丘项目时慕容捷已经毕业，并获得了哈佛大学费正清研究中心副主任的职位。

慕容捷对中国的情感，是我通过一件件小事感受到的。

有一天我陪慕容捷在"伊尹庙"附近调查。高大的美国白人出现在当年的豫东乡村，自然引发当地村民强烈的好奇之心。涌出家门看热闹的人群中，突然有位用独轮车推着一头猪的老乡走到我们面前。此人伸出手指点点慕容捷，突然指着独轮车上的猪说："你，这个。"

我因这突如其来的无礼惊呆了。没想到慕容捷突然笑起来，装作傻傻地向老乡表示他没明白什么意思。如此明晰的侮辱怎么会不懂？慕容捷不愿惹麻烦而已。

我相信慕容捷对中国人的友好是发自骨子里的。后来发生的另外一件事可以作证。

1999 年 5 月，美国人突然轰炸了中国驻南斯拉夫使馆。那时我在英国，对此事极其愤怒。当天却收到一条慕容捷发来的邮件。慕容捷的邮件写得很短，大意是我虽不能代表美国政府，但我代表我个人为美国轰炸驻南使馆事件道歉。

2017 年 9 月，中国考古学会夏商考古专业委员会与商丘市人民政府合作，在商丘召开了一次商丘考古与夏商研究的学术会议。慕容捷应邀与会。当年英俊的哈佛帅哥，已是霜染双鬓。那时我已经离开中国社会科学院就职于南方科技大学。出于教学原因我必须提前返回深圳。离开前我与慕容捷道别，伸出手刚要开口，便瞥见他眼中快要流出的泪水。我跟着眼圈一红，不敢再抬头看他。这大概就是男人之间的友谊吧。

4. 两位张先生

中方领队张长寿先生耕耘最深的领域是西周考古。尽管他深入研究过商周青铜器，但在"商族人起源"这一问题上并未提出过具体的看法。面对美方领队张光直以王国维《说商》为蓝本的"商族起源于豫东说"和北京大学邹衡提出的"豫北冀南说"，张长寿先生从不轻易表态。

张长寿先生没有选边站。他主张先通过田野工作获得商丘地区的考古材料，分析材料后再下结论。正出于这一原因，他和高天麟决定先发掘商丘潘庙、虞城马庄和柘城山台寺三处遗址，建立起商丘地区商代以前的细密文化序列。

张长寿先生在豫东考古中的决策，应该就是学术大局观的体现吧。

发掘潘庙遗址期间，我与张长寿先生同住一个小房间。张先生和我一样，睡的是农民房、硬板床，盖的是我们扯布缝制的被子。先生以花甲之龄每天陪大家一同到工地，持续如此。

张长寿先生从不轻易指责一线队员的工作。即使出现失误，也只是心平气和地把大家叫到一起，开个短会讨论一下。

我一直不能忘怀张光直先生佝偻着身体，却一脸轻松地在探方中与高天麟"打赌"的情节。

张光直先生参与中国考古学，最初是在北京大学讲《考古学六讲》。那时我正在北大读本科，所有讲座一次不落地听了。加入"商丘计划"后我与张光直先生的接触多了起来。

1995 年，我曾就《中国考古学问题与前景》请教张先生。张先生谈了很多。具体内容我已整理成文字发表。[6] 在哈佛燕京学社访问期间，我曾向先生提了个"无礼要求"，请他写几个字勉励一下考古后辈。张光直先生竟然没有丝毫犹豫，提笔写下了"技术国际化、方法系统化、理论多元化"的考古祝愿，并认真地签字、钤印（见图 5-1）。这幅字，我珍藏至今。

1994 年，张光直先生与张长寿先生在马庄工地相遇。二位重量级考古学家蹲在探方中。张光直手持 Mashall Town（美国制造的考古手铲），张长寿面带笑容指点着地层变化。二人留下了一张极其珍贵的照片（见图 5-2）。

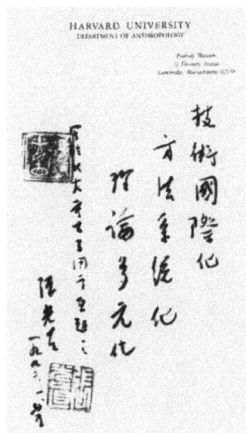

图 5-1　张光直先生
手迹（1996 年）

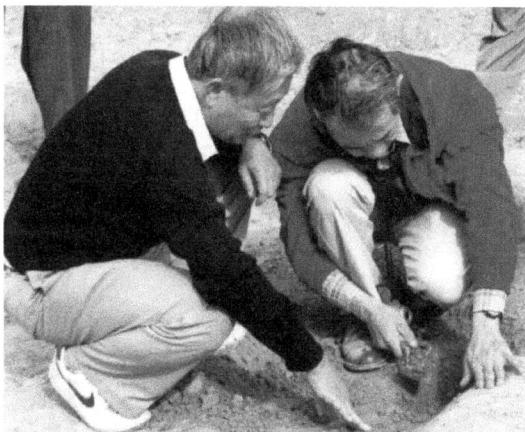

图 5-2　张长寿（左）与张光直（右）在虞城马庄
遗址发掘现场（1994 年）

## 注　释

[1] 王国维：《观堂集林》第二册卷第十二《史林四》，北京：中华书局，1959 年，第 516—518 页。

[2] 李景聃：《豫东商邱永城调查及造律台黑孤堆曹桥三处小发掘》，《中国考古学报》，1947 年第 2 期，第 83—120 页。

[3] 杨宽：《战国史》（增订本），上海：上海人民出版社，1998 年，第 396 页。

[4] 张辛：《中原地区东周陶器墓葬研究》，北京：科学出版社，2002 年。

[5] 中国社会科学院考古研究所、美国哈佛大学皮保德博物馆编著：《豫东考古报告》，北京：科学出版社，2017 年。

[6] 唐际根、曹音：《张光直谈中国考古学的问题与前景》，《考古》，1997 年第 9 期。

历史教育

# 从"讲历史"到"做历史"

赵亚夫*

**摘要：**中学历史教育与公众史学的关系尚不清楚。按照通常的学校教育目的和目标，如以爱国主义为核心，围绕认同教育夯实基础知识和基本技能，培养有政治觉悟的国民，则与公众史学没有特别的联系。因为过往的中学历史教育实践证明，在任何时期、环境和条件下，公共历史教育，尤其是国家历史教育，都是基于国家和民族记忆所达成的一致性目的和目标。所以，"讲历史"具有毋庸置疑的优越性。甚至在实践中，中学历史教育也与历史学分道扬镳。只有当历史学有效地回归中学，并让学生拥有历史知识、运用历史思维形成有批判性的历史认识时，公众史学才有用武之地。因此，中学历史教育须有一个从"讲历史"到"做历史"的过程，需要在一定程度上将学生带入历史现场。抑或是把他们作为特殊的公众群体来培养，使他们在中学时代便能够领略历史学家的工作和思考方式，参与符合他们兴趣和心智的独到的历史解密过程。

**关键词：**中学历史教育；公民历史教育；接受性历史教育；探究性历史教育

## Abstract

The relationship between history education in middle school and public history has not been clarified by far. The common purposes and goals of school education, such as patriotism which regarded as the core goal, basic knowledge and skills

---

\* 赵亚夫：首都师范大学历史学院教授、陕西师范大学历史文化学院兼职教授。

supporting self-identity as well as cultivating young citizens' political consciousness, have no special connections with public history. The undoubted superiority of lecturing approach has been proved by teaching practice by far since public history education, especially national history education, is always based on the consistent purposes and goals of the national and national memory at any time, under any circumstances and conditions. What's more, middle school history education is also separated from historical research in practice. Public history can be useful in school education area only when historical research re-influences middle school history teaching which gives students opportunity to gain historical knowledge of their own and use historical thinking to form a critical understanding of history. Therefore, making "lecturing" into "doing history" —leading students into the historical contexts, is necessary for middle school history education. Students can also be trained as a special public group so that they can appreciate what the historians do and how the historians think as well as participate in the unique process of exploring the mystery of history in line with their interests and minds.

**Key words**

middle school history education; citizen history education; receptive history study; inquiry oriented history education

中学历史教育是近代社会的产物。如果说，作为学科的"历史"具有学术、社会和育人三种功能的话，那么 19 世纪以来的历史学则独享学术功能，[1] 其他两种功能主要指向历史教学。[2] "讲历史"是近现代中学教学的王道。这是因为，无论是针对国家意志，还是秉持社会习以为常的群体认知；无论是就学习环境所能达成的效率，还是教育现场实际可为的效果，都围绕着如何讲好历史来建构其教学理论并付诸实践。然而，通过"讲历史"，公民 [3] 真的能够拥有"历史知识""历史思维""历史智识"吗？ 19 世纪以来固有的中学历史教育传统还适合养成 21 世纪的公民吗？引申说，公众史学是否能与中学历史教育发生关系，又应该形成何种关系呢？

## 中学历史教育和公众史学何以发生关系

必须首先承认，传统的中学历史教育与公众史学不存在必然关系。一是公众史学诞生的历史不过半个世纪，而中学历史教育的历史已有百余年；[4] 二是尽管 18 岁以下儿童 [5] 这一特殊人群尤其需要接受历史教育，但是谁都知道普及历史知识旨在达成的目的，历史学不过为此提供学科内容而已，"历史学教育"是不存在的。抑或是说，基础教育中的"历史素养"，主要通过历史内容突出政治目标，如以爱国主义为核心是历史教学的基本任务。当然，历史也是文化课程，如掌握给定的历史知识，并由此形成特定的文化意识或观念；如认同自己国家和民族的历史与文化，认识人类社会发展的过去及其与现在的联系等。2017 年教育部颁布的《普通高中历史课程标准》确认唯物史观、家国情怀、时空观念、史料实证、历史解释为"历史学科核心素养"。显然，前三个素养也不是历史学独有的；后两个素养在中学亦非历史学标准。

若要让历史学或公众史学与中学历史教育发生关系，不正视历史和现状，不行！但是，相关的问题太多，本文择要摆出四个事实。

### （一）"中学历史"还仅是一个"教学科目"

我国的中小学教育最初套用日本的模板（指学制），就连术语也直接引入日本汉字，而且缺少一个准确考订词源、词义的过程。例如，"课程"一词，在宋代就有。然而，近代学校课程与宋代学院课程的含义差异很大。日文的"课程"概念用三个词：課程（课程）、コース（course）、カリキュラム（curriculum）。一般而言，"カリキュラム"是研究范畴的概念，也是课程理论的统称。通常口语说的"课程"即"教学科目"，如"歷史課程"（history course）或直接说コース。同理，"教科"（school subject）指中小学的各教学科目，表示一个实践领域，是与学生在校习得知识、理解、能力、价值观相关的一整套的教学内容组织和实施系统。诚然，"教科"不纯指"学科"，指的是"科目"。"歷史学"（历史学）亦是历史学科，着眼于学术研究。[6] 据此，中学教学活动以"授業"（教学）[7] 为中心，作为学习媒介的"教科書"（textbook）也是"教科用书"或"学习用书"的概念。[8]

20 世纪 20 年代我们效仿美国的教育理念，并实行"六三三制"；50 年代又照搬苏联方案。但是，无论怎样改，中小学的所有"课程"始终是教学科目，不具有学科的理论性、专业性以及独创性。例如，1902 年清政府颁布的各《学堂章程》所设"史学"和"中外史学"，即是"教科"中的一个"科目"；1904 年以后，凡政府颁布的《课程标准》《教学大纲》，课程名称皆是"历史"，删除了"学"字。[9] 直到 1996 年，《全日制普通高级中学历史教学大纲》才在引言中表述"历史学"的功能。不过，它不意味着产生了"历史学教育"，而只是表达了高中历史教学应有的学科背景。[10]

### （二）中学历史教育目标服务于现实政治需要

历史教育对于学生之所以重要，首先是因为历史内容带有强烈的政治功用性。新中国成立以后的历史教育目标[11]：1956—1988 年，有基础知识和思想教育两项任务；1988—2000 年，由两项任务变成三项任务，增加了能力培养；2000—2017 年，设定知识与能力、过程与方法、情感·态度·价值观"三维目标"；2017 年至今，将"三维目标"提升为"历史学科核心素养"。[12] 目前，我们确定的根本任务是"立德树人"。

值得注意的是：在任何时候，"历史"都是意识形态课程；现今，历史课程若与高考无关，其"学科性"或"专业性"也将丧失。因此，在中学把"历史课"当"历史学"来教并不现实。

### （三）"中学历史"不具备历史学的专业性

既然储备历史知识的目的是培养特定的政治人格，那么作为教学科目的历史就理当首先发挥育人功能。历史学不过是中学历史对应的一个教学科目，[13] 其学术品质（如思维方法）远不及教化的作用（如给定知识）重要。在 20 世纪 30 年代，就有人区分了"学术的历史""应用的历史"和"教训（或教育）的历史"。"学术的历史"指历史学，言之为"完全是客观研究，正和其他纯粹科学一样，不加入任何道德的致用的观念在内"；"教训的历史"犹如中学历史教育，要求借得"一个民族或全人类的经验的总积"，以便获得认识历史和社会的"有能力的条件"。[14] 话并非全对，人们却能在现实中找到充分理据。

历史学不包括历史教育，也是学界的普遍认知。即便是大学历史教育，与历史学研究仍无显见关系。历史教学不过是培养历史学人才的途径和手段而已。至于师范院校，若不是"研究型大学"，在本科阶段其实连学术性的历史学训练都没有。[15] 据此，在中学怎敢遑论"历史学教育"，其专业性在哪里呢？

### （四）"讲历史"是由课程性质决定的

我国的历史教学法经历了较长的蜕变过程，尝试走过各种各样的道路。到 20 世纪 50 年代，伴随着意识形态课程性质的确立，"教材教法"最终一花独秀。以后，无论是"五段教学法""一节课一个中心"，[16] 还是"图示教学法""情感教学法"，乃至今天的"史料教学"，只有"教学模式"的变化，其根本方法都是"讲历史"。因为它：1.易于贯彻历史教学的思想教育目标；2.易于体现历史学科的叙事特征；3.易于凸显历史教学效果；4.易于满足学生听故事的需求；5.易于进行认知训练并切合历史测量标准。

总之，上述几个方面不改变，就不具备导入公众史学的环境和条件。换个角度说，绝不是公众史学不适宜中学历史教育，恰恰是公众史学可以成为改善中学历史教育的方向和动力。究其理由，至少以下三点是重要的。

第一，公众史学和中学历史教育都是实践性学问，而且公众"做历史"与学生"做历史"，其性质就是公民"做历史"，它能够平衡好专业历史和非专业历史的关系。

第二，中学历史教育尤其是高中历史教育的学科化和专业化趋势，其最为重要的部分不是学会治学，而是通过历史学提升公民的思维品质。为此，公众史学提供的多种可能的理论模型和实际模式，比研究型的历史学更具有优势。

第三，在不久的将来，超文本、超学科、超时空的历史教育与多途径、多角度、多方面的公众史学或许并无二致，尽管中学历史教育是非专业教育，但不妨碍它承担让公民获得历史学的专业见识的义务。据此，中学历史教育不可能再以目标、内容、讲授为中心继续通行"讲历史"的法则，应当将"教化的历史"信条转化为问题、探究、表现的"分析的历史"观念。否则，学生——作为公众史学的特定人群——不可能真正享有探知历史的权利，也不可能拥有属于他们自己的历史智识。

## "讲历史"的公众性不具备充分的学科性

"讲历史"的公众性[17]毋庸置疑。同时，它也体现为一种集体意志，如身份认同、国家记忆、爱国主义。细化到课程目标，如"在掌握基本历史知识的过程中，进一步提高阅读和通过多种途径获取历史信息的能力；通过对历史事实的分析、综合、比较、归纳、概括等认知活动，培养历史思维和解决问题的能力"。"学习历史唯物主义的基本观点和方法，努力做到论从史出、史论结合；注重探究学习，善于从不同的角度发现问题，积极探索解决问题的方法，养成独立思考的学习习惯，能对所学内容进行较为全面的比较、概括和阐释。"[18]"了解唯物史观的基本观点和方法"，"知道特定的史事是与特定的时间和空间相联系的"，"知道史料是通向历史认识的桥梁"，"区分历史叙述中的史实与解释"，"在树立正确历史观基础上，从历史的角度认识中国国情，形成对祖国的认同感和正确的国家观"，等等。[19]

前一个课程目标，若去掉"历史"二字，其他人文社会类课程都适用，可视为历史学科教育的一般表述；后一个课程目标对应五个"学科核心素养"，在一定程度上加强了"学科性"。然而，在实际教学中，目标和教学的纠葛显而易见。一方面课程制定者和管理者要求课程实施者服膺课程目标，另一方面课程实施者只把教科书作为教学蓝本并不能"以目标定教"。即便是自己设定的教学目标，也当是给别人看的东西。造成这一结果的一个重要原因，便是课程、目标、教材、教学都不是按照历史学的学科标准设定的，而主要是着眼于特定的人的培养目的，历史知识不过是选择和组织教学内容的手段而已。所以，尽管课程目标相当明确，但是因达成途径和方法的非学科特征，教学也似历史而又非历史。简言之，无论授课者承认与否，其教学观念皆依附于课程性质，其教学行为亦受课程性质制约。[20]

案例一："甲午中日战争和八国联军侵华"节选（2017年）[21]

1891年日本天皇邀请北洋舰队访问日本。［为什么由此切入？］6月26日，在李鸿章的亲自部署下，由丁汝昌率领"定远""镇远""致远"等六艘军舰到达日本，引起轰动。日本法制局长官在参观"定远"号后写道：

"大炮四门，其径一尺，为我国所未见。清朝将领皆懂英文。（中略）皆卷舌而惊恐不安。"["松岛""桥立""严岛"和"吉野""筑紫"分别于1892、1893年交付使用，这条材料似不宜深究。]

问题1：日本官员登上北洋军舰后看到了什么？日本政府会有什么样的反应呢？（意在激发学生兴趣，实现思维的聚焦和凝练。）[中国有洋务运动；日本有明治维新。作为战争背景还需给出其他材料。又，所问似无意义。]

教师讲述：清政府忙于修建颐和园，停购外洋船炮两年。结果被日本捡了便宜，购得"吉野"号。[影响近代战争的因素很多，如体制、科技、情报、军力等，以及由此涉及的国家观、战争观、外交观，虽不必面面俱到，但须择要选定材料。]

问题2：为什么日本会有钱呢？钱从哪来？（通过呈现史实变化，引发学生思考，认识到日本侵华蓄谋已久，清政府腐败无能。）[可删除该问。]

教师讲述：19世纪日本各方备战，至1894年甲午战争爆发。其中，引"经远号"二副陈京莹给父亲的信。"日本觊觎高丽之心有年矣。（中略）北洋员弁人等，明知时弊，且想马江前车，均战战兢兢，然受爵禄，莫能退避，惟备死而已。"[该材料非重点啊！应分析与海战相关的材料，如"高升号事件""丰岛海战"。引各方材料为宜。]

问题3：看了这封家书，你又有何感受？（意在让学生感受到战争来临前人们复杂的心理活动，进一步说明北洋舰队的严重问题。）[似无必要！]

教师讲述：甲午海战过程及《马关条约》的内容和危害。[注意整个事件的逻辑关系。]

问题4：从《马关条约》表述中，思考日本发动战争的目的是什么，它会给中国带来什么影响。（体现资本主义资本输出、瓜分世界的变化，让学生理解中国社会半殖民地半封建社会的内涵，实现由体验历史向感悟历史的升华。）[缺少事实性分析的话，这个"目的"说不清楚的；"影响"教科书写的很明白。有两则材料可考虑：（1）1895年1月31日，光绪帝派合议大臣抵达下关，被日本政府拒绝，其要求清政府派恭亲王或李鸿章为全权代表。3 月 13 日，73 岁的李鸿章全权代表清政府赴日。值得思考！（2）李鸿章与伊藤博文第一轮谈判中说："我国人民对贵国抱怨之声甚多，然而与抱怨之感怀相比，余个人也许应该感谢贵国唤醒了吾中华国人。"什么意思？梁启超《戊戌政变记》也说："唤起吾国四千年之大梦，实自甲午一役始也。"指的是什么？]

这是历史课无疑，而且是较为常态、用心设计的历史课。《普通高中历史课程标准（2017 年版）》的相关内容是："认识列强侵华对中国社会的影响，概述晚清时期中国人民反抗外来侵略的斗争事迹，理解其性质和意义。"[22] 教科书内容据此组织原因、过程、结果和影响的史事和论点，可谓周延。因此，该教学设计既不是照本宣科，又增加了史事，"较好地"完成了教学任务。

其实，针对这类常态的、符合公众认知的课，真不能套用严格的历史学标准。一方面历史学家对于中学历史，除了主张立场要客观、内容要具体、使用史料和历史方法外，并没有实质性指导。中学教师可以不断从历史学中选取材料，却仍不知晓"做历史"的条件和方法。另一方面出身于历史学专业的学科教学法专家，充其量是教材教法和学业测量方面的内行，对于历史教育研究鲜有真才实学。上述两方面原因迫使一线教师只能基于经验自己摸索。成功了，有学识的部分归于历史学，成熟的经验则属于自己。也就是说，专业的历史教育研究还在缺席状态中。

回到该案例做几点分析。1. 本课重点内容教学时长为 20—25 分钟，讲述对于学生了解史事或许是最经济、有效的办法，即让学生尽快"接受"。2. 第一个环节是否必要？第一问基于的材料应该做到：由学生解读材料；分析那位日本官员的身份；知道材料有几层意思。另，材料与"日本政府会有什么样的反应"的判断有无关系？3. 第二个环节着重讲两个问题：一是 1887—1894 年日本政府得到海军军费 130 余万日元，其中涉及哪些因素；二是出示陈京莹信的意图：仅七年时间中日海军间实力发生了很大变化，仅通过军舰对比可以知道什么？认识到日本侵华蓄谋已久，如何延伸这一思考？清政府腐败无能，一封信能证明吗？再看材料依据，外山三郎的《日本海军史》提供了钱的来源

（两例）；费正清等《剑桥中国晚清史》和李鸿章《校阅海军事竣折》，只算是对可能的失败表达担忧；陈京莹的信，选自姜鸣的《龙旗飘扬的舰队——中国近代海军兴衰史》一书。显然，如此建构战争背景和进程很难达到"史料实证"的要求。接下来的第三问或许减弱了对"日本发动战争的目的"的认识！

由此面向所有学生关联学科性，至少在专业上要关注五个角度：（1）史事和史料须引发问题和思考，（2）史事和史料之间应形成清晰的证据链，（3）尽可能使用多角度、多方面的史料佐证史事，（4）运用解读史料的技能，如关键词、术语、含义等，（5）展开历史解释，如表现自己的历史理解。

显然，"讲历史"的危险性的确存在。当"讲授"把史事和史料明确定性且视角单一时，学生的学科思维便难有发挥的余地。抑或是说"讲历史"针对学科——探究与分析——并不具有唯一性。甚至说，"用史料上课"[23]也不一定就都是具有学科性的历史课。

总之，以"讲历史"为主导的教学很难摆脱"教师中心""教科书中心"的禁锢，其教学思路是经验型的备课逻辑——教师根据教科书内容编制自己理解的历史。其中，极少顾及学生思考历史的逻辑，更鲜有触及探究历史的逻辑。所以在教学现场，围绕"讲历史"的教学设计，过多考虑了"讲故事的效果"（让学生接受）和"用史料的新意"（教师解释历史）。因此，教师想得越多学生思考得越少。所谓"编故事的技艺"，恰恰忽略了历史的探究性质，故使"历史教学"能够呈现出一定的知识特色，但普遍缺少历史的教育品质。理想的历史教育提倡让学生习得"像历史学家一样思考和工作"的技能和方法，仅此，"讲历史"的传统就被终结了。

公众史学不是改造中学历史教育的唯一力量，但中学历史教育要追求自身的学科性，它的确是相当实用和具有前景的学术与实践来源。

## 从"讲历史"到"做历史"或使公众史学大有作为

按照传统看法，"讲历史"即是历史叙述，[24]历史叙述又如同讲故事，甚至书写历史也意指"编故事"的学问。学界的说法，叫作"建构历史"。通俗的理解，便是"讲好故事"。在中学，侧重于教师讲的功夫。"讲让学生明白又吸引他们的故事"，出发点和落脚点都可谓教学。另外，这类教学等于用历史（内容）做教化的素材，目的即培养特定规格（立德树人）的人。于是，"讲历史"在中学历史教学中有着充分的正当性，或无可厚非。不过，换个思路看，把历史教育作为一种特殊的智力活动，使其中的历史思维和批判性思维充分活跃，并让学生承担历史的探究者、解释者和表现者的角色，那么公众史学是否能派上用场呢？

案例二："甲午中日战争与瓜分中国狂潮"节选（2019）[25]

《义务教育历史课程标准（2011年版）》要求："知道甲午中日战争的主要战役；列举《马关条约》的主要内容，说明《马关条约》与中国民族危机加剧的关系。"[26]

（1）导入新课。提问：当今中国有多大？（通过简单问题，从学情出发，考查学生潜意识里对我国领土主权的认识，由此引起学生对甲午战争已有的反思。）[这个"反思"可商榷。]

（2）材料1："谁控制了海洋，谁就控制了世界。"（西塞罗）[需要事实支撑。是否徒添麻烦？]材料2："我之造船本无驰骋域外之意，不过以守土疆土，保和局而已。"（李鸿章）[若深究，或也麻烦！]材料3："欲开拓万里波涛，布国威于四方。"（明治天皇）[要把"五条誓文"联系起来看。]提问：材料2反映了清政府筹建水师的目的是什么呢？[以上材料还不聚焦。]

（3）提问：假如你是北洋水师提督，目前你将和日本遭遇，你认为影响海战胜负的因素有哪些？教师预设学生的问答有：舰艇的数量、大小、航速，大炮的数量，指挥官的素质等。展示材料4"中日双方战舰基本数对比表"。提问：从表1数据分析，中日双方谁更强？放视频：材料5《大东沟海战》（通过讨论、数据对比、视频等材料，让学生感知影响海战的因素。）[角色扮演要具备充分条件。]

（4）材料6："海权包括凭借海洋或通过海洋能够使一个民族成为伟大民族的一切东西。……"（马汉《海军战略》）材料7："历代备边，多在西北。今则东南海疆……"（李鸿章《筹议海防折》）材料8："战争爆发后，清朝政策并不曾切实统筹全局……"（郭世佑《甲午中日战争琐议》）提问：结合史料思考，在清政府全力筹建海军的情况下，为什么甲午海战北洋水师还是全军覆灭了？［对中学生或许难了！］

（5）海疆无防，割地赔款。（略）

（6）走向海洋，使命担当。（略）

依照设计者的意图做些改动。第一环节，头脑风暴（3分钟左右）。出示中国地图，学生相互启发并做到：知道我国的领土、领海和领空——主权范围，以及从方位上确定可能受到的外来危险；联系学过的近代史知识，明确已发生的事实；关注日本的动向，引发自主探究的问题；导入本课。第二环节，基于史料展开事实（10—15分钟）。材料2、3可用，但需考虑使用它的教学难度，追加其他材料构成较丰满的历史背景，问题视野不是"清政府筹建水师的目的"，而是直截了当涉及"日本的目标"（若从中、日、朝三个角度选材更好）；"假如你是北洋水师提督"的提问，初中生说不出所以然，还会因其想象不能作用于史事而冲淡了应有的历史感；让学生直接感知战争过程，或教师陈述，或学生分组讨论，无论采用何种方式，都是让学生形成认知纠葛和探究欲望；为此，材料4、5可用，仍需补充典型材料，否则难以推论"海战胜负的因素"；材料6、7、8缺乏探究价值且需耗费较多时间解释，可以删除；现材料还不能支持"北洋水师还是全军覆灭了"的结论（对于初中生而言，应该使材料直接对应失败的根本原因）。第三环节，运用对话形式分析《马关条约》（7—8分钟）。

这便是初级的"做历史"了，也可谓中学历史的叙事方式。其特点显而易见：1.让学生直面史事和史料，删除一切繁文缛节。历史课除了理解史事和史料外，不宜承担教化功能。2.基于史料"学历史"，但要求学生能懂。史料是认知史事的根本途径，也由它产生问题、释放意义。3.为了能做、做得有效，必须针对具体的史事理解和解释，并使用各种探究技能。4.为了给学生提供"做历史"的时间和机会，应严格限制教学内容的宽度，也要防止滥用教学手段和方式，教学要尽可能简单明了。5.由单纯的"讲"逐步转成"做"，即让学生通过探究活动获得自己解释历史的能力。6.应该清晰保持历史学科与其他学科的边界，即便是突出跨学科特征，也只能是由历史问题辐射出来的跨学科教学。

总之，"做历史"不能在学科以外寻求专业任务和方法，这正是公众史学走进中学历史教育的前提。相比之下，"讲历史"的方式虽然千差万别，但其本质皆为接受别人所说的东西，专业功能十分有限。[27] 在中学，"讲历史"肯定不利于发展学生健全的历史素养。一句话，如何将他人的历史解释转化为自己的历史解释，则是公众史学对于中学历史教育的应有的实践。

## "做历史"的基本路径和方法

"做历史"与"讲历史"的本质区别，是解决"谁拥有历史知识"以及"为什么拥有历史知识"的问题。"拥有"不等于"接受"，其关键在于公民是否有能力独立"消费"历史知识。据此，传统的历史教育观念会发生重大变化。例如，记住历史不再是历史教育的核心目标，理解历史材料并基于它解释和表现自己习得的历史认识，才称得上现代历史教育。也正因为把握历史材料方能反映历史学习的本质，所以了解历史学家的一般态度和方法便不可或缺。

所谓态度，指尊重事实，冷静求证；所谓方法，指基于史料发现问题、探究真相和理解意义。[28] "事实性知识"（过去实际发生的事）虽然具有基础作用，[29] 但是如果忽略了"程序性过程"（知道怎样知道）——熟稔技能以便提高如何解释历史的能力——的历史教育就该被质疑。

所以说，教学设计一定不要以讲授为中心，要以探究为中心；教师的教学角色，应是史料的提供者，知识结构的参与者，发展学生历史能力的指导者。就史料而言，他也不是唯一的选择者和解释者；乃至在学习问题的提出和解决方面，他同样会失去一定的权威性。在全球背景下，史料越开放、多元，信息技术运用越广泛、深入，这些特征也越明显。[30]

### （一）"做历史"的基本路径

"做历史"的主要现场无疑是课堂。此外，依据学习任务的不同，可以涵盖家庭、社区、遗址、博物馆等对历史教育具有特定价值和意义的场所。当然，数字化技术的前景广阔，它对历史教育的影响，尤其是着眼公众史学，人们至今还难窥其全貌。

从学校历史教育的对象看，小学生都应学着"做历史"，路径亦不复杂。[31]一是转变"讲历史"的传统认识，尤其是摒弃"好课都是讲出来"的教条，必须秉持"少讲多做"的观念；二是首先承认史料构成历史教育的根本特性，史料虚了，历史教育也随之而空，其中的"历史解释"不可能为真；三是做实历史思维，发展批判性思维，抑或是把历史教育看作是养成历史思维能力的学科。为此，向学生介绍历史学家如何阅读、思考、工作的做法非常必要，因为从中他们将习得"何以能知道过去"的途径和方法；他们将具有判断史料的能力，包括来源、选择、甄别、解释等技能，以便理解和应用证据进行分析；他们将把历史作为一种"知识类型"来理解，并发展历史思维和批判性思维，抑或是根据历史学的思维逻辑展开探究性学习。据此，须强调两个原则：不能照搬历史学标准，如中学不可能做得到历史学家的史料实证；不能违背历史教育性质和规律，如中学也不宜移植历史学的历史解释概念。

简言之，无论着眼课堂教学，还是更宽泛的学校历史教育，课程若不能学科化（《课程标准》），教学若不能专业化（教师素养），指望"讲教科书"[32]获得历史素养，是办不到的！

### （二）"做历史"的基本方法

如前所述，"做历史"要求给学生"做"的机会和时间。所以，教师的教学设计决不能随意，如不必刻意组织"教学结构"，因为"教学结构"不等于"知识结构"和"思维结构"；不必设想过多的"教学任务"，特别是"教学立意"不能偏离学科特性，否则历史课就容易上成政治课。需要指出的是，"做历史"的方法：将帮助教师简化教学，删除一切干扰"做"的因素；排斥与基本事实无关的讲述或讲解，包括阐释任何决定论；由基本史料构成事实分析框架；学生全程参与教学或活动，并通过学科技能达成历史素养；所有教学或活动皆有意义要求，但不能直接给定，理应基于探究而获得。仅着眼课堂教学，可列以下五个要素：[33]

1.提问。它常被作为导入新课的手段，或设置情境，或直接抛出问题。教学过程也少不了设问，似乎没有问题不能推进教学。然而，"做历史"与"讲历史"的"问"毕竟有别，择其要点有六：（1）提问、设问、追问本身是否构成问题；（2）所问是否值得探究；（3）初始问题与其他问题是否具有逻辑关系；（4）关键问题与基本史料是否一致；（5）具体问题的内涵和外延如何，学生应把握到何种程度；（6）所问是否生成了新问题，又是何种水平的问题。

　　显然，"做历史"的前提是学生要有问题意识。但是，提问本身不意味着那就是问题，况且生成问题须基于材料。为此，即便是针对较低年级学生提出问题，也忌讳所提问题肤浅、零散或游离于学习主题之外。从功能看，"做历史"包括预设问题和生成问题两部分。一般而言，"做历史"的水平越高，后者的作用越大。

　　2. 史料。"做历史"与"讲历史"的过程不同，它更强调史料而非史事。"讲历史"对于正确认知史事贡献良多。然而，让学生认知和运用史料是另一回事。如果主张用原始材料的话，"做历史"的要求还会更高。所以，中学多采用"一般史料"的说法。这样看，案例一和案例二在用史料方面比较实用，只是还不能聚焦根本问题。究其原因，在于"讲"而非"做"，故在史事与史料、史料与观念的关系方面出了问题。比如教师认为史料是史事的附庸，才会去东拼西凑材料。如果基于史料"做历史"，就知道有些材料用不得。原则是：（1）须通过史料认识事实；（2）史料构成事实的证据链；（3）应依据材料提出问题；（4）对真相的解释各异；（5）质疑史料的深度决定"做历史"的高度。据此，无论何种水平的历史教学，都应高度重视训练学生的历史学习技能。

　　3. 对话。指教师从专业视角用语言诱导、点拨和指导学生展开历史学习，其启发方式为提问或提示，即便讲解也是示范性的，目的是激活历史问题，展开卓有成效的史料探究。对话不是对答，[34] 它要求教师做到：（1）基于文本对话，包括教科书；（2）旨在寻求理解史事的途径和方法；（3）使用专业术语和关键词；（4）让学生及时反应或表现已感知的内容；（5）在理解文本方面，鼓励自由发挥和独立思维；（6）适当追问，扩大学习经验；（7）相互倾听，避免武断结论。一句话，对话就是教学生如何理解和解释历史的语言运用方式。

　　4. 叙事。任何历史无不是叙事。"讲历史"，顾名思义是教师用讲授的方式口头表达他理解的历史。"做历史"，则力求让学生掌握和表现叙事结果。对此，

"表现"的叙事优于"表达"的叙事。其一，表现不限于口头和书面表达；其二，表现强调运用适宜且丰富的形式；其三，表现有益于探索各种理解的可能性；其四，表现既是自主性的也是合作性的活动；其五，表现更容易揭示默会潜质（开发"tacit knowledge"）；其六，表现侧重于对学生学习成就质量的评价。所以，学生如何叙事、用什么形式叙事，即是他们能够表现出来的叙事风格。抑或说把自己理解的历史用自己的方式表现出来，才是历史教育理应达到的目标。

5. 意义。没有无意义的历史教育。然而，受很多因素影响，要对意义有个明确说法是困难的。比如，何谓教学意义、教育意义、历史意义，以及三者之间的关系如何。一般来讲，政府制定的课程标准为此提供蓝本，教师们照之拟定教学方案即可。不过，在专业性上，针对历史意义发挥其教育意义才是务本，故须超越课程标准和教科书，去挖掘历史教育价值。论其方法有三个要点：一是用历史分析代替单一陈述；二是在参与中习得历史探究和解释技能；三是按照学段有层次地分配和把握阐发历史价值的水平。如学习中日甲午战争的内容，低年级学生要知道它"加剧了中国的民族危机"；高年级学生则需深入思考其与中国近代化的联系，如果仅认知"清政府腐败无能"及"北洋水师的悲壮"，那么意义就被庸俗化了。注意：意义亦含评判。

上述五个要素是一个整体，不能截然分开，也不宜生硬地划分次序，要使它们共同夯实公众史学的基础。

还有两个问题值得说明。第一，"做历史"会不会减弱思想教育任务？如果承认历史是用事实自然而然地渗透思想教育的话，便不会有这样的担心。"做历史"不仅主张让事实说话，更重要的还在于帮助学生理解和认识如何运用事实说话，以及如何判断历史说出了真相。"求真"是历史教育第一性的品质，也是公民教育素养中必备的思想教育。简单说，学会用事实说话即是历史最实在的思想教育。第二，"做历史"是否可行？首先要问观念问题：历史教育是积累知识，还是增长智识？其次要提专业问题：历史教育是为政治服务，还是养成历史素养？最后明晰方法问题：史料与文本在何种情况下能被学生理解和应用？[35] 显然，立足于后者，就会给出能做以至必须做的答案。从小学到大学，从非专业教育到专业教育，没有质的区别，只是方式和程度不同而已。

21 世纪，中学历史教育也该清醒地认识到"讲历史"的弊端，让几百年来固守的作为工业革命产物的历史教育方式改弦更张。无疑，中学历史也是公众史学的实践对象，它不能只是期待公众史学为自己做什么，而必须与公众史学携手行动。

## 注　释

[1] 按照一般理解，兰克（Ranke）学派使西方历史学发生了深刻变化。抑或是说客观主义历史学赋予历史研究鲜明的学术性。它须基于原始材料，以还原真相为目的，并追求公正和科学的治学目标。其理论和方法所强调的专业性，也使其与历史教育分道扬镳。中国近代历史学虽然受西方影响，但未完全脱离"知更替兴衰""能鉴往知来"的政治伦理传统。一方面历史学与中小学的历史教育渐行渐远，另一方面出于传统和现实两方面的诸多原因，二者也并未切割得一干二净。

[2] 在西方，17、18 世纪的教育学已成系统，并依照理想主义、功利主义原则定位和编制学科教育。学校历史教育的社会和育人功能，强调"教养"和"博识"，代表人物如捷克人夸美纽斯（Comenius）、英国人洛克（Locke）。19 世纪是科学主义和民族主义的世纪，学校历史教育因为在认同（身份、国家、民族、文化、制度）方面独树一帜，进而使"讲历史"有了一定之规，代表人物如德国人赫尔巴特（Herbart）和第斯多惠（Diesterweg）。但与其说它是被历史学约束，不如说那是教育学的成果。

[3] 这里使用"公民"（citizen）而非"国民"（nation）的概念，旨在强调历史教育是公民教育，不是臣民教育。公民除具有与生俱来的国民法定身份外，必须享有宪法规定的一切权利和义务，并有能力参与国家政治生活。这样的话，历史知识即是公众知识，历史思维和历史意识则是养成公众行动能力不可或缺的学识。相反，臣民教育只需要说教和训育。因此，公民教育和臣民教育也面对不同的历史文化。公众史学是针对公民教育的历史文化教育。

[4] 近代中学教育产生于 17 世纪的欧洲，如 1662 年法国"耶稣基督圣乐会"开办的中学。我国的中学教育，初中从 1904 年始，高中从 1922 年始。

[5] 联合国《儿童权利公约》（1989 年第 44 届联合国大会第 25 次会议通过，1990 年生效）第一条指出："儿童系指 18 岁以下的任何人。"注意：不仅在年龄上扩大了儿童范围，关键是给儿童赋权（empowerment）。在教育权中，就包括独立思考、自由想象、自我决定等权利。

[6] 在日本，历史教育虽不被历史学界排斥，如历史学杂志也发表研究历史教育的文章，但作为"教科"的历史教育研究和作为"学科"的历史学研究还是有区别的。

[7] 日本特有的教育术语。我国早期翻译为"教授"，侧重于研究教师的教（teaching）。20 世纪 20 年代以后，翻译为"教学"，即在研究如何教的基础上，也强调研究如何学（learning）的问题，包括习惯、内容、动力、方式、方法、效果等。

[8] 其词义参见新井郁男、川野边敏等编：《世界教育事典》，东京：行政出版社，1980 年，第 156 页；新村出编：《广辞苑》（第 2 版），东京：岩波书店，1978 年，第 428 页；山崎英则、片上宗二编：《教育用语辞典》，京都：密涅瓦书房，2014 年，第 137 页。考虑本文不宜冗长，故不对词源进行说明。

[9] 参见课程教材研究所编：《20 世纪中国中小学课程标准·教学大纲汇编（历史卷）》（1902—2000），北京：人民教育出版社，2001 年。

[10] 以后成为惯例，至今如此。一是说明初、高中有所区别；二是可以理解为高中教学的"学科化"倾向。但是，研究过《教学大纲》《课程标准》后，就会意识到那至多是一个模糊的课程定位，没有实质意义。

[11] 因为本文讨论当下的问题，所以若无必要不涉及 1949 年以前的材料和教学情况。

[12] 2000 年以前的文件，见《20 世纪中国中小学课程标准·教学大纲汇编（历史卷）》。此外见《义务教育历史课程标准》（2001 年、2011 年）和《普通高中历史课程标准》（2003 年、2017 年）。

[13] 在这一点上，历史与语文、政治类似。语文并不是学习语言学、文学、诗学的专科；政治更不是学习政治学，它同样是个"杂科"。据此，公众史学需要找准自己的生存和发展点。

[14] 苏沉简：《论历史教育》，《经世》（战时特刊），1939 年第 35 期。

[15] 至今在国家学科目录中找不到历史教育。教育学的二级学科有"课程与教学论"，它包含"学科课程与教学论"，"历史课程与教学论"是其中的一个研究方向。这意味着：其一，历史教育研究归属于教育学，延承了"学科教学法"的旧习惯；其二，学校历史教育的学术地位较低，很难展开学术性和理论性研究；其三，因与历史学无涉，历史教育研究长期不能解决根本问题，如构建怎样的历史知识系统、如何形成历史意识、历史思维和批判性思维究竟是什么等等。

[16] 它们在民国时期已是主流的历史教学方法，但 20 世纪 50—90 年代其内涵发生了较大变化。

[17] "讲历史"的"公众性"指教育对象和施教方式两个方面。尤其是在基础教育阶段，要面对所有学生。即便是有特定范围，也是受教者全体接受知识、训练和教育。对个体而言，"讲历史"既非必须也无必要。如果把历史教育限定在课堂空间，更是如此。

[18] 教育部：《普通高中历史课程标准（实验）》，北京：人民教育出版社，2003 年，第 4 页。

[19] 教育部：《普通高中历史课程标准（2017 年版）》，北京：人民教育出版社，2018 年，第 6—7 页。另，为了使文章简洁未引用全文。

[20] 或称为"学科教育观"，即课程目标限定的教学认识。它还关联"教学观""教材观""学生观"。不管是自觉的还是不自觉的，每个教师的教学行为都受其支配。

[21] 本文所引案例都已公开发表，而且笔者特别考虑了杂志、作者和作品的代表性。另，所选案例皆有创意，而且符合现实教学要求。因此，举例不意味着批评，更不是否定，而是换个思路看。所以笔者对题目加以修改，删去相关信息，仅保留教学设计结构，并将作者的设计意图放入括号内。[ ] 的内容是笔者研究案例时的部分批注，仅供参考。

[22] 教育部：《普通高中历史课程标准（2017 年版）》，北京：人民教育出版社，2018 年，第 14 页。

[23] 现在普遍使用"史料教学"的概念，无外乎是主张"用史料教"。严格讲，因为教学内容多、教学难度大，而且必须承担高考任务等，目前不存在，也难以实施货真价实的"史料教学"。

[24] 如果着眼叙事的话，则包括事实叙事、个人叙事和虚拟叙事。传统的历史教育只提倡事实叙事，未来历史教育的学科性会适时导入个人叙事和虚拟叙事。为此，公众史学仍有广阔的实践空间。

[25] 该设计为初中教学，肯定地说，它不能达成教学目标。

[26] 教育部：《义务教育历史课程标准（2011 年版）》，北京：北京师范大学出版社，2012 年，第 18 页。

[27] 其实，社会历史教育也如此。"讲历史"更适用于让人们接受历史常识，传播历史知识。所以，通俗的"讲历史"，属于较低层次的教育行为，如不承担培养和开发历史思维、历史技艺的义务。过去，我们理解中学历史教育即"学一点历史知识"，当然不需要着眼历史学的标准。

[28] 赵亚夫：《国外历史教育透视》，北京：高等教育出版社，2003 年，第 186 页。本文在重点部分多处重复表述同一技能，是因为：从不同语境看技能，其作用有别；作为一个完整的能力表述，其问题的指向性各异。

[29] 既是针对知识和技能而言，也包括由知识和技能生成的多角度问题。抑或是说，抽离了事实性知识便不存在历史教育。

[30] 有关研究视角较多，无法逐一引用。笔者的《理解历史 认识自我：中学历史教育研究》第五章（北京：光明日报出版社，2020 年）可用为参考。

[31] 赵亚夫编《国外历史课程标准评介》（北京：人民教育出版社，2005 年）和赵亚夫、张汉林编《国外历史课程标准评介》（北京：北京师范大学出版社，2017 年）有丰富的案例。

[32] 有一种无法印证的说法，叫"用教科书教"。其一，"教教科书"并不一定就是照本宣科；其二，"教教科书"和"用教科书教"，都不能"超标"，须严格受教科书内容制约；其三，"用教科书教"造成了一种倾向，即无故拔高教学目标、扩大教学内容，徒增很多材料，却又仍需回到教科书——能评价的部分依然是"教教科书"。

[33] 本文不涉及口述史、田野调查、参观、考察、阅读、写作等方法。

[34] 对答与对话的最大区别在于：前者的重点是获得正确答案，无论是教师问学生答，还是学生问教师答，落脚点都是给出正解，如孔子（《论语》）、朱熹（《朱子语类》）、王阳明（《传习录》）所代表的讲学方式。在西方，典型的对话方式如苏格拉底派（如《申辩篇》《美诺篇》《会饮篇》等），围绕问题展开讨论，或是预备性的，或是间接性的，或是建设性的，共同点是不给出确定答案。

[35] 应防止对历史学的滥用，如盲目的认定和实施历史学科核心素养。要知道，教学中虚假的历史学教育对公民智识的伤害比没有历史教育的伤害还大。

# 推崇"事实之学"：20世纪20年代中国中小学校历史教育的趋向*

朱　煜**

**摘要**：20世纪20年代，在胡适、顾颉刚等新派学人倡导的史学新范式，以及杜威实验主义教育观的影响下，面向普通公众的中小学历史教育旨趣出现了趋重于"事实之学"的革新。学校历史教育的旨趣从清末民初注重"致用"功能走向"求真"与"史法"之训练，教学法亦由侧重"记诵"与"讲授"转而注重"问题研究"。这场革新运动是由民间社团主导的，编写出新学制历史课程纲要并出版了新历史教科书，且在部分学校实验。不过新历史课程纲要只是参考性文本，各校教员的实际教学，未必奉之为准绳。然而，中小学历史教育趋新也是事实，且对20年代后期的历史教育仍产生一定的延续性影响。

**关键词**：事实之学；新史学；中小学校；历史教育

中国传统社会的历史教育注重发挥历史的教育功能，其目的在于效忠君主、服务朝廷。[1]20世纪初，梁启超倡导"新史学"，将历史重新定位为"现代一般人活动之资鉴"。[2]不过，无论是传统历史教育还是将历史视为"国民资治通鉴""爱国心之源泉"的新史学历史教育，其内在理路都强调历史的"经世致用"。20世纪20年代，受新文化运动及欧美新史学观的影响，中小学校历史教育推崇"事实之学"，认为"历史一科有称为'事实之学'者"，应"训练整理事实自下结论之能力"。[3]收入商务"万有文库"的《小学历史教学法》

---

* 感谢匿名评审专家提出宝贵的修改意见，谨致谢忱！
** 朱煜：扬州大学社会发展学院历史系、历史教育与教材研究中心教授。

谓，"要打破垂训主义、掌故主义或者消遣主义的历史，而使历史成为'历史的历史'"，指出学校历史教育"当然不能指望那学生将来做成考据家或者如普通所称的'历史家'"，但是要"使他们得到一点历史的方法"，这是学校教学历史的最大目的。[4] 历史教育主旨的新定位得到当时诸多学者的认同。[5] 1923年印行的新学制《小学历史课程纲要》和《初级中学历史课程纲要》将"养成探索事物原委的兴起和习惯"，"了解现代各项问题的真相"等作为历史教育的主要目的。[6] 课程纲要在教育上的特殊地位对于中小学校历史教育必然产生一定的影响。

那么，20 世纪 20 年代中小学校历史教育的新趋向是怎样发生的？实际状况如何？既往研究未有足够关注，[7] 本文拟就此进行初步的探讨。

## 一、由致用趋向求真及史法之训练

所谓"事实之学"亦即"求是之学""求真之学"。求真与经世是中国史学的传统，经世必以求真为前提，两者密切联系，不同时期侧重点有异。[8] 清末社会"内忧外患"，处"数千年未有之大变局"，教育界认为历史教育应突出经世致用功能，"使得省悟强弱兴亡之故，以振发国民之志气"。[9] 20 世纪初梁启超倡导"新史学"的主要特点之一就是强调史学应凸显民族主义和爱国教育等社会功能。值此民族忧患之际，治学标举"实事求是"的章太炎，于 1902 年致梁启超的信中也把"鼓舞民气、启导方来"作为治史目标，与其时梁启超提倡的史学革命思路趋同。[10] 即使是与梁启超等猛烈抨击旧史学的态度截然不同的"国粹派"学人，也主张运用历史来激发国人的爱国主义和民族精神。[11]

在此背景下，清末民初中小学历史教育的致用功能凸显。清政府颁布的中小学堂章程及民国初年政府颁行的中小学校课程标准、施行规则等，都将历史教育要旨设定为启发忠爱（爱国）之心、养成国民之志操等方面。[12] 同年，上海《教育世界》刊登《历史教授法》一文，认为学校的历史一科"一则鼓舞爱国之精神，以为国民的教育之资助。一则启发儿童之良心，以副道德的教育之要求"。教授历史"在借历史上理法事实，以达其教育儿童之目的"。[13] 1914年《中华教育界》亦刊发文章，指出学校教授历史的目的"不外取适宜之材料，

按适宜之方法，以发扬其教育上之价值而已矣"。这种"教育上之价值"包括
"鼓舞其爱国心、道德心，而兼谋其智识之启发"。[14]

20世纪初编辑的历史教科书颇注意于此。夏曾佑在其1904年由商务印书
馆出版的《最新中学中国历史教科书》卷首的"叙"中说：编纂现代历史教科
书应"文简于古人而理富于往籍，其足以供社会之需"。[15]作者特别强调教科
书须富含"理"，也就是"观念"。1906年上海震东学社印行的黄明鉴编《高等
小学西洋历史教科书》的"序"也说："小学校教授历史一科，必由乡土故事始
以其见闻习熟易于详晰；次由一乡推之一国，凡取可忻可感之事实，以引起儿
童爱国心；次由一国推之列国，检其关系尤切事理易明者，以广其学识，并于
读本国史时有互证参观之助。"[16]1913年傅运森编《共和国教科书新历史》的
"编辑大意"谓："本书编辑之要旨，在使儿童知国家文化之悠久、民族之繁多，
以养成尊重国粹、亲和各族之观念，植中华民国国民之基。"[17]同年，赵玉森
编《中学校用共和国教科书本国史》开篇云："是编按照部定之中学校施行规
则"所载"历史要旨"，"无关宏旨者概不屠入"。教育部对该书的"审定批语"
称赞其"历述吾国伟大民族"，"俾国民晓然于五族共和实有自然之趋势，尤为
史眼独具"。[18]大致而言，这一时期中小学历史教科书比较注重"现实意义"，
观念传递、爱国心激发在其中占据了极为重要的地位，其编辑旨趣与"新史学"
的学风如出一辙，或者说是"新史学"观念在学校历史教育领域的运用与实践。

然而到了20世纪20年代，在新文化运动及多种复杂因素的作用之下，"新
史学"[19]的"致用"观念遭遇到胡适倡导的"注重事实、尊崇证据"[20]的"求
真"观念及"大胆的假设、小心的求证"方法的"史学新范式"的冲击。1919
年以后，以胡适为代表的新文化学者转向"整理国故"，主张"用精密的方法，
考出古文化的真相"，[21]开始了以"再造文明"为标鹄的整理国故运动。这场
文化运动从清代朴学家的考证方法中提取科学精神，又借鉴西方的自然科学方
法，形成一种"中西合璧"的"科学方法"，并以之来研究历史，形成了五四
以后推重史料考订与科学方法运用，致力于探寻"真确的事实"的史学风气。
20世纪初年提倡历史以发达爱国思想与民族意识为宗旨的梁启超，二十年后
也一反前议，改倡"为历史而治历史"，尽管到20年代中期他又主张"学以致
用"，不过仍坚持"必定要先有真事实，才能说到意义"。[22]被视为史观派的李

大钊于 1923 年发表的学术演讲及次年出版的《史学要论》虽然强调历史"于人生态度的影响很大",不过也认为"整理事实,寻找它的真确的证据"为第一步,现代史学应具"科学的态度"。[23] 可见 20 年代注重"事实"之史学风气之盛。1931 年,齐思和感慨道"胡(适)顾(颉刚)诸先生所提倡者,一一为学者所承认,……此殆大势所趋","新史学方法(按,指胡适、傅斯年一派学人的史学新范式),逐渐为一般人所宗信","皆已成为公认之真理,学术演变之速,顾不足惊耶?"[24]

在 20 世纪 20 年代注重"事实之学"和"科学方法"学术风气下,中小学历史教育亦由重"致用"价值、道德教化而趋向于探寻历史"真相"和"史法"之训练。换言之,出现了从注重"致用"转向关注"事实"的趋势。

要论 20 世纪 20 年代学校历史教育的革新,不能不提及何炳松。因为他对新历史教育有倡导之功。[25] 1920—1922 年,他在北京大学史学系主讲《近世欧洲史》课程时,以美国史家鲁滨逊(James Harvey Robinson)和俾耳德(Charles A.Beard)二人所著《欧洲史大纲》及《现代欧洲史》为蓝本撰写的《近代欧洲史》讲义虽然认为研究历史的目的在"通今",不赞成新文化运动后许多学人所持的"为学问而学问"的态度,不过显然他所阐发的历史学旨趣并不特别注重道德教化等"致用"功能,而是强调"历史为研究人类过去事实之学"。[26] 1925 年他在一篇文章中更加明确地说:"历史是我们对于人类过去的一种知识,他的功用在于帮助我们明白我们自己的现状","历史除在帮助我们明白现状外,没有别的效用"。学校历史教育要"养成学生自动研究的习惯"。[27] 何氏反对教化的或史观的教育,不认为历史教育应具有垂训、资鉴等致用价值,而提倡"研究问题",厘清史料中的"偏见",这些观点与胡适、顾颉刚等学人的立场不谋而合。

学界认为,新文化运动后史学界分成以北京大学的"新派"学人和南京高等师范学校(1924 年改称东南大学)"旧派"学人为中心的北派和南派。[28] 其实在历史教育方面,两派对历史教育功用的认识大致趋同。当然,南派学人的观点可能"温和"与"柔性"一些。1922 年,南高师历史系主任徐则陵在阐述学校历史教育的目的时,以德国和日本为例,指出两国历史教育"专以忠君爱国为目的",以"引起国民崇拜之心理",甚至不惜"颠倒史事","伪造历史"。

他将此种历史教育斥之为"妄"。徐氏认为，古今社会情势不同，今日如仍将历史视作"资鉴之工具"实为"泥古之谈"，假若历史可以训练"道德裁断"，养成道德观念，若非故意"抑扬""褒贬"是不可能的。他将此种历史教育名之为"虚"。[29]

学校历史教育究应以何者为目的呢？徐则陵列举出十四条目的，其中虽也夹杂关涉价值意义的内容，不过侧重"致用"的目的仅二三条，多数目的着眼于养成学生的"学术眼光"，如"发展对于过去之同情""涵养知识活动之兴趣"等，认为历史为"事实之学"，历史教育应提倡关注"事实"，训练学生的"判断力""想象力"，从材料出发得出结论的能力。[30]

徐则陵的学术名望不及胡适、顾颉刚等人，然其有留美经历，从其发表的论著看，他对近代西洋史学潮流相当熟稔，且服膺实验主义、考订之学。[31] 更应注意的是，他受新学制课程标准起草委员会委托，1923年起草《高级中学公共必修的文化史学纲要》，将探寻"史象"因果，"指示研究途径"，给予"研究之机会"作为高中历史教育的重要目的与方法。在这篇引起教育界关注、具有引领作用的课程纲要中，通篇未见"爱国""道德"等字眼，其所提示的"教法"，旨在引发学生的研究兴趣，课堂教学采用"共同研究式""参用问题式"等，使教学处于"问题"和"研究"之中。[32] 大致来说、学校历史教育由爱国教育与道德教化为宗旨走向推崇"追溯事物的原委"之"事实之学"，是20世纪20年代新学制中小学历史课程标准纲要的基本取向，表现为这一时期学校历史教育的新特征。

不过，中小学校历史教育重视"求真"与"史法"的养成，在20世纪20年代的"新史家"看来，并不意味着不要爱国，更非绝对排斥史观，只是反对将世俗需要、政治目的作为历史教育的宗旨。徐则陵指出学校历史教育"非专讲爱国主义的"，不过爱国仍应提倡。[33] 顾颉刚认为历史教育应当注意"事实"，[34] 然也要建立"正确的历史观念"，"把进化的迹象指示出来"。[35]

值得注意的是，20世纪20年代的历史教育新范式并不囿于学理探讨，实际上多少已经走出"象牙塔"而借助中小学校历史教育向公众普及与传播。除了新学制历史课程标准纲要外，更具典型意义的是新学制历史教科书的编写。例如，1923年傅运森编《新学制初级中学历史教科书》的"编辑大意"言明：

本书旨在"使学生可以知现在的人类世界是怎样成功的",提出"文化上应当研究的问题","供学生自己探索"。[36]1924 年吕思勉(诚之)编《新学制高级中学教科书本国史》在叙述编纂宗旨时阐明,"研究科学贵在注重客观的事实,减少主观掺杂的成分",认为历史也如此,"至于编纂历史教科书则更甚一层",因此"本书是只叙事实不参议论"。[37]1925 年杨喆、朱翊新编《新学制小学教科书高级历史课本》开宗明义说,本书"采用问题研究法编成","本书每课标题为研究某时代之中心问题,课前列'研究问题'一项,为中心问题之分目,儿童可依此以探索课文而求得答案;课后列'判断问题'目的在使儿童归纳研究"。[38]胡适校订,顾颉刚与王钟麒编的《现代初中教科书本国史》(商务印书馆 1923、1924 年初版),"隐晦"地将作者的疑古心得编进了教科书。这套书在 20 世纪 20 年代非常畅销,1927 年该书上册已出到 55 版,发行累计 25 万册。[39]该书蕴含着作者运用史料考证方法重新认识古代文明的疑古观念,极大地冲击了人们既有认识,以致在 1929 年春遭到国民政府教育部的封杀。[40]此书的结局固然反映新政府"思想控制"的一面,却也昭示顾颉刚疑古思想乃至史学新范式对学校历史教育的影响。

当然,20 世纪 20 年代新学制中小学历史教科书的编辑理念也并不都如前所述以"客观陈述""研究问题"为旨趣,观念的传递、意识形态的影响不可能绝迹。如 1924 年金兆梓编《新中学教科书初级本国历史》即言"本书之叙述,意在使一时代中先民全体延续活动的精神,为整个的表现",使读者形成"一整个的历史时代观念"。[41]不过,此时中小学历史教育比较推重"事实"与"研讨"恐亦是实情。这样的变化,乃是 20 年代史学之风由重"致用"向重"求真"转移使然。教育与学术关系之绵密由此可见一斑。

## 二、从记诵与讲授转至问题之研究

20 世纪 20 年代中小学校历史教育推崇"事实之学"也不止于学校历史教育旨趣的重建,在教育方法更新方面,亦由传统的注重"记诵"与"讲授",趋向于适合"求真"与"史法"训练的问题研究教学法。

中国传统的历史教育大体上采取"口耳相传"以及记诵与讲授式的教育方

法。清末废科举、兴学校以后，学校历史教育的方法仍然注重记诵与讲授。冯友兰在《三松堂自序》中回忆清末在家乡接受启蒙教育的情形说：

> 男孩子从七岁起上学，家里请一个先生，教这些孩子读书。女孩子七岁以后也同男孩子一起上学，过了十岁就不上学了。在我上学的时候，学生有七八个人，都是我的堂兄弟和表兄弟。我们先读《三字经》，再读《论语》，接着读《孟子》，最后读《大学》和《中庸》。一本书必须从头背尾，才算读完，叫做"包本"。[42]

可见清末的蒙学教育注重背诵《三字经》以及"四书"等启蒙教材，而学校历史教育就蕴含在所记诵的这些教材之中。

曾任国民党中央宣传部长的张道藩回忆清末他在家乡读书的情形也说：

> 我十多岁的时候，前清的科举考试废除了，各省先后兴办了新的学校（当时一般人都称之为"洋学堂"），……我在十四岁以前读的书就是《千字文》《龙文鞭影》《千家诗》《幼学琼林》《对子书》《四书》《诗经》等书。当时的老师只教学生们读而不讲。我的悟性又差，所以读了许多节都不能完全了解，也得不到读书的乐趣。[43]

从张道藩所忆可见其时小学校的教学方法大都让学生记诵课文，教师讲授较少。

不过也不尽如此。钱穆晚年回忆 1904 年 10 岁时考入无锡荡口镇果育学校，描述了这所新式小学高级班的教学情形：

> 顾师学通新旧，尤得学生推敬。师又精历史舆地之学，在讲堂上喜讲三国两晋，于桓温王猛常娓娓道之，使听者想见其为人。师之舆地学兼通中外，时发精辟之论。……余中年后，治学喜史地，盖由顾师导其源。[44]

钱穆所述的"顾师"指的是果育学校的国文老师顾子重。由钱穆的回忆可见顾老师上课注重讲授、议论。其讲历史人物栩栩如生，学生有如临其境、如见其人的感觉。1907 年冬，钱穆考取常州府中学堂的中学班。常州府中学堂教员吕思勉等人讲课留给钱穆的印象是：

> 当时常州府中学堂诸师长尤为余毕生难忘者，有吕思勉诚之师。……任历史地理两课。……诚之师不修边幅，上堂后，尽在讲台上来往行走，口中娓娓不断，但绝无一言半句闲言旁语羼入，而时有鸿议创论。同学争相推敬。[45]

在钱穆的笔下，当时为中学堂历史教员的吕思勉知识渊博，上课娓娓道来，且内容精炼，赢得学生们的敬重。可见讲授是当时中学历史教育的主要方法。虽然中国古代教育思想宝库中不乏启发诱导等先进教学理念与方法的智慧，但是由于长期受科举考试的束缚与影响，清末的学校历史教育方法过于注重发挥教师的作用，不太关注学生的学习兴趣，也不提倡问题式的研究。

大致说来，清末初小的文史教学侧重记诵，随着学生年龄的渐长，理解力的提高，高小以后的历史教育就以教师讲授为主了。

清末民初，随着西方赫尔巴特教育理论的输入，讲究记诵与讲授的学校历史教育方法开始受到冲击。1914 年《中华教育界》的一篇文章就反映了时人对历史教育方法革新的认识。作者认为，学校历史教育要运用讲演、问答、谈话、讨论等多种方法。文章说：

> （一）讲演体。讲授本文指旨目的时用之。依次讲演，无问答。（二）问答体。预备时应用时用之最多。……教师问矣，学生已答。学生之所答，未必尽合，而有待乎质证矣。即尽合矣，他生之心或以为未是，或以为未足。不为恳切详明之解释深印儿童之脑中，使其久而不忘，则犹未得为已尽教授之职也。……（三）谈话体。教师与学生为自由之谈话，……以练其推理力、判断力。（四）讨论体。令生徒自相辨难，教师惟如主席，然监察其上。于比较段最为适宜。[46]

　　这篇文章至少提示我们，民初学界注意到学校历史教育方法，除传统的讲演（讲授）外，还有问答、谈话、讨论等新方法，通过谈话和讨论，能启发学生的思考，培养推理、判断的能力。

　　如果说赫尔巴特教育理论开启了中国近代中小学历史教学法革新序幕的话，五四以后传入的杜威现代教育理论则使20世纪20年代的历史教学法发生一个"革命性"的转向，即由传统的偏重"记诵"与"讲授"转至注重"问题"与"研究"。杜威在继承和批判传统教育思想的基础上，形成了与传统教育观截然不同的现代教育观。杜威主张教育应该按照学生的思维过程进行，要给学生以更多的机会进行独立活动和思考，要按照学生思维发展的脉络和特点安排教学内容，展开教学过程。[47]杜威现代教育理论的核心即是实验主义的方法。杜威认为科学的发明和发现都是按照暗示、问题、假设、推理、验证等步骤进行的，因此它是科学方法。他认为新教育就是尽量运用科学方法发展学生的经验，教育必须以经验为基础。[48]事实上，胡适倡导的以"科学方法"研究学术的观念即来自杜威的实验主义。晚年胡适曾回忆说："我治中国思想与中国历史的各种著作，都是围绕着'方法'这一观念打转的，'方法'实在主宰了我四十多年来所有的著述。从基本上说，我这一点实在得益于杜威的影响。"他认为杜威是对他其后一生的文化生命"有决定性影响"的学者。[49]因此20世纪20年代历史教学法革新绝非单纯的授业方法之进步，实与胡适等推动的以"求真"及"科学方法"治史的新旨趣相辅相成。时人感叹说："现在颇有一种趋向，以为'注入'总是不对的，'启发'总是好的"，"我国近来厌故喜新"已经成了"一种大毛病"。[50]这从侧面印证了20世纪20年代中小学历史教学方法趋新的情形具有相当的普遍性。

　　1923年由全国教育会联合会组织起草的新学制历史课程纲要，即呈现了以"探寻事实""研究真相"为目的的历史教育方法革新趋向。如提出小学历史应"注重以表演或其他发表方法为目的的设计教学"，"高年级并注重问题研究"，"以听讲、阅书、调查、思考、证验等为研究过程"。[51]初中历史应"随时以研究历史的方法指导学生，以养成学生读史的兴趣和习惯"。[52]高中历史须"指示研究途径，对与学生以自己研究之机会"，教师"为研究引端时得用讲演式，此外当以分纲共同研究式为正轨，参用问题式以维持兴趣"。[53]

20 世纪 20 年代初，何炳松将传递"科学化历史"观念的美国鲁滨逊《新史学》译成中文出版，其致力于传播"新史学"的努力清晰可见。[54] 不过他的另一面则往往被学术史所忽略，就是他受到杜威实验主义教育理论的影响。1925 年何炳松在《教育杂志》上发表《历史教授法》一文。他指出："我国差不多自从开始讲授历史起到中学毕业为止，所谓历史课程就是教科书"，"使用教科书最普通的方法，就是读同背"。他认为这种教学法必须改革。教师的讲授"固然亦有好处"，且"是一个最容易的方法"，然它"只能当作教授法上的一部分看"，他提倡问题与研究式的教学法，认为"教学法上的趋势在于养成学生自动研究的习惯"。革新历史教育的方向是养成学生的问题意识和研究习惯。[55]

需要注意的是，何炳松的这篇文章发表在《教育杂志》上，而该杂志由商务印书馆出版，在民国时期的教育界影响很大。它从清末创刊以来即注重输入国外现代教育理论与方法，引导中国的教育改革与实践，某种意义上它成了中国教育的风向标。因此何氏文章的导向意义及其所产生的社会影响可以想见。20 世纪 40 年代顾颉刚曾对若干现代中国史家有些评论，他认为"何炳松与其说他是历史学家，不如说他是教育家"。[56] 此说尽管含有批评何氏史学研究的层面，不过它恰恰也从一个侧面说明何氏在历史教育方面的突出贡献。

当时史学界、教育界的学者中与何炳松持相同或类似观点的大有其人。顾颉刚就认为，在中学历史教育中，"引起趣味可说是教学法中最重要的一条"，并说"想使学生发生趣味，乐意求学，自然应从他们的所知入手，对他们说些他们所能了解的东西"。[57] 他反对教员只顾念课本的旧历史教育方法，他说：

> （教师）未讲书之前，要指定范围使学生预习，每课出些简短的问题让学生试答，这样可以帮助他们读得明白；又要教学生自己懂得读历史，不光是靠耳朵听。除教本外，应指定些补充读物给他们自修，教他们做剳记和论文。……在堂上考问学生，共同讨论和教学生做笔记都是不能少的手续。[58]

不仅是中学历史教育，小学历史教育亦趋向于"问题"式教学法。1928 年，朱智贤撰成了《小学历史科教学法》一书。该书对小学历史教育有崭新的阐述。朱智贤指出，历史的功用"在使人明了过去和现在的由来和大趋势，与将来进化的倾向"。他认为，"历史上有许多材料，可以激发爱国思想，而却不能说这爱国功用，便是历史唯一的功用"，"处今估定历史的功用，不可存丝毫主观，而要用客观冷静的态度来细心研究"。为此，他提倡小学高年级的历史教育应重视问题解决式的教学方法，即"注意儿童所怀疑的问题"，或根据儿童的年龄智力水平提出问题，搜集资料，提出证据，以求问题的解决。[59]

　　这股以"问题"与"研究"为导向的学校历史教育方法革新之风，并非仅是高堂讲章，实际上已经渗透到实践层面。在北方，1921年，北京高师附中公布的《中外历史教授法大纲》就明确地将"教授时宜用问答法引起其兴味"作为历史教育的一条原则。[60]1923年施行新学制以后，天津南开中学的历史教育注重预习、讨论等方法。"堂上功课多半由教员作问答式之讲授，或参中而酌外，或引古以证今，其遇有可讨论之点，则教员必与学生以充分时间，发挥意见，而己则从旁补充之、纠正之。"[61]在南方，施行新学制教育改革以后，东大附中历史课程教学目标之一就是"养成学生理解力，使其能利用历史事实，作为判断是非，解决问题及应付环境之工具"。[62]该校基于各级课程内容深浅不一，历史教学方法亦因之而异。初中仍重讲演，但高中则以学生自习为主。江苏省扬州中学的历史教育方法似乎更明显地反映出一种"体现个性""科学方法""注重研讨"的新取向。撰写于1937年的扬州中学《十年来史地教学概况》一文介绍：

　　　　本校高中本国史教师，十年来屡有变更，而教学方法，则始终一贯，即用演绎归纳等科学方法研究历史事实。在研究过程中，虽不能如自然科学，可置诸试验室中，求得一定之结果，然历代政治之演化，制度之沿革，风俗之良窳，经济之荣枯，溯流穷源，即因求果，亦自有轨迹可寻，十年来教师以是启示，学生以是研求，俱觉兴趣横生，……此本校历史教学之经验，敢告诸教育同志者也。[63]

　　由上可见，20世纪20年代无论是北方抑或南方的中学历史教育均重视运用问题、讨论、研究等新教育方法，教师注意激发学生的学习兴趣和学习的主动性，给予学生充分的发展思维能力的空间。教师上课虽然仍有讲授，然而传统的注入式的讲授显然已经落伍，而多注意采用"问题"式教学法，并引导学生进行适当的讨论。当然，新理念设计未必都能成功实施，不过注重探寻"事实"真相的"问题"研究至少为这一时期历史教学法比较普遍的趋向。

## 三、推崇"事实之学"的深层因素

20 世纪 20 年代中小学校历史教育的旨趣之所以趋向于"事实之学"，乃受胡适、顾颉刚等倡导的史学新范式影响，同时与杜威实验主义教育观在中国的传播也不无关系。这是基于史学与教育学术背景的观察，也是导致这一时期学校历史教育重塑与转型的两个重要因素。不过如若深入探寻其背后的思想与文化动因，并将视野放宽至当时整个中国社会，我们便不难发现，学校历史教育的转向与五四时期胡适等新文化运动领袖倡导的对传统文化持"评判的态度"的新思潮密切相关。这种新思潮的目的是"再造文明"，而"研究问题"与"输入学理"则成为其主要手段。[64] 空前规模地讨论各种向来不成问题的问题，其本质即是对传统文化的怀疑与挑战。而杂志报纸大规模的"输入学理"，介绍西方的新思想、新学术、新文学、新信仰，使五四时期犹如先秦时期的诸子之百家争鸣，虽难免良莠不齐、鱼龙混杂，但对于打破中国传统的儒家思想至尊地位，无疑具有重要的意义。新思潮的核心要义是"重新估定一切价值"，胡适发起的整理国故运动，包括顾颉刚创建的"古史辨"派及大规模清算古史的运动，皆为这种新思潮的产物。其目的即在"重新估定"数千年来传统文化的价值。正是这种对传统文化的怀疑态度，才使得五四以后以"求真"为旨趣的史学新范式的形成，也为 20 年代中小学历史教育之旨趣趋重"事实之学"提供了重要的契机。

北洋政府在教育上的相对"无为而治"，使得 20 世纪 20 年代的中小学历史教育革新多是在民间团体的策划下展开的。在这方面，全国教育会联合会和中华教育改进社这两个民间教育社团扮演了极为关键的角色。1922 年 10 月，全国教育会联合会于济南召开的会议，决议"新学制系统草案"，并决定组织新学制课程标准起草委员会。胡适等五人为起草委员会委员，负责延聘各科专家起草各学科课程纲要。次年 6 月，编成《新学制课程标准纲要》一册。小学历史课程纲要由朱经农、丁晓先起草，初中历史课程纲要由常乃德起草，高中文化史课程纲要由徐则陵起草。[65] 如前所述，这些课程纲要体现了注重"事实之学"的新历史教育理念，由于新学制系统已于 1922 年 11 月以大总统黎元洪名义颁布并通令全国实施，故此新学制课程纲要也成为推动历史教育旨趣与价值转换的重要工具。与此同时，中华教育改进社下设历史教学委员会及年会历史教学组的成员，如徐则陵、陈衡哲、朱经农、何炳松、顾颉刚等学人，亦通过年会的决议或起草课程纲要或编纂新学制教科书等形式促进学校历史教育变革。

虽然 20 世纪 20 年代的新历史教育运动为民间社团所推动与主导，也可以说是教育界的"自发行为"，北洋政府未正式颁布新学制课程标准纲要，纲要仅是供各地学校参考性的文本，然历史教育趋重"事实之学"的迹象亦清晰可见。全国教育会联合会及中华教育改进社，对当时的教育走向起着权威的引领作用，由这两个社团的学人编辑的历史课程标准纲要所确立的新历史教育主流价值取向，对当时中小学历史教育的影响不难想见。几年之后，比北洋政权更擅长民族主义政治手法的南京国民政府，[66] 在内忧外患的交迫下，期望加强思想控制，因此实施三民主义教育，学校历史教育的"致用"价值也明显增强。1929 年教育部颁行的历史暂行课程标准渗透了抵御外侮的民族主义意识，如将激发民族精神，唤醒在民族运动上责任的自觉，激起国民解除帝国主义束缚，完成解放的勇气与努力等作为历史教育的重要目标。[67] 不过，尽管如此，从1929 年官定的历史教育目标中我们仍然依稀可见其承袭 20 世纪 20 年代初、中期历史教育理念的一面，如强调培养"无征不信"的态度、"自由研究"的习惯等，这些观点与史学新范式下新历史教育观念是一脉相承的。可见中小学校历史教育趋重"事实之学"并不囿于北洋政府时代，对 20 世纪 20 年代后期的学校历史教育仍带来一定的延续性影响。

不过也必须指出，20 世纪 20 年代初开始的中小学历史教育旨趣的转移，只是在史学新范式和实验主义新教育理论传播背景下，由民间社团倡导并推行的，虽然在一些学校，尤其是新学制实验学校有所施行，然而新学制历史课程纲要毕竟是一种参考性文本，对历史教科书的编纂并没有"法规性"的制约作用。北洋政府虽然规定了教科书的审定制度，然采取听任坊间自由编纂的态度，教育部设立的教科书审查机构几乎形同虚设，未经审定的教科书不在少数。时人谓"虽经明文规定，非经审定者，不准采用"，然国人"往往藐视国家法令，而政府亦从未实力加以取缔"。更有甚者，"未当依据课程标准，随意编辑，不送审查，擅自发行者"，亦有都市中学的外国史地等科选用外国原本，"舍本国审定之教本"等情形不一而足。不同版本教科书，不但"教材之详略不同"，其宗旨亦"纯驳互异"，差别甚大。[68] 换句话说，体现新历史教育理念的教科书未必就能成为学生案头的读本，更何况历史教员的教学实态！ 1929年教育部在起草新的暂行课程标准时即指出，以往全国教育会联合会编定的课程标准，"颁行虽已数载，而教科书之据以编订者，其内容既与原定标准不尽相符，各校教员之从事教学，亦鲜奉为准绳"。[69] 此也大体说明其实施的真实情状。

综上所述，20 世纪 20 年代中小学校历史教育的观念与实践发生了比较明显的变化，教育旨趣由重"致用"趋向于"求真"，教学法亦从侧重"记诵"与"讲授"转移至"问题研究"。当然，这种趋新潮流也引起一些质疑之声。1926 年，徐映川批评说，小学历史教科书"处处避免国家字样，却不免矫枉过正了"。他认为历史等学科"为培养儿童国家观念的最主要科目"，"以现在本国的国情论，非培养国民正当的国家观念不可"。[70] 金兆梓也认为，历史教学不同于历史研究，"那是要有一个预定的教育的目的或作用"。[71] 不过，推崇"求真"与"科学方法"的史学新范式毕竟是 20 世纪 20 年代的主流学术，不仅开启了民国实证主义史学之风，也影响到中小学历史教育旨趣的重心转移。

# 注　释

[1] 参见赵亚夫：《中小学校历史教育百年简史》，北京：人民出版社，2020 年，第 45 页。

[2] 梁启超：《中国历史研究法》，上海：上海古籍出版社，1998 年，第 3 页。

[3] 徐则陵：《学校设历史一科应以何者为目的》，《史地学报》，1923 年第 2 卷第 2 期，第 4 页。

[4] 吴研因、王志瑞：《小学历史教学法》，上海：商务印书馆，1929 年，第 8、11 页。

[5] 赵亚夫：《中小学校历史教育百年简史》，北京：人民出版社，2020 年，第 71 页。

[6] 全国教育会联合会新学制课程标准起草委员会编：《新学制课程标准纲要》，上海：商务印书馆，
　　1923 年，第 15、45 页。

[7] 虽然一些学者的研究涉及历史教育，如刘龙心讨论了新史学对历史教育的影响，不过是基于大学史学教育的视野。刘龙心：《学术与制度：学科体制与现代中国史学的建立》，北京：新星出版社，2007 年，第 541—580 页。陈宝云对《史地学报》学人群的史地教育观念有所阐发，然在教学实践层面也多聚焦大学史地教育。陈宝云：《学术与国家：〈史地学报〉及其学人群研究》，合肥：安徽教育出版社，2010 年，第 239—259 页。李帆论述了顾颉刚、傅斯年等民国史家求真与致用的双重情怀与纠葛，对 20 世纪 20 年代顾颉刚编初中《本国史》教科书风波做了深入解剖，不过主要是从学术史角度进行的探讨。李帆：《求真与致用的两全和两难——以顾颉刚、傅斯年等民国史家的选择为例》，《近代史研究》2018 年第 3 期，第 4—22 页。

[8] 瞿林东：《中国简明史学史》，上海：上海人民出版社，2014 年，第 412、417 页。

[9]《奏定中学堂章程》(1904 年)，课程教材研究所编：《20 世纪中国中小学课程标准·教学大纲汇编（历史卷)》，北京：人民教育出版社，2001 年，第 7 页。

[10] 陈平原：《中国现代学术之建立——以章太炎、胡适之为中心》，北京：北京大学出版社，1998 年，第 36 页。

[11] 张越：《新旧中西之间——五四时期的中国史学》，北京：北京图书馆出版社，2007 年，第 44—47 页。

[12]《奏定初等小学堂章程》(1904 年)、《奏定高等小学堂章程》(1904 年)、《奏定中学堂章程》(1904 年)、《小学校则及课程标准》(1912 年)、《高等小学校令施行细则》(1916 年)，课程教材研究所编：《20 世纪中国中小学课程标准·教学大纲汇编（历史卷)》，北京：人民教育出版社，2001 年，第 5—13 页。

[13]《历史教授法》，《教育世界》，1904 年第 72 期，第 1、4 页。

[14] 希甫：《历史教授法》，《中华教育界》，民国三年六月号，第 4 页。

[15] 夏曾佑：《最新中学中国历史教科书》第 1 册，上海：商务印书馆，1904 年，第 1 页。

[16] 黄明鉴编：《高等小学西洋历史教科书》第 1 册，上海：震东学社，1906 年，序。

[17] 傅运森编：《共和国教科书新历史》第 1 册，上海：商务印书馆，1913 年，编辑大意。

[18] 赵玉森：《中学校用共和国教科书本国史》上卷，上海：商务印书馆，1913 年，编辑大意、版权页。

[19]"新史学"是一个含义多重的概念。就 20 世纪中国而言，"新史学"有狭义和广义的指称。狭义上，专指世纪初梁启超开创的追寻"公理公例"、注重史观和致用的新史学；广义上，指自梁启超以后各种新的史学思潮、流派的总称。1941 年周予同作《五十年来中国之新史学》、1986 年许冠三著《新史学九十年》，其研究对象均为广义的"新史学"。本文的"新史学"指 20 世纪初梁启超开启的注重史观和致用的新史学，另以"史学新范式"指称胡适等倡导的注重求真与科学方法的史学新风。

[20] 胡适：《我的歧路》(1922 年)，《胡适文存二集》卷三，上海：亚东图书馆，1929 年，第 100 页。

[21] 胡适：《整理国故与打鬼》(1927 年)，《胡适文存三集》卷二，上海：亚东图书馆，1930 年，第 211 页。

[22] 许冠三：《新史学九十年》，长沙：岳麓书社，2003 年，第 17—18 页。

[23] 李守常：《史学要论》，北京：商务印书馆，2000 年，第 69、73、132 页。

[24] 齐思和：《最近二年来之中国史学界》(1931 年)，《齐思和史学概论讲义》，天津：天津古籍出版社，2007 年，第 184—186 页。

[25] 20 世纪 20 年代何炳松不仅向国人译介了美国鲁滨逊的《新史学》，而且翻译了体现杜威实证主义教育理念的亨利·约翰生的《历史教学法》，发表了渗透新历史教育观的《历史教授法》文章。

[26] 何炳松编译：《近代欧洲史》(1924 年)，刘寅生、房鑫亮编：《何炳松文集》第 1 卷，北京：商

务印书馆，1996年，第365、381页。

[27] 何炳松：《历史教授法》（1925年），《历史研究法·历史教授法》，上海：上海古籍出版社，2012年，第83、90页。

[28] 北派大抵指以胡适、顾颉刚、傅斯年等为中心的新派学人；南派大抵指以南高师为主的旧派学人，如柳诒徵、吴宓、缪凤林、陈训慈、张其昀等，他们以办《学衡》等期刊与北派相抗衡。所谓新派、旧派只是相对的概念，真正的旧派并不多。参见王汎森：《民国的新史学及其批评者》，载罗志田主编：《20世纪的中国　学术与社会（史学卷）》（上），济南：山东人民出版社，2001年，第32—34页。

[29] 徐则陵：《学校设历史一科应以何者为目的》，《史地学报》，1923年第2卷第2期，第2页。

[30] 徐则陵：《学校设历史一科应以何者为目的》，《史地学报》，1923年第2卷第2期，第4—5页。

[31] 徐则陵：《近今西洋史学之发展》，《史地学报》，1922年第1卷第2期，第6页。

[32] 徐则陵起草：《高级中学公共必修的文化史学纲要》（1923年），全国教育会联合会新学制课程标准起草委员会编：《新学制课程标准纲要》，上海：商务印书馆，1923年，第93—94页。

[33] 徐则陵讲，潘之赓、卫士生记：《历史教学法》，《教育汇刊》第2集，1921年8月，第1页。

[34] 参见顾颉刚、王钟麒编辑：《现代初中教科书本国史》，上海：商务印书馆，1925年，编辑大意，第1页。

[35] 顾颉刚：《中学校本国史教科书编纂法的商榷》，《教育杂志》，1922年第14卷第4期，第8页。

[36] 傅运森：《新学制初级中学历史教科书》上册，上海：商务印书馆，1923年，编辑大意。

[37] 吕诚之编：《新学制高级中学教科书本国史》，上海：商务印书馆，1924年，例言，第7页。

[38] 杨喆、朱翊新编：《新学制小学教科书高级历史课本》，上海：世界书局，1925年，编辑大意。

[39]《民国时期总书目（中小学教材）》，北京：书目文献出版社，1995年，第217页；顾潮编著：《顾颉刚年谱》，北京：中国社会科学出版社，1993年，第172页；顾潮：《历劫终教志不灰·我的父亲顾颉刚》，上海：华东师范大学出版社，1997年，第77—79页。

[40] 顾潮：《历劫终教志不灰·我的父亲顾颉刚》，上海：华东师范大学出版社，1997年，第78—79页。

[41] 金兆梓编：《新中学教科书初级本国历史》上册，上海：中华书局，1924年，编辑大意，第2页。

[42] 冯友兰：《三松堂全集》第1卷，郑州：河南人民出版社，2000年，第6页。

[43] 张道藩：《酸甜苦辣的回味》，台北：传纪文学出版社，1981年，第4页。

[44] 钱穆：《八十忆双亲·师友杂忆》，北京：生活·读书·新知三联书店，1998年，第48页。

[45] 钱穆：《八十忆双亲·师友杂忆》，北京：生活·读书·新知三联书店，1998年，第58页。

[46] 希甫：《历史教授法之研究》，《中华教育界》三年六月号，1914年6月，第16—17页。

[47] 参见田本娜主编：《外国教学思想史》，北京：人民教育出版社，1994年，第373—374、381页。

[48] 杜威：《经验与教育》，《我们怎样思维·经验与教育》，姜文闵译，北京：人民教育出版社，2005年，第297页。

[49] 胡适口述、唐德刚译注：《胡适口述自传》，桂林：广西师范大学出版社，2005年，第98、100页。

[50] 何炳松：《历史教授法》（1925年），《历史研究法·历史教授法》，上海：上海古籍出版社，2012年，第81页。

[51] 朱经农、丁晓先：《小学历史课程纲要》（1923年），《新学制课程标准纲要》，上海：商务印书馆，1924年，第17页。

[52] 常乃德：《初级中学历史课程纲要》（1923年），《新学制课程标准纲要》，上海：商务印书馆，1924年，第45页。

[53] 徐则陵：《高级中学公共必修的文化史学纲要》（1923年），《新学制课程标准纲要》，上海：商务印书馆，1924年，第94页。

[54] 1920年何炳松在北大史学系讲授《历史研究法》，即以鲁滨逊的《新史学》英文书为课本。房鑫亮：《何炳松年谱》，刘寅生、房鑫亮编：《何炳松文集》第4卷，北京：商务印书馆，1996年，第678页。

[55] 何炳松：《历史教授法》（1925年），《历史研究法·历史教授法》，上海：上海古籍出版社，2012年，第88—90页。

[56] 蒋星煜：《顾颉刚论现代中国史学与史学家》，《文化先锋》，1947年第6卷第16期，第6页。

[57] 顾颉刚：《中学历史教学法的商榷》，《教与学》，1935年第1卷第4期，第8—9页。

[58] 顾颉刚：《中学历史教学法的商榷》，《教与学》，1935年第1卷第4期，第10页。

[59] 朱智贤：《小学历史教学法》，上海：商务印书馆，1930年，第2、5—6、26—27页。

[60] 《北京高师附中本学年新订各科教授法一览·中外历史教授法大纲》，《教育丛刊》，1921年第2卷第6集，第11页。

[61] 《史地学科》，见《天津南开中学》，北京：人民教育出版社，1998年，第166页。

[62] 廖世承等编：《施行新学制后之东大附中》，上海：中华书局，1929年，第157页。

[63] 《十年来史地教学概况》（1937年），《江苏省扬州中学》，北京：人民教育出版社，1997年，第131—132页。

[64] 胡适：《新思潮的意义》（1919年），《胡适文存》卷四，上海：亚东图书馆，1921年，第163—164页。

[65] 起草历史课程标准纲要的朱经农、常乃德、徐则陵等不仅受托于全国教育会联合会新学制课程标准起草委员会，而且朱经农、徐则陵也是中华教育改进社的社员，常乃德为中华教育改进社的年会会员。常乃德参与该社年会之事，参见《第四届年会职员一览》，《新教育》，1925年第11卷第2期，第332页。

[66] 参见罗志田：《乱世潜流：民族主义与民国政治》，上海：上海古籍出版社，2001年，自序，第1—5页。

[67] 《初级中学历史暂行课程标准》，《中小学课程暂行标准》第二册，1930年4月，第25页；《高级中学普通科外国史暂行课程标准》，《中小学课程暂行标准》第三册，1930年1月，第53—54页。

[68] 郑鹤声：《三十年来中央政府对于编审教科图书之检讨》，《教育杂志》，1935年第25卷第7号，第39—40页。

[69] 《初级中学暂行课程标准说明》（1929年），《20世纪中国中小学课程标准·教学大纲汇编（课程教学计划卷）》，北京：人民教育出版社，2001年，第120页。

[70] 徐映川：《读现行小学历史教本以后》，《中华教育界》，1926年第16卷第2期，第15页。

[71] 金兆梓：《历史教学的我见》，《教与学》，1935年第1卷第4期，第59—60页。

# 1958 年中学历史教育革新与"公众史学"：以上海为中心的考察

谈冠华[*]

**摘要**：本文重点考察了 1958 年的上海中学历史教育革新。在综合分析档案、期刊和口述史史料后，本文发现当时的历史教育革新的实践和"公众史学"有许多相似之处。尽管"公众史学"是西方传入的概念，但是类似的史学实践则在中国早期已有存在。因此，学界对公众历史实践挖掘得愈丰富，则公众史学的本土化道路就越坚实。

**关键词**：1958；中学历史教育革新；公众史学；本土化

## Abstract

This project investigates the Shanghai's Secondary Schools' Reform of History Pedagogy in 1958. Deploying a wide range of primary sources, such as archives, academic articles and oral history, the author finds that the practices of this Reform shared significant similarities with what we call Public History today. I argue that Public History has been imported from English-speaking scholarship during the Reform era, but the practices akin to public history can be found in China in the late 1950s. Therefore, the more such practices scholars can revisit, the more successfully the localization of public history will be.

---

* 谈冠华：美国马萨诸塞大学阿默斯特分校历史系博士生。

**Key words**

1958; Secondary Schools'Reform of History Pedagogy; public history; localization

　　中学历史教育与 20 世纪中国现代民族国家形成和培育国族认同之间的互动关系已经引起了一些中外学者的注意。[1] 美国学者沙培德（Peter Zarrow）研究了中华民国时期的历史教科书，认为教科书展现了知识精英关于模范国民的想象。[2] 美国政治学学者汪铮（Zheng Wang）则关注 20 世纪 90 年代中学历史教育。在其《勿忘国耻：中国政治和对外关系中的历史记忆》（*Never Forget National Humiliation：Historical Memory in Chinese Politics and Foreign Relations*）一书中，他特别强调中学历史教育对于形塑学生国家认同的重要作用。[3] 中国学者在相关领域的研究成果也蔚为大观。其中仅关于历史教科书的研究，就有何成刚、王正瀚和刘超等学者的著作。例如，刘超的新作《历史书写与认同建构：清末民国时期中国历史教科书研究》也关注中学历史教育与国族认同之间的联系。[4]

　　学术界现有的学术成果有几点值得进一步讨论的地方。第一，已有的学术成果，要么关注于晚清民国，要么关注于改革开放时代，中华人民共和国的初期，即 20 世纪 50 年代则少有人问津。姜进指出，在很长的一个时期，学者们的研究焦点是政治与意识形态，于是 50 年代 "及其延伸期就在一方面被视为对民国时期政治社会发展的截断，而在另一方面则成了逐步走向'文革'灾难的前奏曲"。[5] 由于这种共识，学术界忽视了对 50 年代社会的其他方面进行深入的探索。21 世纪以来，这种情况发生了改变。随着档案的开放和口述史的应用，大量关于 20 世纪 50 年代历史的中英文著作相继出版，各种学术会议也层出不穷。姜进称这一现象为 "50 年代热"。[6] 本文则回应这股潮流，为继续丰富理解 50 年代教育面向的历史提供一个佐证。

　　第二，现有的学术成果都聚焦于探讨中学历史教育的目的——培育国族认同，而甚少着墨于中学历史教育过程和手段——教学实践和教学方法——的调研。后者是前者的具象载体和实现途径，两者是紧密关联的。笔者以为在展开对于教育目的分析的同时，也有必要对教学的载体和途径进行深入讨论，以期

能够观察更为全面的历史图景。有鉴于此，本文试图重点关注中学历史教育的
教学过程和教学方法。

　　基于上述思考，本文的核心目标是考察 1958 年"教育革命"所引发的上
海历史教学革新。经过 20 世纪 50 年代初期的历史教育改造，中学历史教学形
成了一种新的规范。该规范强调全国统一历史教科书的中心作用：教师严格地
依据教科书讲授系统的马克思主义历史知识。在教学方法上，以教师为中心的
讲授法占据主导地位。但是这种教学规范被 1958 年的"教育革命"打得七零
八落。在新的政治形势下，教师抛弃了历史教材的权威地位并开展了众多教学
方法的探索和改革。

　　李娜指出："公众史学是突出受众的问题、关注点和需求的史学实践；促进
历史以多种或多元方式满足现实世界的需求；促成史家与公众共同将'过去'
构建为历史。"[7] 换言之，公众史学有两个核心的要素：第一，扩大定义谁是
公众，谁有资格参与历史知识的生产和传播。第二，需要回应当下社会的需
求。关于扩大定义谁是公众，显然在 1958 年教育改革中，无论具体措施为何，
其本质即是将参与创造和传播知识的资格扩大到了学生。从这个意义上来说，
学生成了一种特殊意义上的"公众"。关于回应当下的形势，显而易见 1958 年
历史教育改革就是为了回应当时的政治情景。因此，从这两点来考虑，1958 年
历史教育改革与公众史学之间具有不少雷同。重新检视这些相似的历史资源为
公众史学本土化提供了丰厚的土壤。在这里需要特别说明，尽管本文考察的地
域范围是上海，但是受到史料的限制，笔者依然需要利用一些其他省市的资料
来佐证笔者的观点和叙述。

## 1949—1957 年中学历史教学鸟瞰

　　1949 年中华人民共和国成立后，上海市政府对于民国和 20 世纪 50 年代初
上海中学历史教学的看法相当负面。用历史教师包启昌的话来说，叫"一塌糊
涂"。[8] 上海市第一任历史教研员李家骥在 1957 年的一份报告中回顾了当时的
情况。他认为当时历史教学有两大主要缺点：一是教师教授错误的观点；另一
是教学不按照教材和教学计划的"自由主义的教学态度"。[9] 解决教授错误的

观点需要一部中央政府颁布的全国统一的、系统的马克思主义历史教科书。该书为具体的历史人物事件提供正确的观点和解释,解决自由主义的教学则需要加强教学规范。编撰权威教材和加强教学规范是历史教学改造的两大轴心。中央政府教育部把前者交给了人民教育出版社,而把后者留给了地方的教育行政部门和教学杂志。

历史教学改造的重心之一是要为教师和学生提供一套权威的历史教科书。成立于 1950 年 12 月的人民教育出版社,作为当时出版中小学教材的唯一机构,负责编撰权威历史教科书。[10] 从 1954 年起,该社历史编辑室开始着手编撰涵盖中学各学段的教学大纲,历史教科书和教学参考书。[11] 为了完成这项工作,人教社从全国引进或者借调了不少历史学者如汪篯、陈乐素、王永兴和杨生茂等。[12]1955 年的上半年,初一、初三、高一的教科书和教学参考书编撰完成。下半年,初一和高一的教科书展开了试教工作。1956 年上半年又完成了初二和高二教科书的编写。[13] 按照政府安排,"自 1956—1957 学年度起,从初中一年级到高中二年级全部使用新的历史教科书"。[14] 新的高三历史教科书也在 1957 年完成编写出版,供 1957 年秋季的高三学生使用。[15]

1956 年后,编撰统一教科书的问题基本解决。那另一个轴心——教学方法的情况如何呢?按照民国那种风气,抛开教科书,教师独立教一套是肯定不行的。历史教育改造要求教师在课堂中必须教授教科书。那么教师是否在课堂中依据教科书教授历史知识呢?《历史教学》杂志 1957 年的一系列教学讨论所透露的答案是肯定的。

1957 年 1 至 5 月,杂志编辑部在《教学问题》栏目刊发一系列文章,聚焦历史教学中的理论联系现实问题。大量的教师来稿纷纷赞成教学设计需要严格遵照教科书。例如,在 5 月,《历史教学》编辑部的综述文章引用辽宁锦州高中教师王幼松的话说:"联系现实应该是依据教学大纲的要求服从教学目的,并且不能脱离教材本身。有的材料虽包含有政治思想教育的内容,但并不一定都符合教学的目的,不一定与教材具有内在的联系。"[16] 同年 7 月和 8 月,《历史教学》编辑部组织的《笔谈"改进中学历史教学"》进一步印证了上述观察。共有来自全国十七个城市 46 位中学教师和教研员参加了笔谈。文章的意见基本涉及"课程设置""教材和教辅书""师资和培训""重理轻文风气和文理分

科制度"以及"领导工作"等五个方面。笔者就笔谈内容进行了分类统计,详情请见表 8-1:

表 8-1　笔谈"改进中学历史教学"内容统计 [17]

| 笔谈内容（有重合） | 文章数目 | 所占比例 /% |
|---|---|---|
| 教材 | 28 | 60.87 |
| 教师素质与培训 | 18 | 39.13 |
| 课程设置 | 11 | 23.91 |
| 文理分科和风气、考试制度 | 5 | 10.87 |
| 领导 | 6 | 13.04 |

（注：该笔谈内容共有 46 篇文章）。

经过统计,笔者发现有 60% 的文章都提及教材。教师普遍反映这套教材分量太重,难度太大,这正说明了彼时教师对教材极高的关注程度。《教学问题》的来稿和这组笔谈揭示了历史教师严格按照教科书讲授俨然是一种规范和常态,是否依据教科书教学也成为评价教师的基本尺度。教科书和讲授法占据了历史教学的中心位置。1957 年,河北省教育厅教研室在总结中华人民共和国成立后历史教育改造的成就时肯定了这种新风气:"大部分教师注意以马克思列宁主义观点钻研并讲授教材,努力克服资产阶级唯心主义的历史观点和自由讲学的态度。"[18] 但是,这种教学实践的规范来年便受到了"大跃进"的颠覆。

## 突如其来的历史教育革新

1958 年,"大跃进"席卷中国社会主义建设的方方面面,教育战线自然不能是化外之地。从 1958 年初,《人民日报》就接连刊发社论,党和国家领导人也多次发表谈话,鼓动教育革命。[19] 上海中学历史教学界也行动起来。自诩"当前革新历史教学的阵地"的上海《历史教学问题》杂志打响了这一炮。[20] 1958 年 5 月,《历史教学问题》刊发社论《历史教学应为生产大跃进服务》。该文明确指出历史学科"实质上是属于政治思想教育的学科。因此,必须从政治思想教育的观点来确定当前为生产大跃进服务的教学任务"。[21] 该文提出通过教材和教法的破旧立新来实现为大跃进服务的教学目标。[22] 根据后来刊发的论文和档案资料来看，这一时期的教育革新也正是沿着教材和教法两个轴心展开的。

教材的革新不能仅仅停留在理论口号上，更需要历史一线教师的回应和实践。同期，该刊即刊登了上海市 51 中学教师鲍文希的文章《初中近代，现代史的"砍补换"方案》，展现了在具体教学实践中教材的修改情况。[23] 鲍文希提出，这一时期教材要集中突出一条主线——"武装革命、统一战线、党的建设"。[24] 他减少了教材关于北洋政府或者国民党的篇幅，增补了不少中共历史的内容。同时，也压缩总课时，以便腾挪出更多时间给劳动教育。例如，关于第一编《中国共产党的成立和第一次国内革命战争》的第四章《统一战线》，鲍文希将学时从 4 小时减少到 3 小时，并指出"五卅运动"要增补上海乡土教材。第二编的第七章《中国红色政权的建立》的第一节，他提出要增加"'八七会议'井冈山加强劳动教育"等内容以符合当前运动形势。[25] 经过鲍文希一番"改补换"，教学内容精简了 20 小时，"剩有 34 小时。本方案决定每周授课二小时，18 周计有 36 小时，除复习在原钟点内，外尚有 2 小时作为总复习"。[26]

党和政府号召教师积极革新教材，不过并没有提供一本全新的统一教材取代遭到批判的 1956 年人教社版教材。在这一背景下，各校教材的革新五花八门。1958 年 11 月，《历史教学问题》刊发上海育才中学历史教研组的文章《大胆革新历史教学方法的体会》。育才中学推行高三年级文、史、政三科协同进行形势教育。他们"确定了文、史、政三科统一的教育内容是为目前形势服务，主要是台湾形势、人民公社、1070 万吨钢的三件大事服务，打破科与科之间的界限"。[27] 根据教学内容，历史学科确定的第一个月教学计划是，第一周"历史科的目的性教学"；第二周形势教育"台湾自古以来是中国的领土"和"美帝是中国人民的死敌"；第三周"人民公社"。[28] 如果说鲍文希的教材革新还是依托教材的话，育才中学的教育改革则是彻底地摆脱了教材。另一所上海市著名中学复兴中学历史教研组也提出了跃进规划。不过他们的文章并没有具体描述如何"砍补换"教材的内容，只是提及"例如，最近我校配合'反对美帝国主义军事挑衅和战争威胁'的宣传教育，各年级增补二堂历史课：一、台湾自古以来就是中国的领土；二、美帝国主义一向是中国人民的死敌"。[29]

各校各行其是、随意修改或者抛弃教材的教学革新也引起了上海市教育局的关注。1959 年，上海市教育局的一份报告回顾和总结了 1958 年历史教育改革的情况。报告一开篇就肯定了教材革新的必要性和合理性，"在历史学科中首先是对旧教材不满，认为必须进行改革，就中国古代史讲很多学校的师生都对过去那种王朝兴替的流水账式的教材安排有意见"。[30] 接着，报告介绍了一些对历史教学内容的删改处置。不过，报告也对各校各自为政，没有统一规则的教材革新表达了担忧。作者指出："由于本学期课时少教材多，一般都做了适当的删减和精简，但对删减精简的具体措施颇不一致，这应该一方面由区级领导进行讨论，取得比较统一的认识和做法。另一方面因为各校进度不一，也容许有若干程度的伸缩性和彼此的差别存在。"[31] 根据报告透露，很多学校只是在常规课程之外增加了一部分符合当时政治形势的教学内容，主要是涉及台湾、美帝国主义和人民公社等内容。[32] 事实上，上海市教育局也曾经试图规范教学内容。1958 年，教育局下发《关于本学期中学历史科完成教学任务的几点意见（仅供参考）》，对高中各年级的教学内容划定主要的范围。[33] 不过，各级新闻媒体、学术刊物和教育行政部门的教学改革号召，的确给予了一线教师摆脱教材束缚的合法理由。教育革命冲击了教科书的权威性。

教育革命的第二个轴心是教法的革新。教法的改革首先从备课环节展开。1959 年的教育局报告指出，以往的备课具有"闭户单干的做法和不了解学生思想实际的缺点"。[34] 针对不了解学生思想的问题，许多学校邀请学生代表或者全体学生参与到备课活动中。例如，育才中学高三年级组就邀请学生团支书参加教师碰头会，反映学生的需求。他们还组织学生辩论，讨论学科要求。[35] 又如，市十女中的教师则是"找各类型同学代表座谈听取意见"。[36] 针对闭户单干的问题，很多学校采取了整个年级历史教师集体备课或者小组长共同备课的方式，凝聚集体的教学智慧。[37] 更有甚者如前文提到的育才中学，打破学科壁垒，文、史、政集体备课。[38]

其次，提问和讨论替代讲授法成了最基本的教学方法。对于课堂教学的方法，教育改革要求"冲破教师讲，学生听的旧框"。[39] 为了充分调动学生积极性，使学生变为课堂的主人，很多教师都采取了课前布置预习问题的策略。[40]

例如，上海市 51 中学历史教师鲍文希在介绍经验的时候说：

> 又如讲清代戊戌变法，是先提出提纲去要求同学们做好预习。资产
> 阶级改良主义的实质是什么？既然说它是进步的，但又为什么说它是反动
> 的？如果变法成功，会建立什么政权？为什么？和洋务运动有何本质上的
> 区别？[41]

在上课时，由于学生已经针对问题收集资料，有了充分准备，教师的主要
任务从讲授转变为组织学生围绕问题，积极展开讨论。鲍文希补充道，上课形
式不局限于讨论、辩论，有时候也有学生采取文艺形式。[42]教育局的报告高度
肯定这样的教法革新，认为"这样的做法既培养了学生的思维活动，又克服了
注入式讲授的缺点"。[43]在这样的背景下，提问成为教法研究的热点。《历史教
学问题》杂志也刊发了多篇关于提问的研究文章回应热点。[44]

再次，大量普通群众成了历史课的教师。为了跟上"大跃进"的形势，教
育局的报告还肯定了一些更为激进的教法改革："扩大教师队伍"——邀请农民
工人进课堂。报告说：

> 例如育新初级中学讲解中国古代中世纪史时请先锋人民公社社长作了
> 关于过去农民所受封建剥削的苦难情况，使学生了解封建社会土地剥削的
> 残酷性。市东中学请以前汇丰银行老职员讲英帝国主义怎样资本输出来对
> 华侵略的；长杨中学请裕和纱厂老工人讲旧怡和纱厂工人斗争的经验，有
> 不少学校都在这样做了，不过在对待上有所不同，一种是临时性质的作为
> 辅导报告的形式来进行的，另一种像市东中学那样，根据教材内容提出目
> 的要求，邀请一定的人员到校上课并使学生明确被邀请来的不是客人而是
> 老师，他们所讲的不是一般的辅导报告，而是正式的课堂教学的一部分，
> 这是一种新的创造，值得各校开展讨论。[45]

又次，各校还拓展历史课程的边界，将历史融入各种课外活动和文艺形式
中。例如，"五十一中学由学生把抗美援朝一节材料编写成诗歌快板和相声开

展活动"；"蓬莱中学举行列宁故事会"；"大同中学举办了'一定要解放台湾展览会'，组织学生参观'延安革命文物展览会'并拟举办历史陈列室"。[46] 报告高度赞扬这种创新"引起学生学习历史的兴趣，克服过去死记硬背的缺点，培养了学生思维能力和活动能力，加强了师生共同活动的机会，和历史学科与政治、语文、地理等学科之间的协作"。[47]

最后，中学生也被发动积极参加科研。这一时期，大学的教育改革有一项重要内容是"组织高等学校学生和青年教师集体著书，编写讲义、教材"。[48] 这股风潮也刮到了中学，组织中学生编写校史、厂史和人民公社史。例如，"建设中学组织学生编写该校校史和国棉十七厂厂史，市八女中发动学生编写乡土教材"。[49] 教育局的报告似乎对中学生科研活动有所保留，希望不要脱离中学生的认知水平，过多地要求他们撰写著作。[50]

1960 年，经过两年多一线教师的探索，关于中学历史课程的顶层设计的革新终于提上议事日程。是年四月，上海市普通中学历史课程革新委员会和华东师范大学向上海市委提交了一份名为《关于普通中学历史课程革新的建议（草案）》。这份报告最后提出的革新方案是编撰一本"打破中外分立与王朝系统的旧框框，把中国历史与世界历史紧密结合起来"的新教材。[51] 报告的作者认为这样的体例"揭示中国与世界历史发展的内在联系，避免了割裂现象"。[52] 这份报告的具体成果即是上海教育出版社 1960 年 5 月开始出版的《五年制中学历史课本》（三册）。[53] 关于教材的革新暂时有了定论，但关于教学方法的争论一直持续到 60 年代末。

总之，首先，1958 年的历史教育革新基本上推翻了 1956 年版的权威历史教材，冲击了以教师为中心的讲授法教学实践。在这里，笔者想要强调，在某些情况下教学方法的选取是其处的特定政治环境所决定的。巴西教育学家保罗·弗莱雷（Paulo Freire）在《受奴役者的教学论》中，指出教学方法本身即再现了某种权力关系和政治环境。[54] 沿着弗莱雷的思路，笔者进一步认为教学方法的改变也必然意味着权力关系和政治环境出现了新动向。正是"大跃进"——这一新的政治环境——强力推动了 1958 年的上海中学历史教学的革新。

其次，尽管有众多历史的局限性，当时教育改革中的很多举措与公众史学的众多策略也有许多相类似之处。例如，当时工人农民进课堂其实就与今日的口述史相仿。所不同的只是，当时是访谈对象走进课堂，而今天是学生走向访谈对象。在当时，这些访谈对象——普通的职员、工人和农民——以课堂为舞台讲述他们自身的历史。只是这种口述史具有相当的内容局限。再如，当时的学生科研也与今天学生利用公众史学资源开展的研究性课程颇为类似。其基本过程都是：学生带着题目，前往目的地实地考察或者利用公众史学资源（图书馆、档案馆、纪念馆等）查阅资料，最后提交考察报告。只是当时的研究题目相对狭窄而且超越了学生的能力所及。而今天学生则更多探索广泛的公众议题并且其选题也在自身学养的能力范围内。又如，组织学生参观博物馆和纪念馆与如今非常流行的"博物馆课程"十分类似。无论在当时还是今日，这种利用公众史学资源的教学路径都是让学生对于历史知识有着身临其境的感受和体验的不二渠道。最后，当时各种与历史课程相关的课外活动也与今日公众史学组织的历史活动十分相似。例如，华东师范大学历史系组织的"青史杯"高中历史剧本大奖赛与当时的列宁故事会有异曲同工之妙。[55]

　　最后，除了这些表面的相似之处，我们可以发现它们内在精神的雷同之处。回应社会需求和变动是定义公众史学最为核心的几个要素之一。而 1958 年历史教育改革正是对社会变动的回应。从这一点上来看，1958 年的教育革新与公众史学具有相似性。更为重要的是，两者都是在扩大定义谁有资格参与史学知识的探究、创造和传播。在 1958 年中学历史教育改革的案例中，学生获得了这种资格，成为一种特殊的"公众"。从这个意义上说，这场历史教育革新与公众史学也有着内在的相似性。

## 结　论

　　本文简要追溯了 20 世纪 50 年代中学历史教育改造的过程并着重考察了 1958 年教育革命所掀起的中学历史教育的变革。不可否认，这些改革都具有较大的历史局限性，也脱离了当时的教学实际。不过，假如换一个角度，我们则看到了另一番风景。当时的教学方法革新和公众史学的众多实践有许多类似之处。此外，笔者还注意到 1958 年教育革命在某种程度上试图打破传统的师生关系的分野，将占据师生人数中的绝大多数的学生从被动的课程聆听者变成主动的参与者。从这点来看，当时教育革命的某些面向与今天公众史学的本质——打破普通民众和专业史家的界限，鼓励更多前者参与历史知识的生产和传播——也是不谋而合的相似。

公众史学这一术语固然是舶来品。不过与它相类似的实践绝对不是新生的。舒喜乐在研究食品政治（food politics）的中西方跨国历史（transnational history）时，已经指出很多 1978 年以后输入的西方学术概念都能在中华人民共和国早期历史中找到相似的身影。[56]1958 年的上海历史教育革新就是这样一个例子。笔者认为通过激活 1958 年中学历史教育改革实践的历史资源并将其与公众史学加以嫁接，一定程度上，公众史学就在中国语境中获得了新的学术内涵和外延。类似历史资源的发掘成果愈丰富，公众史学的学术本土化之路就愈坚实。

最后，本研究也为当下公众史学和历史教育的关系提供了某些借鉴和思考。在这里笔者简要讨论两点。第一，历史教育工作者使用公众史学资源进行课堂教学如今已非新鲜事。各种教师培训和讲座也常见此主题，如上海市黄浦区邵青历史工作室主办的"馆校合作，博物馆资源与学校教育"系列讲座。[57]波兰学者乔阿娜·沃顿 (Joanna Wojdon) 已经对当代的中学历史教育和公众史学之间的关系进行了一些初步的观察。她归纳了中学师生利用公众史学进行历史学习的诸多途径：如采用公众史学方法（口述历史）、组织公众史学活动和使用公众史学的资源（博物馆和档案馆等）。[58]毫无疑问，公众史学在教学实践中的运用对于实现历史教育的目标是很有帮助的。第二，这种应用还会激发公众史学家和教育工作者反思某些历史学的核心概念。例如，最近几年利用影视资料（纪录片、电视剧等等）进行历史教学颇为常见。[59]2019 年 HBO 出品的历史剧《切尔诺贝利》(Chernobyl) 引发收视热潮，大家众口一词，夸赞此剧真实 (accuracy or authentic)。[60]假设教师将此剧引入课堂教学，问题马上产生了：这种"真实"根本经不起仔细推敲。只要教师和学生想到切尔诺贝利事件的当事人肯定不说英语，这种"真实"的感觉就要被打上问号了。这种"真实"性问题不仅电视剧有，其实貌似更为"真实"的纪录片也存在。笔者不是要否定历史教育中的公众史学资源的应用价值，而是想要指出这种应用需要我们思考更多的问题。例如在上述例子中，教师和公众史学家就需要思考：什么是真实？历史中的真实是什么意思？因此，这种应用并不是单向的，而是互动的。它也会推动历史教育和公众史学去反思自身使用的很多概念。

## 注　释

[1] 有关国族认同（national identity）理论的讨论繁多，简而言之，指个人对国家和民族的认同感。

[2] Peter Zarrow, *Educating China: Knowledge, Society and Textbooks in a Modernizing World, 1902—1937* (Cambridge: Cambridge University Press, 2015).

[3] Zheng Wang, *Never Forget National Humiliation: Historical Memory in Chinese Politics and Foreign Relations* (New York: Columbia University Press, 2012).

[4] 何成刚：《民国时期中小学历史教育发展研究》，长沙：岳麓书社，2008 年；王正瀚：《民国时期中学历史教科书研究》，上海：上海教育出版社，2013 年；刘超：《历史书写与认同建构：清末民国时期中国历史教科书研究》，北京：社会科学文献出版社，2016 年。

[5] 姜进：《断裂与延续：1950 年代上海的文化改造》，《上海社会科学》，2005 年第 6 期，第 95 页。

[6] 姜进：《断裂与延续：1950 年代上海的文化改造》，《上海社会科学》，2005 年第 6 期，第 96 页。

[7] 李娜：《历史的"公众转向"：中国公众史学建构之探索》，《公众史学》（第一辑），杭州：浙江大学出版社，2018 年，第 96 页。

[8] 转引自彭禹、沈时炼、张炎林：《海派历史教学透析》，北京：北京师范大学出版社，2014 年，第 4 页。

[9] 李家骥：《上海市中学历史教学研究八年》，1957 年，B105-7-362，上海市档案馆藏，第 7 页。

[10] 王宏志主编：《新中国中小学教材建设史研究丛书（1949—2000）：历史卷》，北京：人民教育出版社，2010 年，第 10 页。

[11] 人民教育出版社历史编辑室：《1955—1956 学年度中等学校新的历史教科书编写经过和试教情况》，《历史教学》（天津），1956 年六月号，第 32 页。参见王宏志主编：《新中国中小学教材建设史研究丛书（1949—2000）：历史卷》，第 108—177 页。

[12] 王宏志主编：《新中国中小学教材建设史研究丛书（1949—2000）：历史卷》，第 109、147、166 页。关于专家和历史教育的关系，笔者也将另撰文讨论。

[13] 人民教育出版社历史编辑室：《1955—1956 学年度中等学校新的历史教科书编写经过和试教情况》，第 32—33 页。

[14] 人民教育出版社历史编辑室：《1955—1956 学年度中等学校新的历史教科书编写经过和试教情况》，第 33 页。

[15] 王宏志主编：《新中国中小学教材建设史研究丛书（1949—2000）：历史卷》，第 153 页。

[16] 《历史教学》编辑部综合整理：《关于历史课联系现实的讨论》，《历史教学》（天津），1957 年五月号，第 49 页。

[17] 表 8-1 为笔者依据《笔谈"改进中学历史教学"》制作。《笔谈"改进中学历史教学"》，《历史教学》（天津），1957 年七月号、八月号。

[18] 河北省教育厅教研室：《河北省中等学校历史教学情况及今后改进意见》，《历史教学》（天津），1957 年十二月号，第 43 页。

[19] 1958 年"教育革命"的整体情况参见林蕴晖：《中华人民共和国史（第四卷）》，香港：香港中文大学当代中国文化研究中心，2008 年，第 232—240 页，罗平汉：《1958 年的"教育革命"》，《党史文苑》（南昌）2014 年 10 月上半月。

[20]《历史教学问题》编辑部:《历史教学应为生产大跃进服务》,《历史教学问题》(上海),1958年5月,第3页。

[21]《历史教学问题》编辑部:《历史教学应为生产大跃进服务》,第1页。

[22]《历史教学问题》编辑部:《历史教学应为生产大跃进服务》,第1—2页。

[23] 鲍文希:《初中近代、现代史的"砍补换"方案》,《历史教学问题》(上海),1958年5月。

[24] 鲍文希:《初中近代、现代史的"砍补换"方案》,第13页。

[25] 鲍文希:《初中近代、现代史的"砍补换"方案》,第13页。

[26] 鲍文希:《初中近代、现代史的"砍补换"方案》,第14页。

[27] 上海市育才中学历史教研组:《大胆革新历史教学方法的体会》,《历史教学问题》(上海),1958年11月,第38—39页。

[28] 上海市育才中学历史教研组:《大胆革新历史教学方法的体会》,第39页。

[29] 上海市复兴中学历史教研组:《上海市复兴中学历史教研组跃进规划》,《历史教学问题》(上海)1958年10月,第37页。

[30]《中学历史课教学改革的情况和意见》,1959年,B105-7-592-25,上海市档案馆藏,第25页。

[31]《中学历史课教学改革的情况和意见》,第25—26页。

[32]《中学历史课教学改革的情况和意见》,第26页。

[33]《关于本学期中学历史科完成教学任务的几点意见(仅供参考)》,1958年,B105-7-394-4,上海市档案馆藏,第4页。

[34]《中学历史课教学改革的情况和意见》,第26页。

[35] 上海市育才中学历史教研组:《大胆革新历史教学方法的体会》,第39页。

[36]《中学历史课教学改革的情况和意见》,第26页。

[37]《中学历史课教学改革的情况和意见》,第26页。

[38] 上海市育才中学历史教研组:《大胆革新历史教学方法的体会》,第38—39页。

[39] 鲍文希:《大力发动群众贯彻历史学科的四大观点教育》,1960年,A31-2-72-24,上海市档案馆藏,第25页。

[40]《中学历史课教学改革的情况和意见》,第26页;鲍文希:《大力发动群众贯彻历史学科的四大观点教育》,第26页。

[41] 鲍文希:《大力发动群众贯彻历史学科的四大观点教育》,第27页。

[42] 鲍文希:《大力发动群众贯彻历史学科的四大观点教育》,第26页。

[43]《中学历史课教学改革的情况和意见》,第26—27页。

[44] 例如:上海市市北中学历史教研组:《关于中学历史课的"课堂讨论"问题》,《历史教学问题》(上海),1958年六月号。

[45]《中学历史课教学改革的情况和意见》,第27页。

[46]《中学历史课教学改革的情况和意见》,第27页。

[47]《中学历史课教学改革的情况和意见》,第28页。

[48] 林蕴晖:《中华人民共和国史(第四卷)》,第237页。

[49]《中学历史课教学改革的情况和意见》,第28页。

[50]《中学历史课教学改革的情况和意见》,第28页。

[51] 上海市普通中学历史课程革新委员会、华东师范大学:《关于普通中学历史课程革新的建议(草案)》,1960年,A23-2-629-59,上海市档案馆藏,第63页。

[52] 上海市普通中学历史课程革新委员会、华东师范大学:《关于普通中学历史课程革新的建议(草案)》,第64页。

[53] 王宏志主编:《新中国中小学教材建设史研究丛书(1949—2000):历史卷》,第228—234页。中外历史合编的思路在上海中学历史界影响深远。90年代,沈起炜主编的一期课改高中历史

课本沿用了这一理念。参见林丙义口述，潘君祥撰稿：《林丙义口述历史》，上海：上海书店出版社，2016 年，第 79—81 页。

[54] Paulo Freire, *Pedagogy of the Oppressed,* trans. Myra Bergman Ramos (London: Penguin Classics, 2017 [1970]).

[55] 华东师范大学历史系：《第五届"青史杯"高中生历史剧本大赛获奖名单》，2020 年 11 月 23 日，http://history.ecnu.edu.cn/2a/f7/c21734a338679/page.htm，2021 年 2 月 4 日。

[56] Sigrid Schmalzer, "Toward a Transnational, Trans-1978 History of Food Politics in China: An Exploratory Paper," *The PRC History Review*, Vol. 3, No. 1 (January 2018), p. 11.

[57] 邵青历史工作室：《"馆校合作，博物馆资源与学校教育"系列讲座第四讲》，2020 年 12 月 28 日，https://mp.weixin.qq.com/s/1X8guTOUb9ShSsvmoqQX7w，2021 年 2 月 5 日。

[58] Joanna Wojdon, "Between Public History and History Education," in David Dean ed., *A Companion to Public History* (Maldon, MA.: John Wiley & Sons Ltd., 2018), pp. 459-463.

[59] 笔者以影视史学和历史教学为主题检索中国知网，发现 2020 年相关硕士论文即有四篇。高琳：《自摄影像资源在初中历史教学中的应用研究》，硕士学位论文，曲阜师范大学，2020 年；于忠波：《影像史料为主体的中职历史教学设计研究——以〈从"1928Kalgan"看张垣历史〉教学设计为例》，硕士学位论文，牡丹江师范学院，2020 年；杨子健：《影像史料在初中历史教学中的应用》，硕士学位论文，渤海大学，2020 年。宋春雅：《影视资源在高一历史教学应用研究——以〈中外历史纲要（上）〉教材为例》，硕士学位论文，上海师范大学，2020 年。

[60] Kate Brown, "Review of HBO's *Chernobyl*," directed by Johan Renck, and written and created by Craig Mazin, *the American Historical Review*, Volume 124, Issue 4 (October 2019), p.1374.

# 历史意识与新中国中学历史教科书演进[*]

徐赐成[**]

**摘要：** 中学历史教科书基本功能是通过传递和理解重要历史事实，培育学生的历史意识和历史思维能力，深化学生的历史文化和国家民族认同。新中国成立70余年来的历史教科书发展，在社会变革和课程改革的同向互动过程中，通过贯通历史与现实的历史理解，发挥了培育学生和未来社会基本历史价值观的作用，而不同时期历史意识的发展变迁是其潜在和基础性因素。新中国不同版本的历史教科书反映了不同历史时期的历史意识，历史教科书改革反映了历史意识的演进历程和实质进步，这正是历史教育的本质问题。

**关键词：** 历史教科书；历史意识；历史教育；历史价值观

**Abstract**

The basic function of history textbooks in middle schools is to cultivate students' historical consciousness and historical thinking by transmitting important historical facts, and to deepen students' historical cultural and national identity. The development of history textbooks in the past 70 years since the founding of the People's Republic of China has played an important role in cultivating students' and future social basic historical values through a historical understanding of history and reality in the process of social reform and curriculum reform. The development and change of historical consciousness in different periods is its potential and basic

---

[*] 本文系全国教育科学规划课题国家一般课题"70年来大陆中学历史教科书发展研究"（BHA190132）阶段性成果。

[**] 徐赐成：陕西师范大学历史文化学院教授。

factor. Different versions of history textbooks in New China reflect the historical consciousness in different historical periods. The reform of history textbooks reflects the evolution and substantial progress of historical consciousness, which reflects the essence of history education.

**Key words**

history textbook; historical consciousness; history education; historical values

　　历史教科书可分为中学历史教科书和高校历史教材，高校历史教材基本属于史学研究成果范畴，而中学历史教科书主要属于公众教育和公众史学成果范畴。正因如此，中学历史教科书在编写依据、内容呈现、思想要求、文字表述、出版发行方面，有着更为严格的要求，尤其是在我国采取审定制教科书制度和全国统编的情况下，中学历史教科书的极端重要性是不言而喻的。具体讲，中学历史教科书通过呈现基本历史事实，传递社会发展不同时期基于现实对历史的理解和判断，形成基本的历史认识。学生通过阅读历史教科书学会对历史与现实的贯通理解，习得历史思维和理解现实问题的方法，培育和发展历史意识，达成并强化历史认同和文化认同。同时，中学历史教科书也是社会整体历史意识的产物，新中国成立 70 多年来中学历史教科书发展历程，是中国社会整体历史意识不断发展完善的过程，也是历史意识作用于中学历史教科书进步的过程。由此审视中学历史教科书发展过程，是教科书研究的基础课题。

## 历史意识与历史教科书

　　历史意识是人类文明产生和进化发展过程的基本特性，尽管古今中外先贤都曾从不同角度触及并运用它，但把它作为一个哲学概念加以讨论和研究则是 20 世纪以来的事情，甚至可以说关于"历史意识"的研究"兴盛于 20 世纪 70 年代初期"。关于"历史意识"的基本含义，是研究者面临的首要问题。德国学者约恩·吕森（Jörn Rüsen）认为"历史意识是将实践经验通过回忆转化为生活实践导向的精神（包括情感和认知的、审美的、道德的、无意识的和有意识的）活动的总和"，并且"总是以叙事的形式表达出来"。[1] 这实际就是将既往经验与现实实践相结合，并运用一定的"叙述"形成关于过去和现在在"时间"上相贯通的合理性，即陈新提出的历史意识是"引导我们以过去来定位现在的一种阐释意识"。[2] 英国学者约翰·托什（John Tosh）认为"历史意识意指尊重过去的自主性，并在将它的真知灼见应用于现实之前努力构成其所有不同于现在的方面"，[3] 强调"以过去来定位现在"应有的"自主性"和合理性要求。法国著名社会学家雷蒙·阿隆（Raymond Aron）认为："每个集体都有一个历史意识。我这里所说的历史意识，指的是对这个集体而言，人性、文明、民族、过去和未来、建筑和城市所经历的变迁所具有的意义。"[4] 这就从公共性、具体性和诠释性方面，对历史意识的性质和特征做出了界定和澄清。概言之，历史意识是基于现实和公众需要的以过去定位现实、从现实反思历史的阐释意识，核心环节是揭示历史与现实的差异性中的一致性，从而建构和谐的社会公共意识。

无论学校历史教育还是社会历史教育，在本质上都是通过历史知识形成历史认识，进而形成诠释历史和现实的能力的过程，也就是塑造、培育和优化历史意识的过程。"历史教育通过提高和丰富学生的历史兴趣、历史知识和对历史本质的认识，有助于培养学生的历史意识。"[5] "中国的学校是传递和传播历史文化的公共机构，是塑造人们历史意识和增强民众认同的不争场所。"[6] "教科书作为一种教育工具和教育资料，是课程的重要组成部分，也是课程实施的载体，在整个学校教育中具有不可替代的地位和作用。""它既有基本的教学功能，也有知识传递功能，更有意识形态功能。"[7] 与其他学科相比，历史教科书具有更强的意识形态功能，承载着重要的历史意识培养和建构任务。它主要通过传递经过精心选择的历史知识，帮助学生从对一个个历史知识的理解中认识具体的"历史"与其所处的"现实"的关系，从而获得社会生活的公共经验。因此有学者指出，"独自研究历史就是个人层面的一部分。至于政府所坚持必须列入学校教育的若干课程，则是历史教育的公共层面"。学校历史教育承担的主要是公共层面的教育任务，目的在于"要他们成为有用而负责的公民"。[8] 从这个意义上讲，历史教科书要完成公共历史教育的任务，就必须在传递历史知识的过程中，向学生输送社会公共的历史意识，历史知识是载体，历史意识是本质。

新中国成立 70 多年来，中学历史教科书伴随不同社会发展阶段的需求，传递和建构学生的基本历史认知和历史意识，鲜明地反映了中学历史教科书与历史意识演进的关系。从历史意识发展的阶段性、延续性和复杂性角度审视中学历史教科书发展，有助于改进和优化中学历史教科书，也有助于公共历史教育质量的提升。

## 新中国成立初期以政治意识为统率

这里的"新中国成立初期"主要指的是新中国成立后的前 17 年（1949—1966 年）。1966—1976 年的"文化大革命"时期，由于当时特殊的社会环境及其对中学历史教科书的影响，也将其纳入"新中国成立初期"一并讨论。这一时期教育的主要任务是要帮助学生认识新中国的性质和面临的任务，在思想意识上理解和认同马列主义和毛泽东思想。

### （一）集中管理历史教科书

新中国的成立宣告中国历史进入了"新社会"，开始与一切"旧"的社会告别，开始走向社会主义的发展方向。在"意识形态方面，随着新民主主义革命的基本胜利，马列主义和毛泽东思想得以广泛传播和学习，国家的新主流意识形态需要更深入的播撒和传递给广大人民群众"。[9] 学校作为社会教育的主体力量，课程作为社会教育的主要内容，教科书作为课程内容的主要载体，自然要承载"国家的新主流意识形态"的"播撒和传递"任务。正如新中国首任教育部部长马叙伦所说，"一个国家的教育政策，也要通过教科书，才能具体体现出来，没有教科书，教育工作就难以顺利进行"。[10] 中小学教科书，尤其是作为意识形态色彩比较浓厚且功能重要的历史教科书，自然会受到高度重视。

正因如此，对教科书"集中统一"管理早在新中国成立前就已经酝酿了。1949 年 2 月 16 日，时任中宣部副部长周扬在中共中央华北局宣传部出版委员会第一次谈话会上作报告说，平津解放后，"对出版规划来说，首先应该统一的是出版，如教科书、马列著作、毛主席的著作都是要赶紧做到统一出版"，"如果在出版上不先求统一，那么，混乱，浪费人力、物力的现象，是一定会发生的"。1949 年 10 月，中共中央宣传部部长陆定一在全国新华书店第一届出版工作会议上指出："教科书对国计民生，影响特别巨大，所以非国营不可。"[11]此后，集中管理教科书的工作从三方面逐步展开：第一，设立编审局，主管教科书编审工作。1949 年 11 月，中央人民政府出版总署下设编审局，调集部分老解放区、开明书店、中华书局等单位的编辑人员编审文史教材，为全国提供统一的教科书。第二，拟定中小学教科书用书目录。中央人民政府教育部和出版总署根据当时的实际情况，决定在统一编辑的教科书尚未编成之前，先由教育部和出版总署会同拟定中小学教科书用书目录，发到各大行政区的文教部（教育部），规定中小学教科书必须统一采用目录中所列各书。第三，统一教科书的出版发行。1950 年 12 月 1 日，国家统一编辑出版中小学教材的专门机构——人民教育出版社成立，承担"中小学教材的生产造货供应工作"。[12]1951 年 2 月，政务院文化教育委员会批准出版总署制定的《1951 年出版工作计划大纲》，规定"人民教育出版社开始重编中小学课本，并于年内建立全国中小学课本由国家统一供应的基础"。[13]

这种集中统一管理教科书工作的机制，在新中国 70 多年的发展历程中是一贯的，其间虽有所调整和完善，但集中管理教科书的基调没有改变。国家将教科书的功能定位在"国家的新主流意识形态需要更深入的播撒和传递"上，中学历史教科书在其中的重要性就更加突出。据此采取的关于中学历史教科书编写、出版和使用的系列举措，自然规定着它的体例结构和内容表达，并深深地作用于此后中学历史教科书的发展过程。

### （二）整体规划历史教科书内容结构

新中国成立伊始，即针对各地中小学教学科目、教学用书和课时数混乱的情况，着手统一规划中小学各门课程，中学历史教科书即在此基础上，根据学段、课时等情况，整体规划历史学科内容结构。1950 年 8 月，教育部颁发《中学暂行教学计划（草案）》和《小学历史课程暂行标准（草案）》等中小学各个学科课程暂行标准（草案）。"教学计划"规定不同学段的教学内容和课时数，例如，《中学暂行教学计划（草案）》中规定初、高中一、二年级讲授中国史，三年级讲授外国史。那时历史课程很受重视，在中学阶段，初中、高中各年级每周均有 3 课时，占各学科课时的 10%；在小学阶段，四、五年级均开历史课，每周 3 课时。"课程标准"则将课程内容具体化，《小学历史课程暂行标准（草案）》是新中国第一个历史课程标准，它采用中外合编的方式，按照年代顺序讲述历史事件和历史人物，也包括政治、经济和文化的内容。主要叙述中国历史，占 5/6，也有少量的世界近代、现代史内容，占 1/6。中国史和世界史内容按时间顺序交叉编写。在内容的呈现上，按社会发展阶段讲述劳动人民的历史，即将奴隶起义和农民起义作为中国古代史的主要内容，中国近代史主要叙述中国人民反抗外来侵略，进行革命斗争和揭露各个时期反动派以及新中国建立与新中国成立初期的政治运动等内容；世界近代、现代史主要讲述无产阶级的革命导师、无产阶级革命和揭露帝国主义形成以及侵略扩张。[14] 这种通过"教学计划"确定不同学段的教学内容范围和教学课时，通过"课程标准"（包括"教学大纲"）规定课程内容构成、重点及叙述方式的做法，成为此后中小学历史课程和教学的基本规范，以此确保中小学历史课程的正确方向。

　　1953 年，我国开始第一个"五年计划"建设后，原来的教材不适应新形势的需要，参照苏联的做法，教育部制定一套新的教学大纲，于 1956 年颁发了《小学历史教学大纲（草案）》《初级中学中国历史教学大纲（草案）》《初级中学世界历史教学大纲（草案）》《高级中学世界近代现代史教学大纲（草案）》《高级中学中国历史教学大纲（草案）》和 1957 年颁发的《高级中学中国历史教学大纲（草案）》（近代史部分）。这是新中国成立以后，教育部制定的第一套完整的中小学历史教学大纲，此后在实践运行中又有 1963 年、1978 年、1980 年、1986 年、1990 年、1991 年、1992 年、1994 年、1996 年和 2000 年颁布的"教学大纲"，对教学目标、内容和指导意见日渐明确，规范性不断增强，以期历史教科书能够承担传递"国家的新主流意识形态"的任务。

### （三）突出新社会政治意识教育

　　历史学科具有重要的社会教育功能，它通过基础教育、学校教育的系统化实施，塑造社会价值观和国家、民族、文化认同，发挥着重要的育人功能。因此，学校历史教育是公众历史教育的重要组成部分。新中国成立不久，就将历史教育置于重要地位，并通过颁发历史课程标准和教科书加以规范。新中国诞生前夜，中国人民政治协商会议第一届全体会议通过的《共同纲领》要求，"中华人民共和国的文化教育为新民主主义的，即民族的、科学的、大众的文化教育。……应以提高人民文化水平、培养国家建设人才、肃清封建的、买办的、法西斯主义的思想、发展为人民服务的思想为主要任务"。[15] 历史教科书承担着"肃清"和改造的重要任务。

《小学历史课程暂行标准（草案）》（1950 年 8 月）在"目标"中要求儿童"初步认识历史发展的规律，懂得历史发展的规律，懂得历史是劳动人民创造的，与阶级斗争是历史前进的动力；逐步培养其历史唯物主义的观点与革命的战斗意志"，"认识中华民族勤劳勇敢的优良传统和创造发明的伟大史绩，以及在世界和平阵营中的地位和责任；逐步培养其爱国主义思想"。要求教师"充分研究历史问题，坚定工人阶级立场，掌握历史唯物主义的原则"，"贯彻爱国主义思想和国际主义精神，并提高民族自尊心和自信心"。[16] 从"历史发展规律""唯物史观"到"爱国主义"的目标定位，彰显新中国历史教育鲜明的政治意识色彩。《初级中学中国历史教学大纲（草案）》（1956 年）进一步提出"中国历史的教学，对青年一代的共产主义教育，有极其重大的意义"，"应当通过我国人民在中国共产党的领导下进行反对帝国主义、反对封建主义、反对官僚资本主义的新民主主义革命斗争的史实，通过我国人民在社会主义建设中的伟大成就，通过人民在争取全世界持久和平的斗争中所起的重大作用，来培养学生的爱国主义思想和民族自尊心，使他们成为社会主义社会的自觉的积极的建设者和保卫者"。[17] 这就在追求"历史发展规律"的基础上，突出共产主义、中国共产党和爱国主义的政治意识，并通过课程内容加以实施，在此后的"大纲"中不断加深。《全日制小学历史教学大纲（草案）》（1963 年）要求"通过历史事实的讲述，使学生认识人类历史发展的方向，资本主义必然灭亡，社会主义、共产主义必然胜利；热爱中国共产党和毛主席，憎恨帝国主义和一切反动派，从而培养爱国主义和国际主义精神"。[18] 由此，通过"课程标准"和历史教科书构成的中国社会主义特色中小学历史教育系统，突出政治思想教育成为其鲜明底色和基因，在新中国成立 70 多年的历史教育实践中不断丰富和完善，正在发展成为一门新的学科方向——历史教育学，旨在探索基于中国特色社会主义建设实践和历史学、教育学、哲学等交叉学科发展方向，培养未来公民素养的、科学的历史教育理论和内容体系。

## 新时期以科学意识为追求

"文革"结束，经过两年的"徘徊"，自 1978 年国家进入社会主义现代化建设的新时期，教育事业及教材建设迎来健康发展的春天。1977 年，邓小平亲自抓中小学教科书建设，提出搞教育，"关键是教材。教材要反映出现代科学文化的先进水平，同时要符合我国的实际情况"，"教材非从中小学抓起不可，教书非教最先进的内容不可，当然，也不能脱离我国实际"。[19] 同年，人民教育出版社下放的教科书编写组骨干被召回，并参加了当年 9 月教育部召开的"全国中小学教材编写工作会议"，开始了"拨乱反正"后第一批教科书的编写，要求在 1978 年秋季开学前，向全国供应新编十年制学校教科书。

### （一）教育意识渐趋增强

教科书是"国家意志、民族文化、社会进步和科学发展的集中体现，是实现培养目标的最直接的载体"，[20] 承载国家的育人要求和社会的教育功能。进入新时期，随着社会发展对人才的需求和要求的不断提高，对教科书编写质量提出了新的要求，主要是在强调政治意识的基础上，更加重视学生的基本素质教育。例如，关于历史教科书的编写，"原本历史学界的很多定论在'文革'期间被极左思潮弄得很混乱，大家觉得很多'文革'期间的用词都无法使用，需要与中央高层统一意识"。1978 年 2 月 24 日，"教育部将全国中小学教材编写工作会议历史组草拟的《中学历史教学大纲和教材中几个原则性问题如何处理的初步意见》报送中共中央宣传部，并由主管教育的国务院副总理方毅转报中央政治局常委，得到常委们的认同。该初步意见中包括'儒法斗争'、中国史和世界史教材的下限、中国封建社会农民起义同下一个封建王朝建立初期政治经济措施间的关系、中国现代史教学中党的代表大会及党内路线斗争等重要问题的处理意见"，并就此向中央请示。邓小平很快批示"原则同意"，[21] 这一"意见"成为重新编写教科书的原则。根据教育部《全日制十年制中小学教学计划试行草案》，制定《全日制十年制学校中学历史教学大纲》（试行草案），依据"大纲"和"意见"精神，人民教育出版社着手新编中学历史教科书，情况如表9-1：

表9-1　人教社中学历史教科书出版情况（初版）

| 学段 | 教科书名称 | 册数 | 编者 | 出版时间 | 备注 |
|------|-----------|------|------|---------|------|
| 初中 | 全日制十年制学校初中课本中国历史（试用本） | 4 | 邱汉生、赵恒烈等 | 1978—1979年 | 供初二、三使用。 |
| 高中 | 全日制十年制学校高中课本世界历史（试用本） | 2 | 李纯武、齐世荣等 | 1978—1979年 | 供高一使用。 |

这套十年制历史教科书于1978年9月开始全国通用，是人教社编写的第五套全国中学通用教材，"基本上已使历史教学走上正确的轨道"。"这一时期的教科书开始走出了'文革'期间的政治阴影，如何服务于现代化建设的需要成为其要解决的主要问题。虽然教科书的政治色彩淡了许多，但毕竟刚从'文革'中走来，'文革'遗留还是比较明显。"[22]历史教科书中"农民起义、革命战争、毛主席著作的内容仍占很大篇幅；世界史的体系和观点也比较传统；对一些重要历史人物、重大历史事件的评价也不够全面，有欠公允"[23]等"左"的影响尚未彻底清除，与改革开放和国家建设对教育发展的需要有些不适应。

改革开放后形势发展迅速，使得一些重大政治理论问题得以澄清，1980年，教育部修订颁布了第2版《全日制十年制学校中学历史教学大纲（试行草案）》。依据修订的大纲和经中央通过的《中学历史教学大纲和教材中几个原则性问题如何处理的初步意见》，1978—1979年出版的《全日制十年制学校初中课本中国历史》（试用本）四册与《全日制十年制学校高中课本世界历史》（试用本）上下册在试用两年基础上，人教社将其修订为正式教科书。在内容上调整了试用本《中国历史》古今比例，各占50%；在体系上，更加完善，教科书逻辑性更强；在指导思想上，运用历史唯物主义作指导，经过这次修订"对一些问题的提法，对史实的补充和纠误，对教材内容的安排，都有突破"。[24]具体修订如表9-2：

表9-2　人教社中学历史教科书出版情况（第2版）

| 学段 | 教科书名称 | 册数 | 编者 | 出版时间 | 备注 |
|---|---|---|---|---|---|
| 初中 | 初级中学课本中国历史 | 2 | 臧嵘王宏志等 | 1981—1982年 | 供初一、二使用，后李隆庚等对第4册作了修订，1986年6月出版第2版。 |
| 高中 | 高级中学课本世界历史 | 2 | 李纯武严志梁等 | 1981—1982年 | 供高中一年级使用。 |

这套教科书"进一步清除了'左'的影响,"[25]1982年秋季开始向全国供应，受到广大师生的欢迎，其成功之处表现在：第一，进一步调整了章节结构，使头绪相对集中，眉目更加清晰；第二，对部分内容删繁就简，做到强干弱枝，突出重点，符合教学实际；第三，对历史人物的评价，更加实事求是，并纠正了一些不妥的提法；第四，增加了文化史的内容；第五，注意叙述生动性，可读性大为增加；第六，注意中小学历史教科书的分工；第七，增加了彩色插页和黑白插图，使教科书显得更加直观和生动，提高了学生学习的兴趣，也增加了教科书的美感。[26]但在教学试用中，有不少老师对教科书也提出了不少问题和意见，人教社编辑在1982年6月和9月的《历史教学》上对教材问题做了解答。同时发现《全日制十年制学校中学历史教学大纲（试行草案)》第2版仍存在一些问题，1986年11月，国家教委颁行由人教社等单位修订、全国中小学教材审定委员会历史学科审查委员会审查通过的《全日制中学历史教学大纲》。人教社据此修订了历史教科书，如表9-3：[27]

表9-3　人教社中学历史教科书出版情况（第2版修订）

| 学段 | 教科书名称 | 册数 | 编者 | 出版时间 | 备注 |
|---|---|---|---|---|---|
| 初中 | 初级中学课本中国历史 | 3 | 臧嵘王宏志等 | 1986—1987年 | 由1981—1982年出版的《初级中学课本中国历史》四册修订而成。 |
| 初中 | 初级中学课本世界历史 | 1 | 寿纪瑜陈其等 | 1988年 | "文革"后第一本初中世界历史教科书。 |
| 高中 | 高级中学课本世界历史 | 2 | 李纯武严志梁等 | 1987年 | 由1982年《高级中学课本世界历史》修订而成。 |

　　这套教科书在课程设置上，初中增加了世界史，这是"文革"后初中历史课程首次加入世界历史课，这也是响应"三个面向"的指示。在指导思想上，进一步克服"左"的倾向；在内容上重视文化史尤其是宗教史的内容，并吸收了学术界新成果；在编写原则上，为了避免小学、初中、高中选材的重复，教科书编写者按照吴晗所说的"小学一个点，初中一条线，高中一个面"的原则处理这一问题。但在使用中各地老师反映许多重要历史事件内容太简略或没有能进入教科书，有的内容又篇幅过长，在偏远地区讲不完。[28]

　　1988年，人教社编写义务教育三年制/四年制初级中学教科书（实验本）《中国历史》和《世界历史》，从1990年秋季开始在全国一些地区定点实验，广大教师普遍反映：这套新编教材符合义务教育培养目标，能比较好地呈现义务教育大纲所规定的内容，重视了政治思想教育。新教材符合学生的认知规律，内容难易适度，注意结合学生的生活实际，受到学生、教师、家长三方认可。实验本教材经过一年试用后，依据中央关于加强"两史一情"教育的精神和实验地区教师们的意见，对各册实验本做了一次修订，于1992年经教材审定委员会审查通过，作为正式试用本使用。这套历史教科书"给人以全新的面貌"，是"新中国成立以来最好的一套历史教科书"。各地学生也很喜欢这套教科书，"课上爱听，课下爱看"。[29]在教材内容选择上，"注重了思想教育，拓宽了知识面，加强了基础知识"，在教材编排体系、体例上，"符合学生的生理、心理特点和认知规律，减轻了学生负担，注重能力的培养"。[30]因而受到国内史学家和历史教育工作者以及国外史学者和专家的赞扬。[31]

　　20世纪80年代末90年代初苏东剧变，世界社会主义事业遇到严重挫折。从培养社会主义事业接班人的战略高度出发，江泽民总书记于1991年3月致信教委主任李铁映、副主任何东昌，强调对学生进行中国近现代史及国情教育，使他们认识到"今天的人民政权来之不易"，提高他们的"民族自尊心、民族自信心，防止崇洋媚外思想的抬头"。[32]为贯彻落实这一指示，国家教委于1991年8月颁发《中小学加强中国近代、现代史及国情教育的总体纲要》（初稿）和《中小学历史政治思想教育纲要（试用）》，强调历史教育在中小学总体素质教育中的重要性。

　　1990年3月，为解决普通高中存在文理偏科、学生课业负担过重，并在学生全面打好基础的前提下，发展他们的兴趣和特长，增强适应社会生活和生产的能力，国家教委印发了《现行普通高中教学计划的调整意见》（下简称《调整意见》）。调整后的课程设置分为必修课和选修课，历史的必修课时有所增加，还设有选修课，历史选修课也要编写教学大纲。因此，国家教委根据《调整意见》，组织人力对中学历史教学大纲进行修订。4 月，国家教委重新制订了《全日制中学历史教学大纲》（修订本），减去了过多的内容，降低了过高的要求。

2000 年，我国启动基础教育课程改革。2001 年，教育部颁布《全日制义务教育历史课程标准》（实验稿）。这次改革的特点是使用学习主题的呈现方式，认为这样"有利于改变'难、繁、偏、旧'的现象，促进学生学习方式的转变，同时又能兼顾历史发展的时序性与学习内容的内在联系，以反映历史学科的特点"。2003 年，教育部又颁布了《普通高中历史课程标准》（实验），高中历史课程结构的变化更大，由必修课和选修课构成，忽略时序、中外合编。普通高中历史必修课分为历史（I）、历史（Ⅱ）、历史（Ⅲ）三个学习模块，把学习内容分隔为政治、经济、文化，它包括二十五个古今贯通、中外关联的学习专题，分别反映人类社会政治、经济、思想文化、科学技术等领域的重要历史内容，是全体高中学生必须学习的基本内容。

新课标教科书吸收了课改新理念，以学生为本，体现了人文关怀；吸收了新的学术研究成果和新的历史知识观；努力加强教科书的学本性质，有意识地给学生留下更多独立思考的空间，改进学习方式，并设置活动课，这在新中国成立后的历次教科书中从未出现过，目的是引导学生进行探究式学习，培养学生的多种能力，特别是创造性思维和实践能力；同时，也使学生初步感受学习历史的方法与技能。在外观上，加强图文并茂的历史感与直观性；注重设计的生动性和审美追求。

（二）强化通史意识

保持通史体例，贯穿"通史意识"是新中国历史教科书编写的基本样态。尽管 21 世纪初期的义务教育历史教科书采用了"时序＋主题"，高中历史教科书采用了"专题＋模块"的编写方式，但并没有完全跳出"通史"的基本框架和理念，即让学生了解系统的历史知识。不同时期对"通史体例"的坚持，使得"通史意识"得以不断强化，成为新中国历史教科书编写的基本经验和模式。正因如此，"时序＋主题"和"专题＋模块"的历史教科书编写方式并没有取得高度认可，因为"总的来说，我们是偏爱比较系统的通史学习的。如今用'主题'体现历史发展的段落，用'模块'处理专题史。前者的问题是只把握了'主题'的跳跃性（与单元比较），而缺乏对'主题'内在结构的精细处理，所以给人切割历史的感觉，并没有发挥'主题'学习应有的功效。后者的问题亦在结构本身，'模块'若不是从'课程论'方面计较，在学科教育上并无多大意义"。[33]这个批评比较中肯，并没有反对"主题""专题"这样的改革尝试，也没有说"通史体例"不能变革，而是强调要真正解决问题。

保持通史体例，有助于学生掌握系统的历史知识，形成完整、结构化的历史认知，从而帮助学生建立正确的历史观和国家、民族观，有利于实现历史教育的目标。但"通史体例"是以往"历史学教育"的传统，与正在形成和发展的历史教育学学科追求存在原则性的不同。究竟要给学生提供怎样的历史知识，用什么方式来呈现历史知识，是历史教育学要解决的基本问题。这是一项重要的研究课题，需要对其做专门、长期、扎实的研究和实践。

保持通史体例是我国历史教科书编写的基本经验，其基本追求是通过"通史"建构科学的历史意识。在新时代历史教育发展中，如何发挥"通史意识"的教育价值，如何创新历史教科书编写，如何建设新时代的历史教育学，是新时代历史教育的基本任务。

### （三）增强能力意识

改革开放的深化发展，对人才素质和能力的要求不断提高，学校教育随之将学生能力培养置于重要位置，历史教科书编写自然要适应能力培养的要求。1978年颁布的《全日制十年制学校中学历史教学大纲（试行草案）》，在"教学目的和要求"中首次提出能力的要求，要培养学生"运用历史唯物主义的基本观点观察问题和分析问题的能力"。在"教学中应注意的几点"里，提出"注意启发学生积极思考，反对注入式"。对结合历史教学内容进行的活动，不再限于阅读课外书，而增加了"参观、访问、调查等"。为增强教学的直观性，要求教师教学时不仅使用历史地图、挂图，还增加了"历史幻灯片、历史影片等"。这些都是着眼于学生能力培养的调整和要求，对于历史教学和历史教科书编写具有重要而具体的指导价值。

1981 年"新修订的初、高中历史教科书在编辑设计方面，从引发学生学习兴趣出发，有所改进，各册书前都配以生动的历史彩图，历史地图也经过再三研究和核实，课后习题尽量符合学生思维、兴趣，增加了填空、填图、名词解释等多种形式"。[34]

1988 年，国家教委颁发《九年制义务教育全日制初级中学历史教学大纲（初审稿）》，作为编写新的义务教育教材的依据。它重视对学生思想教育和能力的培养，将"教学目的和要求"分为三项，即基础知识、思想教育和能力培养，并具体明确地用三段文字分别表述。在"教学内容"里，每个年级除提出"基础知识部分"的具体要求外，还首次相应地提出"思想教育部分"和"能力培养部分"的具体要求，且随着年级的提高，要求也不断提高。

1990 年，国家教委修订颁布《全日制中学历史教学大纲（修订本）》，人教社历史室据此编写《高级中学课本中国近代现代史讲座（必修）》一册（1990年版）、《高级中学课本中国古代史（选修）》（全一册）（1991 年版）、《高级中学课本中国近代现代史（必修）》上下册（1992 年版）和修订《高级中学课本世界历史（必修）》上下册（1991—1992 年版），共一套六册的高中历史教科书。其突出特点是"着眼于能力培养"，"这套教材的编写将培养学生的能力放在突出地位，着重于培养学生的理解能力、思维能力和自学能力。其中，尤为重视思维能力的培养，包括历史唯物主义、辩证唯物主义的思维能力和创造性思维能力"。[35]教材在每讲或每章后，配有练习或思考题，也设有不少表格，让学生填写，以培养学生归纳和比较能力。在中国古代史部分还增加古文史料，提高学生古文知识储备。近现代史部分也增加文献史料、插图、地图、表格和注释等，开阔学生视野、培养学生能力。

1992 年，国家教委颁发《九年义务教育全日制初级中学历史教学大纲（试用）》，在能力培养上，强调培养学生的分析能力，"对初中生而言，能力培养主要包括观察、阅读、思维、分析以及表达能力的培养"，具体有"培养阅读能力和看图识图能力，培养学生的思维、分析、归纳能力，培养表达能力"等，并鼓励学生"谈出自己的看法"。这成为此后历史教科书编写的基本追求。

　　1996 年至 1998 年，人教社历史室依据国家教委《全日制普通高级中学课程计划（实验）》和 1996 年《全日制普通高级中学历史教学大纲（供试验用）》的要求，在编写的一套普通高中历史教科书中提出，"应加强理解能力、思维能力，尤其是创造性思维能力的培养，还要增加学生自学能力，包括由学生自主阅读有一定难度的文献资料的能力。此外，考虑到教材是供各种不同程度的高级中学使用，课本在教学内容、阅读选材、能力培养等方面都应有不同的要求，即要增加教材的弹性"。[36] 具体增加了"培养自主学习能力和创新能力的内容。如从课文加强分析的写法上，从楷体字的安排上，在文献资料的引用、课文的注解以及图画、表格的设置，尤其是课后练习和阅读与思考的安排等方面，都是为了开发学生的智商和情商，使他们学会用辩证唯物主义观点和历史唯物主义观点观察问题、分析问题，并具有创新思想"。[37] 此后，历史教科书日渐重视对历史文献、历史事件的理性分析，加强对知识深度和理性理解，逐步把历史学科能力提高到理解能力、思维能力、创新能力和自主学习能力的高度。

## 新时代以学科素养为统领

　　习近平总书记在党的十九大报告中指出："中国特色社会主义进入了新时代。"中国的学校历史教育必然要思考新时代所提出的要求和应肩负的责任，所应发展的方向和要走的道路。基于现行的历史"课程标准"和"统编"历史教科书，概括地讲，新时代的历史教育和历史教科书编写是以培养学生的"历史学科素养"为基本追求的，在历史教科书编写上具体表现为政治性、学术性和专业性价值取向。

### （一）强调政治性

　　中学历史教科书的政治性要求，即具有一定意识形态的规定性，是其本质特征，也是当今世界各国中学历史教科书的普遍性经验。如土耳其历史教科书研究涉及土耳其的欧洲身份认同和土耳其与希腊关系等。以色列把历史教科书作为以色列人集体身份认同的最重要的组成部分。[38]埃及教科书充满宗教色彩，殉难与圣战是埃及学校教科书中推崇的价值观。[39]我国《义务教育历史课程标准（2011年版）》明确指出："历史课程要以唯物史观为指导，坚持科学的、正确的思想导向，引导学生正确地考察人类历史的发展进程，逐步学会全面、客观地认识人类社会历史的问题。"[40]最新修订颁布的高中历史课程标准的基本原则是"坚持正确的政治方向。坚持党的领导，坚持社会主义办学方向，充分体现马克思主义的指导地位和基本立场，充分反映习近平新时代中国特色社会主义思想，有机融入坚持和发展中国特色社会主义、培育和践行社会主义核心价值观的基本内容和要求，继承和弘扬中华优秀传统文化、革命文化，发展社会主义先进文化，加强法治意识、国家安全、民族团结、生态文明和海洋权益等方面的教育，培养良好政治素质、道德品质和健全人格，使学生坚定中国特色社会主义道路自信、理论自信、制度自信、文化自信，引导学生形成正确的世界观、人生观、价值观"，并把"坚持正确的思想导向和价值判断"作为历史课程的基本理念。[41]

历史课程标准制定和历史教科书编写坚持政治性要求，是"立德树人"的基本保证和历史教学的基本遵循，其核心和本质在于"培养什么人"，首要目的是要解决"用什么来培养人"的问题。那么，历史"教材如何铸魂，我认为就是要贯彻中国化的马克思主义，贯彻习近平新时代中国特色社会主义思想，把唯物史观融入教材当中，教会学生认识中国历史和世界历史的线索和发展规律，树立正确的人生观、世界观、历史观和价值观。编写统编三科教材的战略目的就是为了国家的长治久安，为了实现中华民族伟大复兴的中国梦"。[42]具体讲，就是历史教科书编写要坚持"以马克思主义为指导，通过中外历史上重要的事件、人物和现象，展现人类社会从古至今、从分散到整体、从低级到高级的发展历程，使学生进一步了解和认识人类历史演变的基本脉络、发展趋势及丰富多样的历史文化遗产"为基本宗旨。[43]统编版义务教育历史教科书和普通高中教科书《中外历史纲要》等均是这种编写要求的具体体现。

**（二）突出学术性**

统编历史教科书的重要特点是其学术性的编写追求，"与其他学术著作相比，历史教科书的学术性主要有三方面要求：一是历史事实的准确性，二是历史观点的正确性，三是历史解释的科学性"。[44]这三个特点在统编版义务教育历史教科书和《中外历史纲要》内容中有充分体现。整体上讲，"教科书按照历史学科特有的时空特点，展示的是距今5000—6000年之久的世界历史的发展，呈现出人类是何以从原始状态成长到今天的高度，因此教学需要抓住在大的时空条件下世界历史发展的特点"。[45]

具体讲，统编版教科书通过"单元导语"概述本单元所涉及的主要历史内容和学习要求；每课标题下设"本课导语"，以情境导入方式，生动简洁地引出本课要讲的内容；在正文每目下设"学习聚焦"以总结提炼核心内容；针对正文难以展开，又有必要让学生知道的内容，设"历史纵横"加以叙述、补充和扩展；设"史料阅读"栏目提供与正文内容密切相关的历史资料，培养学生的史料实证素养；设"学思之窗"，结合阅读材料提供思考问题以启发学生思维；课后设"问题探究"和"学习拓展"两个栏目，重在拓展学生思考，提高学生的综合素养。由此可见，统编版历史教科书通过上述"学术性"的内容设计，作用于学生的素养提升。

### （三）走向专业性

赵亚夫在《中学历史教育学》中归纳出历史教科书的基本特征主要有四个方面："理论特征""方法特征""语言特征""使用特征"。[46]可以把这四个特征作为历史教科书的专业性特点。如果以此为考量标准，统编版初高中历史教科书在专业性上有了显著进步。

在"理论特征"上，统编版历史教科书有明确的指导思想；在"方法特征"上，通过各种栏目设置，突显教科书的"学本"特色；在"语言特征"上，教科书内容表述更加精炼和准确；在"使用特征"上，教科书的内容取舍考虑学生的"素养"目标和初高中内容的衔接，更具弹性。总之，统编版历史教科书在编写上趋向于"专业性"——历史教科书的专业特性，体现出要在以往缩编版"通史"式教科书的基础上，探索"专业性"历史教科书的编写追求。

# 结　论

从历史意识角度审视新中国历史教科书的发展历程可知，由最初以"政治意识"统领历史教科书编写，以"教材"为基本立意，到社会主义建设新时期以"政治意识"和"教育意识"并重，显现出"教材"的"学材"趋势，再到新时代以"素养意识"为追求，将"政治意识""教育意识""素养意识"相整合，体现出鲜明的"学材"追求。

历史教科书中历史意识的综合化、内容的学术化、价值取向上的"学材化"，反映出历史教科书作为一种特殊的社会普及性、教育规范性和历史专业性著作，越来越走向"历史教材学"的专业化发展趋势。从当今世界各国的历史教科书编写、使用和研究的总体上看，从学校教育视角和社会公共视野，多维度研究历史教科书，加强历史教科书研究的专业化，是新时代历史教育面临的挑战和机遇。

# 注　释

[1] 约恩·吕森：《历史思考的新途径》，綦甲福、来炯译，上海：上海人民出版社，2005 年，第 63、67 页。
[2] 陈新：《历史意识引导我们以过去定位现在》，《社会科学报》，2018 年 8 月 16 日，第 6 期。
[3] 约翰·托什：《史学导论——现代历史学的目标、方法和新方向》，吴英译，北京：北京大学出版社，2007 年，第 10 页。
[4] 雷蒙·阿隆：《历史意识的维度》，董子云译，上海：华东师范大学出版社，2017 年，第 85—86 页。
[5] Carla van Boxtel, "Historical Consciousness：A Learning and Teaching Perspective from the Netherlands," in *Contemplating Historical Consciousness-Notes from the Field*, eds. Anna Clark and Carla L. Peck(New York&Oxford: Berghahn Books, 2019), p.71.
[6] Na Li, "Chinese and Their Pasts：Exploring Historical Consciousness of Ordinary Chinese—Initial Findings from Chongqing," in *Contemplating Historical Consciousness-Notes from the Field*, eds. Anna Clark and Carla L. Peck(New York&Oxford: Berghahn Books, 2019), p.139.
[7] 石鸥：《教科书概论》，广州：广东教育出版社，2019 年，第 5、39 页。
[8] 迈克尔·斯坦福：《历史研究导论》，刘世安译，北京：世界图书出版公司，2012 年，第 49—50 页。
[9] 吴洪成，田谧，李晨等：《中国近现代教科书史论》，北京：知识产权出版社，2017 年，第 478 页。
[10] 马叙伦：《中央教育部马叙伦部长的讲话》，《人教社出版情况》，1951 年第 5 期，第 3 页。

[11] 中央教育科学研究所：《中华人民共和国教育大事记》，北京：教育科学出版社，1984 年，第 3—4 页。

[12] 石鸥，吴小鸥：《百年中国教科书图说 1949—2009》，长沙：湖南教育出版社，2009 年，第 3 页。

[13] 课程教材研究所编：《教材制度沿革篇》（上册），北京：人民教育出版社，2004 年，第 2 页。

[14] 课程教材研究所编：《新中国中小学教材建设史（1949—2000）·历史卷》，北京：人民教育出版社，2010 年，第 10 页。

[15]《中国人民政治协商会议共同纲领》，1949 年，第 41 条。

[16] 课程教材研究所编：《20 世纪中国中小学课程标准·教学大纲汇编·历史卷》，北京：人民教育出版社，1999 年，第 104、108 页。

[17] 课程教材研究所编：《20 世纪中国中小学课程标准·教学大纲汇编·历史卷》，北京：人民教育出版社，1999 年，第 135、136 页。

[18] 课程教材研究所编：《20 世纪中国中小学课程标准·教学大纲汇编·历史卷》，北京：人民教育出版社，1999 年，第 239 页。

[19] 邓小平：《关于科学和教育工作的几点意见 教育战线的拨乱反正问题》，《邓小平文选》（第二卷），人民出版社，1994 年，第 55、69 页。

[20] 石鸥，石玉：《论教科书的基本特征》，《教育研究》，2012 年第 4 期，第 92—97 页。

[21] 冯翔：《孔子“平反”记》，《国家历史》，2010 年第 2 期，第 20—23 页。

[22] 石鸥，吴小鸥：《简明中国教科书史》，北京：知识产权出版社，2015 年，第 248 页。

[23] 王清泉：《中学历史教材的沿革与改革对策研究》，云南师范大学硕士论文，2005 年。

[24] 梁励：《1978—1988 年中学历史教材修订综述》，《徐州师范学院学报》，1991 年第 1 期，第 138—142 页。

[25] 李伟科、李卿：《中小学历史教科书六十年建设之路》，《中华读书报》，2010 年 11 月 10 日，第 8 版。

[26] 梁励：《1978—1988 年中学历史教材修订综述》，《徐州师范学院学报》，1991 年第 1 期，第 138—142 页。

[27] 此表根据课程教材研究所编著的《新中国中小学教材建设史（历史卷）》，人民教育出版社 2010 年版改编而成。

[28] 课程教材研究所编：《新中国中小学教材建设史（历史卷）》，北京：人民教育出版社，2010 年。

[29] 王宏志：《历史教科书的改革和教学实践》，《历史教材的改革与实践》，人民教育出版社 2000 年版。

[30] 宁夏教育厅教研室：《对人教版九年义务教育〈中国历史〉第一册教材的评价》，《试教通讯·中国历史专号》1991 年第 29—30 期。

[31] 详细情况参见《编写历史教科书的新方向——新编九年义务教育人教版历史教材专家座谈会纪要》，《课程教材教法》，1992 年第 2 期。

[32] 课程教材研究所编：《江泽民总书记致信李铁映何东昌强调进行中国近代史现代史及国情教育》，《20 世纪中国中小学课程标准·教学大纲汇编·历史卷》，北京：人民教育出版社，2001 年。

[33] 赵亚夫：《历史教育理论建设的几个重大问题（5）：历史教科书还有改的必要吗》，《中学历史教学参考》，2006 年第 9 期，第 4—7 页。

[34] 课程教材研究所编：《新中国中小学教材建设史（历史卷）》，北京：人民教育出版社，2010 年，第 326 页。

[35] 课程教材研究所编：《新中国中小学教材建设史（历史卷）》，北京：人民教育出版社，2010 年，第 367 页。

[36] 课程教材研究所编:《新中国中小学教材建设史 (历史卷)》, 北京: 人民教育出版社 2010 年版, 第 484 页。

[37] 课程教材研究所编:《新中国中小学教材建设史 (历史卷)》, 北京: 人民教育出版社 2010 年版, 第 490 页。

[38] Arie Kizel, "The Presentation of Germany in Israeli History Textbooks between 1948 and 2014," *Journal of Educational Media, Memory, and Society*, Vol. 7, 2015; Nili Keren, "Teaching the Holocaust in Israel," *Internationale Schulbuchforschung*, Vol. 22, No. 1, 2000.

[39] *Jews, Christians, War and Peace in Egyptian School Textbooks*, compild, translated and edited by Arnon Groiss, New York: CMIP&AJC, 2004.

[40] 中华人民共和国教育部制定:《义务教育历史课程标准 (2011 年版)》, 北京: 北京师范大学出版社, 2012 年。

[41] 中华人民共和国教育部制定:《普通高中历史课程标准 (2017 年版 2020 年修订)》, 北京: 人民教育出版社, 2020 年。

[42] 张海鹏:《努力编好统编高中历史教材 为铸魂工程添砖加瓦》,《中小学教材教学》, 2020 年第 3 期, 第 1 页。

[43] 徐蓝:《历史核心素养统领下统编高中历史教科书的编写》,《课程·教材·教法》, 2019 年第 9 期, 第 33—39 页, 第 20 页。

[44] 徐赐成:《论历史教科书的学术性——以〈中外历史纲要〉教科书为例》,《天津师范大学学报 (基础教育版)》, 2019 年第 4 期, 第 1—7 页。

[45] 徐蓝:《让世界史教科书成为唯物史观教育的重要支点》,《课程·教材·教法》, 2020 年第 6 期, 第 9—15 页。

[46] 赵亚夫:《中学历史教育学》, 北京: 北京师范大学出版社, 2019 年, 第 152—154 页。

历史与媒体

# 从制造爆款到打造偶像
## ——浅议新媒体环境下传统历史剧的衰落原因及突破路径 *

滕　乐 **

**摘要：** 进入新世纪的二十年，互联网取代传统媒体成为信息传播的主流平台，使文化产业取得了井喷式发展。然而，在这二十年中，一度广受关注、备受好评的历史正剧却鲜有发展，甚至出现了逐渐退出电视剧市场的趋势。学界和业界通常认为，该现象的产生是制作方盲目追求短期效益，播出平台片面追求收视效果，或受众收视偏好低俗化的结果。事实上，历史正剧逐渐衰落的原因主要是在互联网的影响下，影视剧的传播模式出现了质变，电视剧产业出现了从以渠道、内容为核心 IP 转型为以传播者为核心 IP 的趋势。传统的历史正剧无论是内容还是传播模式，都无法符合新媒体，尤其是社交媒体传播的需求。本研究认为，历史的大众传播，需要符合社交媒体环境下"拟态人际传播"的特征。历史剧的生产要符合新媒体环境下，以传播者为核心 IP 的媒介消费诉求。历史剧成为核心 IP 最重要的内容衍生品，需要集宣传品、作品和产品的特质于一身，从而实现经济效益与社会效益双丰收的传播效果。

**关键词：** 历史剧；社交媒体；公众史学

## Abstract

TV dramas based on true historical events used to be well received within

---

\* 本文系中国政法大学校级研究生教学改革项目《马克思主义新闻观视野下的传播学前沿理论读书会研究》，编号：YJLX1932。

\*\* 滕乐：中国政法大学光明新闻传播学院助理教授，新闻学研究所副所长。

creative industry in Mainland China's cultural market. However, as internet popularized in the past two decades, historical TV dramas started to be unpopular gradually. Researchers mainly argued that the reason for such phenomenon was due to media corporations chasing for high audience ratings as well as the audiences pursuing for vulgar cultural products. This research would like to argue that the prominent reason for the decline in production of historical dramas were due to the transformation of the mainstream media in this era. As cyber space transform mass communication into pseudo inter-personal communication, TV dramas also turn to be a cultural by-product of popular intellectual properties. Therefore, the researcher would like to point out that production of historical TV dramas needs to fulfill the psychological needs for the fandom culture rather than merely story-telling, which will help the audiences to establish their social identity in the era of social media.

**Key words**

historical drama; social media; public history

21 世纪的第一个二十年，是中国文化产业发展进入井喷期的二十年。在这二十年中，凭借互联网技术的东风，文化产业全面实现市场化运作，逐步成长为我国国民经济的支柱产业之一。随着社会经济的发展，普通民众的民族自尊心和自信心不断增强，出现了"历史热""国学热""传统文化热"等民族文化全面复兴的现象。然而，一个令人百思不得其解的现象是，在历史文化热全面爆发，热度始终有增无减的近二十年里，在中国传媒产业内最为主流的电视产业内，曾经一度广受关注、备受好评的古装历史剧，却逐渐走向衰落。尤其随着互联网在大众传播领域的不断主流化，长视频播出平台从传统的电视台逐步转向百度、阿里、腾讯（BAT）旗下的爱奇艺、优酷、腾讯视频，传统的古装历史正剧不但没有在相对宽松的环境中获得发展，反而基本销声匿迹。这一现象，着实令人费解。

那么，古装历史正剧在互联网，尤其是社交媒体平台，占据大众传播主导地位的今天，为何会逐渐消失，这背后的技术原因是什么？产业逻辑出现了怎样的变化？更重要的是，在这样一种传媒产业出现质变的宏观环境中，历史知识的传播和公共史学的发展，是否仍然可以像传统媒体时代一样，能够与影视剧产业相结合？史学界、传媒产业界以及影视艺术工作者应当做出怎样的努力，促进古装历史剧这一优秀的本土文化品牌在新媒体时代继续发扬光大？以上是本文试图回答的问题。本研究认为，传统的历史剧在新媒体时代的衰落，主要是由于互联网技术的普及。新媒体成为主流媒体的时代，电视剧产业全产业链传播逻辑随之发生改变。在此基础上，影视剧的生产方式随之出现迭代。而历史剧由于自身的特殊性，难以适应这一技术迭代，随之走向衰落。历史剧在新媒体环境下的再度复兴，需要根据新媒体传播基本规律，对于自身内容做出调整。了解这一过程，首先需要系统性地回顾电视剧产业的变迁史，以及历史剧生产在其中的变化逻辑。

## 中国电视剧产业的三次转型与历史剧生产的几个关键节点

### （一）"中心化时代"：历史剧生产的黄金期

如果将 1958 年 6 月 15 日中国生产的第一部电视剧在当时的北京电视台——中央电视台的前身——的播出之日定义为中国电视剧的诞生之日，那么中国电视剧生产已经走过了六十多个年头。[1] 如果将 1981 年中央电视台播出 10 集电视连续剧《敌营十八年》确定为中国电视剧产业的肇始标志，那么，电视剧生产作为一个完整的产业链，在中国的传媒产业内，已经发展了近四十年。

学界将中国电视剧产业的发展历程大致划分为五个阶段，[2] 分别为：

初创时期的中国电视剧（1958 年—1966 年 5 月）；

"文化大革命"时期的中国电视剧（1966 年 5 月—1976 年）；

复苏时期的中国电视剧（1976 年 10 月—1981 年）；

发展时期的中国电视剧（1982 年—1989 年）；

走向成熟的中国电视剧（1990 年至今）。

如果仅仅按照电视剧生产的制播方式进行分类，则可以更加清晰地划分为三个阶段：

制播双方都为非市场化生产的"中心化时代"（1982 年—1989 年）；

制作方为市场化主体而播出方为事业单位的"去中心化时代"（1990 年—2014 年）；

制作方和播出方均为市场化主体的"再中心化时代"（2015 年至今）。

在 20 世纪 80 年代初，虽然当时的中国各行各业已经逐步进入了产业化的快行线，但是，由于电视剧生产属于传媒产业的重要一环，因此，当时的电视剧生产仍然在计划经济的体制下生产运行。20 世纪 80 年代，处在发展上升时期的电视剧行业，其运行模式主要通过展播、会展、联播、换播的方式进行。当时的电视剧生产，采用了"制播合一"的生产方式，该生产方式主要是通过行政命令来帮助全国的各大电视台，特别是中央电视台，这是当时解决片源危机的重要手段。在这一时期，由于央视占据了全国电视剧播出的制高点，对于各大地方台来说，自己生产的电视剧如果能在央视播出，本身就是一种莫大的荣誉。因此，各大地方台为了走向央视平台，往往不计成本、不求回报地制作精品电视剧。而央视也在这一时期，成为各个地方台展示才艺、交流成果的最重要播出平台。[3]

我们通常认为，只有市场化运作才能激发产业链内各个生产部门的活力。然而，在 20 世纪 80 年代，一个奇特的现象出现了：在计划经济体制的生产方式下，中国的电视剧产业内，反而诞生了一批迄今为止都无法逾越的经典。最具代表性的莫过于 1985 年版的《四世同堂》、1986 年版的《西游记》和 1987 年版的《红楼梦》。当时的历史剧生产，用"十年磨一剑"来形容并不夸张。例如，86 版《西游记》的导演杨洁曾经回忆，该剧从策划立项到最后播出，几经周折、多次搁置，最终播出面世时，已经过去了八年之久。[4] 又如，87 版《红楼梦》从开拍到播出，用了四年之久，其中单纯剧组演员专业培训，就用了整整三个月。[5] 这是什么概念？三个月大约等于当今很多长篇电视剧的全部拍摄周期，而且，其间经常会出现演员在全国各地不断串场，甚至一天之内要飞赴两地进行拍摄的情况。因此，计划经济时代经典大剧的制作方式，不论是从制作成本，还是从内容质量来看，都是当今这个快餐文化盛行的时代所无法想象的。然而，这种生产方式并不具备推广性，也必然不可长久。

### （二）"去中心化时代"：传统历史剧最后的黄金岁月

20 世纪 80 年代末，当时，一些西部地区的电视媒体，因为特殊的地理原因和自然条件，出现了用微波信号传输不能有效覆盖全省的问题。为了解决这一问题，从 1989 年起，国家将这些地区的一套节目全部改变为通过卫星传输方式实现全省覆盖，这就是我国 31 家省级卫视的前身。省级卫视的全面扩张带来了中国电视剧产业的第二次片源危机，此时，一些原从属于电视台的制作机构纷纷独立，诞生了第一批独立的电视剧制作公司。例如，著名的山东电影电视剧制作中心，即"山影"的前身，就诞生在当时。[6] 同时，由于当时已经开始推广电视剧生产领域内的"制播分离"，即制作方为独立的影视剧制作公司，而播出方为电视台的模式，已经开始在全国逐渐推开，因此，急需优质内容的电视台与刚刚获得了市场自由度的影视剧制作公司一拍即合，创造出了一批优质的内容产品。尤其是诞生于 90 年代中后期和世纪之交的一批历史剧，如 1998 年播出的《雍正王朝》、2003 年播出的《走向共和》等，就是那一历史时期的产物。

然而，对于历史正剧而言可谓"好景不长"，2004 年，随着电视剧播出平台"4+X"，即首批上星最多由 4 家省级卫视进行联播。这一播出模式在全国范围内推行之后，省级卫视开始逐步取代央视，成为中国电视剧的主流播出平台。以往以央视为靶向平台进行生产的历史正剧从此辉煌不再。2005 年，当年《雍正王朝》的主创团队制作了电视剧《汉武大帝》，并作为央视的开年大戏进行首播，但是，首播伊始该剧就进入了"全民挑错"的模式，虽然收视较好，但口碑呈现严重的两极分化。审片专家给出的很多修改意见，制作方在上线播出前仍旧没有修改，播出之后，很快遭遇全网群嘲。[7] 又如，2006 年在湖南卫视首播的《大明王朝1566》，该剧是由《走向共和》的制作团队原班人马打造，原本也是以央视为播出平台进行生产。但最终因题材与内容过于敏感，只能在湖南卫视首播。该剧播出之后，虽然不论是史学界、艺术评论界，还是普通受众都给予了一致好评，但是，终因收视率太低，而无法形成爆款，从此制作方转战主旋律题材。从 2004 年到 2014 年，在省级卫视全面主导电视剧产业的十年里，虽然各大制作方获得了计划经济时代前所未有的融资机会，但是，由于历史正剧已经基本不适应这一时代省级卫视的购剧需求，因此，曾经辉煌一时的历史正剧，逐渐步入了衰落期。

### （三）"再中心化时代"：历史正剧的全面消失

从 2004 年到 2014 年，随着省级卫视"4+X"播出模式的全面推行，电视台作为电视剧的核心播出平台迎来了它的黄金时代，然而，在这十年间，由于电视台对于影视剧中心工作人员的考核标准几乎全部以收视率为导向，因此，每当大剧播出时，几大播出平台必然由于各种不正当竞争而引起广电总局的关注。最终，在 2014 年，广电总局痛下决心，彻底结束了省级卫视"4+X"的播出模式，规定从 2015 年起，所有上星电视剧只能在两家电视台播出，每晚黄金时段最多播出两集，即"一剧两星"模式。2014 年，笔者在分析了电视剧产业既有规律后指出，"一剧两星"全面推行之后，电视台作为电视剧播出的主流平台将逐步让位给互联网。[8] 经过了六年的发展，实践证明，现在优质剧集的首选播出平台基本倾向于爱奇艺、优酷和腾讯视频，各大播出平台不但掌控了内容的收购权，而且，还在向前端制作方延伸，着力打造符合自己平台定位和受众需求的内容。而在过去的几年里，电视台则基本沦为优质剧集的二轮播出平台，一些二、三线省级卫视甚至因为无法购入优质剧集而基本放弃了黄金时间的剧集首播。近三年来，在广电总局的倡导下，中国电视频道已经开启了"精简精办"的模式，很多入不敷出的地面频道逐步"关停并转"，电视台作为优质内容的播出平台已经荣光不在。[9]

互联网平台取代电视台全面成为电视剧的输出平台之后，给电视剧产业内容生产带来的革命是巨大的。中国电影文学学会副会长汪海林曾经在一次访谈节目中笑谈道，"我还是很怀念煤老板做投资人的日子，他们特别好。……他根本就不干预我们的创作，因为很重要的一个原因是煤矿里面如果瞎干预会（出）人命的，他有一个安全生产的意识……最差的是互联网企业进来以后，他有很多他的想法，大数据啊、各种流量、大 IP 啊，越来越离谱。现在煤炭企业也不景气，我们特别呼唤他们再回来"。[10] 这番话语虽然带有一定程度的讽刺性，但是，汪海林实际上指出了一个非常重要的问题，那就是互联网企业全面进入电视剧产业的制作之后，彻底改变了传统的影视剧创作模式，使独立的影视剧创作沦为高概念大 IP 的内容产品，其目的是将原作小说的人气导流到网络播出平台，以刺激互联网播出平台的流量提升。这虽然可以增加平台的广告收益，但根本上，不过是为了提高平台母公司在资本市场上的表现，母公司再反向输血给视频网站。因此，我们可以见到的一个奇特的现象是，虽然电视台已经不再是电视剧的主流播出平台，但是，省级卫视基本上仍然是盈利的；而视频网站虽然已经取代电视台成为优质剧集的出口，但是，基本是不盈利的，需要依靠母公司反向输血而生存。例如，阿里大文娱的负责人樊路远在接受《财经天下周刊》采访时就曾经表示，他要做的是"通过文娱产业放大阿里商业体系的影响力，让后者得到提升，以及获得更多的品牌影响力"。这实际上等于承认阿里大文娱并没有实现盈利，只是阿里商业帝国中一个昂贵的广告部门。[11] 由于传统历史正剧的原创性较高，一般不依赖于网络小说作为蓝本，互联网企业全面渗入影视剧产业之后，传统历史剧在这一时代逐渐销声匿迹。

## 互联网时代电视剧生产的基本逻辑和传统历史剧的局限性

作为 20 世纪最伟大的科技发明之一，互联网对于传媒产业的影响无疑是巨大的。喻国明将互联网称为一种"高维媒介"，认为它对于传统的传媒产业进行了一种"降维打击"。[12] 这增加的一个维度，就是传统媒体时代被认为具有被动性的"受众"群体。从传播学的角度看，互联网对于传统上一直处于"被动"地位的受众进行了最大化的媒介赋权。被动的受众转型为主动跨越媒体平台寻找与偶像有关的视频、音频和文本的粉丝。[13] 而在"粉丝文化"在互联网平台占据主导地位的今天，能够跨越不同媒介形态，为广大粉丝所追慕，并且核心内容具备多平台售卖可能性的内容产品，则成为受到制作方、平台和受众一致欢迎的核心 IP，成为社交媒体时代最为强势的内容产品。[14]

与传统媒体时代以电视台为核心进行内容播出不同，新媒体时代，以互联网为核心内容分发平台的播出模式，对于电视剧的策划、生产、售卖、播出都提出了全新的要求。"网感"或曰"内容产品的互联网思维"是播出平台对每一个内容生产者提出的基本要求。对于电视剧生产而言，"网感"的要求主要表现在是否有能力吸引"主动受众"，即"粉丝"群体，进行跨越媒体平台的主动消费。对于历史剧而言，一个不得不面对的尴尬局面是，历史题材，尤其是古装历史正剧，恰恰在创作过程中，基本不符合 IP 项目影视剧转化的操作要求。究其原因，首先要从历史剧本身的制作特点与新媒体平台运营逻辑的冲突说起。仅从传媒产业的角度来看，有以下三个原因。

第一，IP 项目要求核心故事情节、原著主要人物以及基本人物关系，具备作为独立知识产权主体进行售卖的可能。而基于真实历史进行改编的故事，在以上三方面皆不具备售卖的前提。例如，2018 年金庸先生曾起诉网络同人小说作家江南，因其作品《此间的少年》在未经许可的情况下，使用自己四部作品中共六十五个人物进行创作，并最终胜诉，法院判决被告应赔偿 188 万元。但是，我们熟知的著名历史剧《雍正王朝》的原著小说《雍正皇帝》也对中国社会产生了巨大影响，尤其是在此之后出现的一大批以雍正皇帝为主人公的影视剧，都或多或少地借鉴了原著中的故事情节或人物关系框架。但是，并未听说《雍正皇帝》原著作者二月河向任何作者或机构索赔的消息。究其原因，还在于金庸小说的人物是金庸先生自己创作的虚构人物，其著作权就属于金庸本人；而二月河的历史小说不论对于历史本身做出了什么样的精彩解读，他都不可能将历史人物据为己有。因此，根据真实历史事件或历史人物创作的历史剧，其核心 IP 很难进行跨媒体售卖，而原创内容却极易被剽窃。

第二，根据真实历史事件和历史人物改编的故事，难以符合互联网时代网剧的创作要求。传统媒体时代对于电视剧创作的主要需求是"单元剧"的创作模式，典型的剧目如邹静之先生早期创作的《康熙微服私访记》《铁齿铜牙纪晓岚》系列。该类型剧目的主要特征，就是固定的人物关系组合，如这两部剧中知名的"铁三角"，即乾隆、纪晓岚、和珅，由固定的人物组合演绎多种多样的故事情节。实际上编剧在创作过程中只知道自己到底写了几个故事，而不一定清楚这些故事究竟会被拍摄成多少集，或播出时被电视台剪辑成多少集。如果说这样一种人物关系勉强可以应用于历史题材的创作，那么，到了互联网时代，新媒体平台要求的"单元剧"创作模式则很难适应历史正剧的创作。单元剧要求整个剧集每一集只讲一个故事，起承转合必须在本集内完成。而且，由于播出平台对于剧集的售卖需求，平台希望剧集越长越好。即便近年来在广电总局的要求之下，制作方必须将剧集尽量压缩至 30 集之内，但是，我们也很难想象，在某一个真实存在的历史人物，尤其是古代历史人物身上，要找出三十个以上完全不同的故事，并将这些故事无缝联结成一部逻辑完整的电视剧。因此，新媒体平台对于历史剧，尤其是历史正剧的创作，所提出的要求，无疑近乎不可能完成的任务。

第三，从受众观剧的消费心理来看，在新媒体时代，历史剧，尤其是历史正剧，其可替代产品过多。正剧的魅力虽然风骨犹存，历史知识的价值已经风光不再。传播学"使用与满足"理论认为，受众进行剧集消费时，主要希望满足三个心理诉求：情感的宣泄，愿望的想象，以及获取知识。在媒介内容产品纷繁复杂的时代，情感的宣泄和愿望的想象，完全可以通过收看诸如宫斗剧、甜宠剧等商业化程度更高、历史元素更少的内容来满足。而获取知识则可以通过其他的大众媒体渠道。21世纪以来，以《百家讲坛》为代表的电视讲坛类节目，以磨铁文化出品的《明朝那些事儿》《历史是个什么玩意儿》为代表的通俗说史类读物，以及以喜马拉雅和得到为代表的历史类知识付费内容产品等，已经很好地满足了受众通过大众媒体获取历史知识的需求。而历史剧在历史知识的传播效果上，则远远逊色于这三类文化产品，因此，受众通过历史剧消费满足特定心理需求的可能性变小。

## 社交媒体时代的影视剧创作的特点与传统历史剧存在的问题

### （一）IP剧对于主人公的要求使创作者无法从正史之中选择主人公

如果说历史剧与新媒体产业逻辑的矛盾尚可通过内容产品的生产、售卖和营销方式进行调整，那么，纯粹从内容生产的角度而言，历史，作为一种非虚构素材，与IP剧作为一种虚构类艺术创作之间的矛盾，也更加难以调和。首先，历史剧，尤其是古装历史正剧，往往基于真实的历史记录，从正史中确实存在的人物中挑选剧目的主人公或对立体，而多数真实的历史人物其性格特征却未必适合IP项目对于主人公或对立体的要求。当然，这里所说的"真实性"特指基于传统史学的历史著作进行取材，确切地说，其取材对象并非真正的"史料"，而是根据"史料"写成的"史书"。[15] 不同于传统的影视剧生产，可以跨越多种媒体形式存在的 IP 项目，对于主人公的性格特征，有着比较特殊的要求。多年以来，在整个文化产业中，对于 IP 项目操作最为专业的其实并非影视剧产业，而是游戏产业，尤其是角色扮演游戏（Role Playing Game，简称"RPG"）。著名游戏设计师佐佐木智广曾经指出，游戏 IP 中的主人公最显著的性格特征，要符合"低门槛原则"，就是不能有太过强烈的个性，因为这会阻碍玩家在游玩过程中的代入感，这种设计可以达到减少玩家认知负担的传播效果。如著名的角色扮演游戏《仙剑奇侠传》，其主人公李逍遥一出场仅仅是一个心怀江湖梦想，但没有什么强烈个性和人生追求，单纯善良、随遇而安的人，在闯荡江湖不断迎接挑战的过程中，最终成长为一代大侠。而这样的主人公不但最符合用户的自我代入需求，最终结局也符合用户心理期待。事实上，《仙剑奇侠传》也确实成为游戏影视化改编最为成功的案例之一。同时，游戏 IP 要求故事中的对立体必须完全邪恶，没有任何值得同情之处，对立体身上也不应当有人性的闪光点，以避免用户在游戏进程中产生负罪感。[16] 游戏产业 IP 运作的经验几乎可以被视为文化产业内 IP 转化最为成功的领域，多数原创故事 IP 改编也都遵循游戏领域的经验。

　　然而，这样一种人物设定的原则却很难用来选择历史剧的主人公。在以二十四史为代表的传统史学体系中，史家选取传主的一般标准是需要选择对于历史进程有重大推动作用，对于社会发展有重要影响，抑或是在某一领域有突出贡献的人。例如，司马迁在解释《史记》七十列传中传主的选取标准时就说到"扶义俶傥，不令己失时，立功名于天下"是他的传主选择标准，[17] 他认为"古者富贵而名磨灭，不可胜记，唯俶傥非常之人称焉"。[18] 然而，这样一类个性突出的人，却未必符合 IP 项目的选择标准。事实上，我们也很难想象，一个没有个性、没有特点，基本没有什么太大人生追求的人，可以成为正史记录中的传主，虽然这类平凡的人才是整个人类文明进程中的主流群体，但是，这些沉默的大多数不可能在历史记录中留下自己的姓名，或在传统史学中拥有属于自己的一席之地。

**（二）IP 剧的大众传播原则使创作者很难从正史之中选择对立体**

　　如果说正史记录中的历史人物不适合做 IP 项目的主人公，那么，多数有据可查的历史人物也都不适合做 IP 项目中的对立体。这是因为，作为一种标准的大众传播，影视剧的受众必须尽可能地覆盖到全体受众。我国的传媒产业本质上是一个"具备产业功能的宣传系统"，也就是说"宣传系统"是其本质，而"产业功能"是其附属。[19] 这就要求影视剧作为一种传媒产品，在实现产业功能之前必须符合宣传功能。因此，历史作为一种"非虚构"类型的叙事，不能伤害、丑化、贬低，甚至有意妖魔化真实社会中确实存在的任何一个群体。从这个角度来看，传统史学中作为负面典型被写入史书的历史人物未必适合作为大众传媒内容产品的对立体。例如，传统史学是基于中原文明的视角对于草原民族进行描述，但是，现代中国作为一个有五十六个民族的统一的多民族国家，不适合以任何一个少数民族作为故事的对立体。同时，作为一个全球化时代正在崛起的大国，也不适宜将西方人作为故事的对立体。又如，传统史学中，对女性统治者一般作为争议性人物或负面人物进行处理，甚至会出现从《旧唐书》《新唐书》到《资治通鉴》的历史记录体系中，有意层累地制造历史，妖魔化武则天的现象。[20] 由于影视剧的受众群体中，大多数是女性受众，因此，任何一种形式的性别歧视都必须避免。再如，开拓进取型的帝王不适宜被选为主人公，因为根据广电总局的审片规定，影视剧不得宣扬中国历史上封建王朝对外的武力征服；同时，保守内敛型的帝王也不适合选择为对立体，因为这会有悖于至今都被视为正面典型的"仁政"模式。总之，任何一个历史上真实存在的群体都不适宜被选取为故事的对立体，因为这会引起现实社会中主管部门的担忧和广大受众的反感。

事实上，从影视剧行业已有的成功经验来看，成功的非虚构叙事，尤其是主旋律影视剧，几乎都没有将某一个实际存在于现实生活中的个体或群体选择为对立体的，甚至，即便是虚构类叙事，也没有将现实世界中的某个确实存在的对象选择为对立体的。比如，《湄公河行动》选择的对立体是跨境贩毒集团；《红海行动》选择的对立体是境外的恐怖分子；《流浪地球》选择的对立体是人工智能和木星。即便跨境贩毒集团和境外恐怖分子在现实社会中确实存在，但是一般受众也很难接触到这一群体。而人工智能和木星则绝不可能作为现实社会的对立体而存在。因此，一部影视作品覆盖的受众面越广，越不能将真实世界中确实存在的任何一个群体选择为对立体。而历史正剧恰恰只能选择真实世界中的人作为对立体，否则历史剧就成了虚构类作品。因此，历史剧的真实性与影视剧的虚构性在对立体选择上无法完全实现统一。

**（三）IP 剧对于人物关系搭建的要求不符合真实历史中确实存在的人物关系**

余秋雨曾经提出，纵观中外戏剧史，所有经典戏剧、戏曲和影视剧基本符合两大原则，"无结论的两难结构"和"半透明的双层结构"，即"伟大作品的隐秘结构"。[21] 所谓"无结论的两难结构"指推动故事情节前进的主要矛盾一旦解决，主人公将陷入比没解决之前更大的困境；而"半透明的双层结构"指作品的文本必须存在多向性解读的可能。在新媒体时代，笔者认为，多数经典 IP 剧基本符合用"无结论的两难结构"来建构主人公和对立体的关系，同时，用"半透明的双层结构"来建构主人公和盟友之间的关系，[22] 如图 10-1：

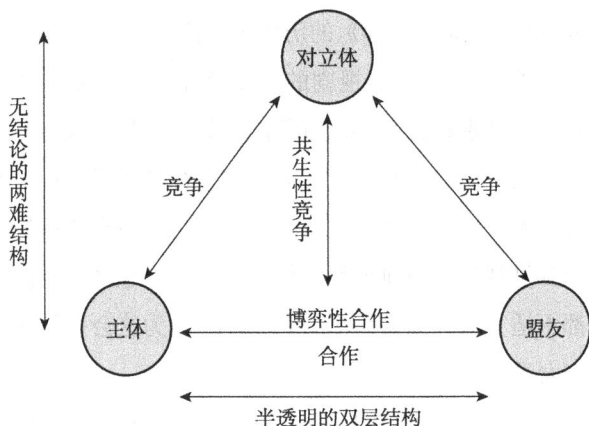

图 10-1　"伟大作品的隐秘结构"在影视剧人物关系搭建中的呈现 [23]

这种关系之所以在 IP 改编项目中容易获得成功，是因为它符合了人类大脑信息处理的基本结构，即"自我中心性"（ego-centric）的认知方式。也就是说，传播者并未真正表达清楚自己想表达的意思，但是误以为自己已经表达清楚了；或者，受众并未真正理解传播者想表达的内容，但是误认为自己已经理解了。一个内容的"自我中心性"程度越高，该内容有可能被受众消费的时间越长，在新媒体环境下，越有可能促进受众的跨媒体寻找行为，自然更适合做跨媒体 IP 改编。

　　然而，这样一种人物关系基本不可能在真实的历史中出现，因为，这样一种双层复合型结构所需要的基本要求是故事必须发生在一个较长的时间维度内。而在正史之中，很少存在某个人和另一个人终生都在博弈，但博弈成功之后一无所获，甚至将对立体消灭之后，自己的生存状况比存在对立体时更糟糕的现象；更不可能存在某个人终生都在与另一个人合作，但始终不知道此人跟自己合作的原因到底是什么，甚至不计成本地为某人付出以至于牺牲生命的现象。因此，IP 剧中经典的人物关系基本只存在于虚构类作品之中，很少在真实世界中出现，即便确实存在，这样一种人物关系也很难在正史记录中流传。

## 新媒体时代的历史剧创作与历史传播的社交媒体化转型

### （一）新媒体环境下历史剧创作的范式转型

　　在系统性总结电视剧产业模式变迁与历史剧生产的尴尬境遇之后，我们不禁发出一个疑问，那就是，新媒体时代，受众是否再也无法期待旧时经典的历史正剧再度出现在文化市场内？历史知识的大众传播是否很难与长视频的媒介形态相结合？历史知识与影视剧是否真的完全不兼容？笔者认为，答案是否定的。想要理解新媒体时代历史剧的迭代模式，需要我们对于传统媒体时代历史剧的经典进行再分析。

　　事实上，当我们系统性回顾前互联网时代的历史正剧生产时，我们会发现，即便在基于互联网平台的高概念大 IP 故事诞生之前，经典历史剧制作仍然是一种"IP 项目改编模式"，这样一种模式与新媒体时代的 IP 转化最重要的差别就是缺乏受众对于内容创作的参与，但是，成功的经典历史剧本身一般都有影视剧之外的文学底本。仍旧以电视剧《雍正王朝》和《走向共和》为例，可能很多人都知道，电视剧《雍正王朝》改编自著名作家二月河的经典历史小说《雍正皇帝》，但是，很少有人知道《走向共和》改编自著名记者张建伟的非虚构写作系列丛书"张建伟历史报告·晚清篇"即《温故戊戌年》《流放紫禁城》《最后的神话》《老中国之死》《世纪晚钟》。如果脱离了经典的 IP 文本，即便同一个主创团队，也无法做出质量有保证的内容。例如，《雍正王朝》的创作团队在制作《汉武大帝》时，直接注明编剧江奇涛根据何新的历史研究创作故事，[24] 而这样一个故事在基本人物关系搭建时触碰了广电总局的审片规定，违背了"不得宣扬中国历史上对外武力征服"的原则。而《走向共和》的创作团队在制作《大明王朝1566》时，过度与现实政治相结合，[25] 未曾考虑到电视剧作为商品的一般属性和宣传品的本质特征，这是其最终无法登上央视的根本原因。一言以蔽之，没有文学IP的加持，不论影视剧的主创团队有多么优秀，都很难制作出经典的现象级爆款历史剧。与其说文学IP是历史剧的故事底本，不如说它是影视剧商业化运作的工作蓝图，是项目投资安全的基本保障。

从这个意义上讲，基于原创IP改编的爆款作品，不过是新媒体平台对于项目工作蓝图传播效果的放大，而非无中生有的一种创新。事实上，新媒体平台对于历史剧的改造只不过是将历史剧中的"历史"与"剧"的两种核心元素进行了分拆而已。确切地说，"历史"的元素可以拆分为时间变量和空间变量，"剧"的元素可以拆分为故事情节和人物关系两个变量。笔者认为，如果将时空、故事和人物随机进行组合，大致可以将古装剧分为四大类，如表10-1：

表10-1　古装剧基本分类及传播效果

| 类型 | 人物关系 | 故事 | 时空 | 收视 | 口碑 | 案例 |
|------|---------|------|------|------|------|------|
| 传统历史剧 | 非典型 | 真实 | 真实 | 低收视 | 高口碑 | 《大明王朝1566》 |
| 非历史剧 | 典型 | 虚构 | 虚构 | 因剧而异 | 低口碑 | 《三生三世十里桃花》 |
| 古代传奇 | 典型 | 虚构 | 真实 | 高收视 | 因剧而异 | 《长安十二时辰》《后宫·甄嬛传》 |
| 历史剧特例 | 非典型 | 真实 | 虚构 | 高收视 | 高口碑 | 《琅琊榜》 |

从该分类中我们可以看出，新媒体时代，常见的"典型历史剧"实际上是将"历史"作为一种特定的符号将其与经典的人物关系和类型化故事相结合。例如，电视剧《甄嬛传》原作小说本身是个架空故事，在改编过程中主管部门要求主创将原创故事还原到某个真实的历史时空里，于是编剧将该故事放置到了清朝雍正年间，剧中主要人物使用了一些真实历史人物作为原型，最终成为我们看到的电视剧；电视剧《长安十二时辰》则是直接将虚构的故事和虚

构的人物关系放到唐代，该剧实际上是一个标准的悬疑类涉案剧，但是，故事被还原到真实的历史时空之后，在精良的制作之下，形成了富有历史感的网络爆款。电视剧《琅琊榜》的原作小说本身是一个具有同性向特征的架空故事，影视制作公司正午阳光购买 IP 之后，对于原作故事进行了大规模主流化改编。在保留该故事基本人物关系的基础上，制作方要求编剧必须在故事中加入属于女主角的一条主线，另外，将原著架空的时空还原到与魏晋南北朝时期相近的时代。该剧在人物关系设定上，致敬了经典作品《雍正王朝》，在故事原型定位上借鉴了汉武帝时期的"巫蛊之祸"，在历史时空中，有意弱化了故事的时空色彩，很好地把握了历史剧"虚实"之间微妙的平衡，取得了收视与口碑的双丰收。当然，正午阳光并没有长期延续《琅琊榜》的奇迹，如该公司在 2020年上线的 IP 改编作品《清平乐》，取材于著名网络小说《孤城闭》。但是，在影视剧改编的过程中，投资方为了让该剧尽量看起来像历史正剧，打破了原著小说中作者精心搭建的标准化人物关系，直接将原著中作为对立体的宋仁宗修改为故事的主角，从而导致电视剧基本人物关系坍塌，收视与口碑都不理想。

从以上案例我们可以看出，新媒体环境下的历史剧，是对于传统媒体时代经典历史剧的一种迭代。在网剧时代，历史剧被切分为了"历史"符号与"剧"元素的自由组合。其中，历史符号可以随意选择，只要制作方的资金投入足够到位，基本上可以还原出高度贴近某一特定时空的"历史感"。而"剧"元素则要严格地符合影视艺术，尤其是电视剧的创作规律，用经典的人物关系来结构原创故事。新媒体环境下历史剧的创作，实际上是相对自由的历史元素与绝对经典的人物关系，在特定的类型化故事的叙事逻辑中，所进行的自由组合。其中的人物关系牢不可破，历史时空可以自由选择，类型化故事则各有各的模板。

### （二）新媒体环境下历史知识的大众传播

当我们系统回顾新世纪以来的"历史热""国学热""传统文化热"时，我们会发现，非独历史剧，任何以历史为题材的内容产品，在互联网技术逐步发展的过程中，也出现了跟随播出平台一同进行内容迭代的趋势。大众传播效果研究中，由哈罗德·拉斯韦尔提出的 5W 模式 [26] 将传播过程中的几大核心要素总结为谁（who）、说了什么（says what）、通过什么渠道（by which channel）、对谁说（to whom）、取得了什么效果（with what effects）。

笔者曾经指出，在社交媒体时代，5W 模型所描述的经典线性结构出现了全新的演化：首先，传统上，处于内容决定者地位的传播者和处于被动接受地位的受众出现了权力的转化，出现了内容的互动性生产的趋势；第二，传统上互相依赖的特定内容和媒介技术逐步分离，出现了完全不依赖于任何特定媒介的内容，以及基本不生产任何原创内容的媒介；最后，前四个因素的互动作用与传播效果之间仅存在相关关系，但是，因果关系却无法精确测量。[27] 既然不可能通过精确控制前四个因素来决定第五个因素，因此，必须积极寻找能够跨越各种平台、为多数受众所欢迎、核心内容具有跨平台商业价值的项目进行运作。在 5W 模式中，由于受众和传播效果是很难被 IP 化的，因此可以被 IP 化进行跨媒体营销的对象基本局限于传播者、传播内容和传播渠道。而通过对于传媒场域经典的公共史学文化产品进行分析，我们会发现，21 世纪以来公共史学核心 IP 的嬗变基本可以分为三大阶段，即以渠道为核心 IP 的传统媒体阶段、以内容为核心 IP 的 Web2.0 时期、以传播者为核心 IP 的社交媒体时期。

1. 传统媒体时代以传播渠道作为核心 IP

以渠道为核心 IP 的传统媒体时期基本出现在 2008 年以前，在此之前，中国的主流媒体基本为传统媒体。据中国互联网络信息中心（CNNIC）的数据统计，在 2008 年，中国互联网用户已经达到 19%，根据"创新—扩散"理论，任何一项新技术，当使用的用户人群仅占 20% 时，就已经达到了该技术主流化的关键节点。在此之后，主流媒体进入了向新媒体，尤其是社交媒体转型的快行线。在这一时期，最具代表性的公众史学类文化产品莫过于中央电视台社教中心出品的《百家讲坛》栏目。早期的一些研究多认为该栏目打造的核心 IP 是被誉为"学术超男"或"学术超女"的主讲人，抑或是一些经典系列节目，如"易中天品三国""于丹解读《论语》《庄子》"等等，事实上，这是对于该节目的一种误解。《百家讲坛》的制片人心中十分清楚，该栏目的核心 IP 既不是主讲人，也不是内容，而是在传统媒体垄断注意力经济的时代，以央视平台的顶级社会公信力为内容产品进行背书的"CCTV《百家讲坛》"这一名称。[28]

也就是说，在传统媒体占据强势地位的时代，核心渠道才是 IP 项目真正的价值所在。

### 2. Web2.0 时代以传播内容为核心 IP

2008 年以后，新媒体迅速普及，而在此前后，民营出版集团"磨铁文化"推出了一系列通俗说史类经典作品，如当年明月的《明朝那些事儿》和袁腾飞的《历史是个什么玩意儿》系列图书。磨铁文化总裁沈浩波曾经对于当年策划这些经典作品进行过总结，他认为，当互联网上的用户突然自发地兴起了对于某一种话语体系的追慕时，很有可能一种即将大流行的特定文风已经出现。图书出版的策划人如果主动抓住这一趋势，相机而动，则有可能创造出引领时代风潮的经典。[29] 而该系列经典的出现，正得益于当时 Web1.0 向 Web2.0 转轨，互联网"微内容"崛起的趋势。追慕微内容者甚众，但是，能将该趋势策划为经典流行 IP 的出品方则寥寥无几，磨铁文化可谓抓住了时代先机。

### 3. 社交媒体时代以传播者为核心 IP

如果说传统媒体时代传播者占据内容创作的统治地位，Web 2.0 时代仅仅赋予了受众进行自由评论的权利，那么，社交媒体时代，则全面颠覆了传统的传播模式中传播者与受众的关系，形成了一种互动性生产的模式。在这样一个时代，整个传媒场域呈现出从"大教堂"到"大集市"的范式转型，[30] 内容产品的传播则由过去的大众传播模式转型为"拟态的人际传播"模式。在这一时期公共史学内容产品的大众化传播也出现了典型的社交媒体化特征。比如，著名作家马伯庸的知名 IP《显微镜下的大明》，就是这一时期的代表。该 IP 的历史叙事取材于一系列明代的经济史研究，故事讲述了晚明时期，围绕着徽州"人丁丝绢"案引发的一场自上而下的社会变局。该 IP 一改传统媒体时代文本先行的模式，首先，2016 年 12 月在著名知识付费平台得到 APP 上播出，并在罗振宇的微博上进行宣传；继而，在 2019 年 1 月由中南博集天卷出版纸质书，进行 IP 拓展延伸；2019 年 7 月由马伯庸的著名小说《长安十二时辰》改编的网剧在优酷上线后，《显微镜下的大明》IP 又引起关注，该 IP 改编的同名网剧《显微镜下的大明》于 2022 年 9 月在爱奇艺首发预告。从该 IP 的传播史可以发现，社交媒体时代，任何一个故事或文本已经不能单独构成一个核心 IP，不论是原创故事、知识付费类内容产品，还是基于原创故事的影视剧，本质上，都已经成为顶级流量作家个人形象的内容衍生品。不论是《长安十二时辰》，还是《显微镜下的大明》，抑或是近期大热的《两京十五日》，都是"马伯庸"这一核心 IP 的衍生品。"马伯庸"这一形象已经成为新媒体时代通俗说史的品牌，受众的公共史学消费已经转型为一种粉丝经济，大家对于内容产品消费的背后，是基于作者核心形象对于内容产品质量的背书。

### （三）从制造内容到打造偶像

从互联网时代核心 IP 的变迁可以发现，在新媒体时代，公众史学的传播，已经从传统媒体时代的大众传播模式，转型为"拟态的人际传播"模式。粉丝文化研究发现，新媒体占据主导地位的时代，受众与粉丝之间，建立了一种想象中的"家人"关系，这是大中华文化圈的粉丝群体独有的特性。[31] 历史的大众传播不再是一种知识的播撒，而是一种身份认同的建构。在此基础上，历史剧的策划、生产、消费，也转型为核心 IP 的跨媒体拓展运营。《陈情令》的制片人就曾坦言，任何一个项目在策划之初，都已经想到了后续的跨媒体开发，如网络社区、手游、人物形象衍生品等等。而在社交媒体时代，在公共史学的大众传播领域，一切文化产品的策划、创作和传播，都是围绕着知名作者作为核心 IP 的内容衍生品。那么，我们不禁要问，为何是历史，而不是其他类型的内容产品，在社交媒体时代凸显出了这一传播特性？事实上，这种特性与"历史"在中华文化内部作为"国家宗教"的特殊社会功能有关。

传统帝制中国很早就对皇权与神权进行了清晰划分，基本上在帝国制度建立初期，确切地说，在汉武帝时代，史官作为神职人员的社会功能就已经结束。[32] 而以二十四史为代表的正史记录和历史书写的体系，则一直作为一种隐性的"国家宗教"而继续存在，在社会上发挥着论证皇权合法性，评判精英阶层道德人格，以及为普通大众赋予身份认同的功能。[33] 普林斯顿大学东亚系系主任柯马丁（Martin Kern）教授曾经指出，在《史记》的撰述过程中，虽然《史记》所记录的史实以"实录"著称，但是，"太史公"实际上是一个虚构人物。这一人物形象是一个英雄圣人式的角色，某种意义上，司马迁通过《史记》的书写，也"创造"了自己。也就是说，司马迁既是自己文本的来源，也是自己文本的结果，后世读者通过阅读《史记》得以认知到司马迁这个人的存在，而他在自己文本中的存在则反过来印证了他是一个曾经真实存在的人，《史记》则是他曾经在现实世界中存在过的唯一遗留下来的证明。[34] 无独有偶，学者阮芝生也认为，《史记》的原名并非如大众通常所接受的《太史公书》，其正确的名称表述应当是"《太史公》书"，也就是说，《史记》的原名就叫《太史公》。[35] 从这个意义上讲，作为帝制中国时代国家宗教的传统史学，从起点上就绑定了一种独特的话语体系，即以人际传播为核心的大众传播，或者，可以定义为"大众传播嵌套下的人际传播"。史书的作者，即历史的传播者，就是绑定于历史叙事的核心 IP，社交媒体环境下，公共史学的核心 IP 从渠道、内容向传播者的转型，实际上，并非一种创新，只不过是对于中国传统史学特定传播方式的一种回归。不论是影视剧、小说、纪录片，抑或是今后可能出现的任何一种形式的载体，本质上，就是传播者这一核心 IP 形象的内容衍生品。受众对于内容的消费，是新媒体环境下"粉丝文化"的一种表现，是粉丝群体确认自己与偶像之间心理联结的一种实际行动。

## 结　语

新媒体传播的全面普及给文化产业的各个方面都带来了深刻的影响，历史剧作为电视剧产业最重要的内容产品之一，在互联网时代也需要依据平台特征进行相应的社交化转型。在社交媒体时代，以 IP 剧为核心的网剧是影视剧制作的主流，历史剧的制作也需要满足 IP 剧的基本特征。这就要求创作者在历史剧的制作过程中，将稳定的人物关系、有特定原型的历史叙事，放置在最符合原著故事的特定时空中结构叙事。其中，"历史"只是附加于故事的特定符号，而类型化的叙事逻辑与经典的人物关系搭建，才是历史剧的核心。像所有的爆款影视剧一样，社交媒体时代的历史剧一般都是某一核心 IP 的影视剧衍生品。而这一核心 IP 既非传统媒体时代的渠道，亦非 Web2.0 时代的故事，而是最符合社交媒体传播特征的作者。也就是说，在社交媒体时代，受众的历史剧消费，本质上，就是新媒体环境下的追星行为。历史剧的收视，是受众通过影视剧消费，实现自我确认的一种途径。从制造内容到打造偶像，是社交媒体时代历史知识大众化传播的本质特征。

# 注 释

[1] 郭镇之：《中国电视史》，北京：文化艺术出版社，1997 年，第 17 页。

[2] 仲呈祥、陈友军：《中国电视剧历史教程》，北京：中国传媒大学出版社，2020 年，第 2 页。

[3] 吴素玲：《中国电视剧发展史纲》，北京：北京广播学院出版社，1997 年，第 200 页。

[4] 杨洁：《杨洁自述：我的九九八十一难》，北京：中国人民大学出版社，2014 年，第 215—326 页。

[5] 欧阳奋强：《1987：我们的红楼梦》，北京：中国轻工业出版社，2017 年，第 289—301 页。

[6] 徐宏：《电视剧如何走向市场》，徐宏等编：《中国第一代电视制片人》，北京：中国文学出版社，1995 年，第 17 页。

[7]《汉武大帝》摄制组编选：《广电总局审片处邀请历史专家对〈汉武大帝〉发表审片意见》，《汉武大帝——电视史诗〈汉武大帝〉争论篇》，第 18—23 页。

[8] 滕乐：《"一剧两星"推动内容自制》，《出版人》，2014 年第 5 期。

[9] 张国涛、李轩：《精简精办：中国电视频道高质量发展的现实抉择》，《现代传播》，2020 年第 7 期。

[10]《编剧汪海林：怀念煤老板做我们投资人的日子，他们从不干预创作》，2018 年 7 月 10 日，https://www.huxiu.com/article/251825.html?f=member_article（2020 年 10 月 3 日登录）。

[11] 滕乐：《从传媒经济学视角看收视率造假现象》，《青年记者》，2020 年第 13 期。

[12] 喻国明：《互联网是一种高维媒介》，《新闻与写作》，2015 年第 2 期。

[13] 张嫱：《迷研究理论初探》，《国际新闻界》，2007 年第 5 期。

[14] 刘琛：《IP 热背景下版权价值全媒体开发策略》，《中国出版》，2015 年第 18 期。

[15] 李开元：《秦谜：重新发现秦始皇》，上海：上海人民出版社，2020 年，400—401 页。

[16] 佐佐木智广：《游戏剧本怎么写》，支鹏浩译，北京：人民邮电出版社，2018 年，第 58—61 页。

[17] 司马迁：《史记》卷 130《太史公自序》，北京：中华书局，2014 年标点本，第 4027 页。

[18] 班固撰，王先谦补注：《汉书补注》卷 62《司马迁传》，上海：上海古籍出版社，2008 年，第 4369 页。

[19] 张辉锋：《传媒经济学：理论、历史与实务》，北京：人民日报出版社，2015 年，第 35—39 页。

[20] 孟宪实：《传统史学、新史学和公共史学的"三国鼎立"——以武则天研究为例》，《中国图书评论》，2008 年第 12 期。

[21] 余秋雨：《艺术创造学》，合肥：安徽文艺出版社，2014 年，第 3—31 页。

[22] 滕乐：《去中心化结构中的再中心化重构——媒介融合背景下的 IP 项目研究》，《编辑之友》，2019 年第 4 期。

[23] 滕乐：《去中心化结构中的再中心化重构——媒介融合背景下的 IP 项目研究》，《编辑之友》，2019 年第 4 期。

[24] 江奇涛编剧：《〈汉武大帝〉对白剧本》，北京：中央编译出版社，2005 年，第 1—6 页。

[25] 刘和平：《大明王朝 1566》，广州：花城出版社，2016 年，第 1—2 页。

[26] 哈罗德·拉斯韦尔：《社会传播的结构与功能》，何道宽译，北京：中国传媒大学出版社，2013 年。

[27] 滕乐：《去中心化结构中的再中心化重构——媒介融合背景下的 IP 项目研究》，《编辑之友》，2019 年第 4 期。

[28] 万卫：《〈百家讲坛〉的品牌形象建设》，《电视研究》，2010 年第 3 期。

[29] 杨帆：《沈浩波出品记》，《出版人》，2016 年第 11 期。

[30] 谭天：《大众传播的终结与数字传播的崛起——从大教堂到大集市的传播范式转变历程考察》，《现代传播》，2020 年第 7 期。

[31] 张嫱：《迷研究理论初探》，《国际新闻界》，2007 年第 5 期。

[32] 辛德勇：《生死秦始皇》，北京：中华书局，2019 年，第 93—106 页。

[33] 施展：《枢纽：3000 年的中国》，桂林：广西师范大学出版社，2018 年，第 2—6 页。

[34] The Notion of Authorship in the *Shiji*. In *Shiji xue yu shijie hanxue lunji xubian*（《史记学与世界汉学论集续编》）Essays in *Shiji* Studies and World Sinology, Second Series, ed. Martin Kern and Lee Chi-hsian（李纪祥），pp.23-61. Taipei: Tangshan chubanshe/Tonsan Publications, 2016.

[35] 阮芝生：《司马迁之心——〈报任少卿书〉析论》，《台湾大学历史学报》，2000 年第 26 期。

# 公众史学的书写与传播
## ——以短剧《切尔诺贝利》和纪实文学
## 《切尔诺贝利的悲鸣》的同题探讨为例

胡　辰*

**摘要：**公众历史是讲述者、书写者、史料和读者的多维对话，它承载着书写者的编码和观者解码两个进程。公众历史作品往往不以追求历史真相作为唯一目的，而是以观照现实、回应现实问题为出发点，并需要接受公众的评判。其书写和传播能反映社会群体的共同观念和历史认知，与更广阔的政治与社会相连接，这种具有多义性、模糊性和丰富意涵的文本也时常会受到真实性的质疑和基于意识形态的争论。新技术为历史书写引入新的叙述对象，也赋权公众更多参与到历史讨论之中。公众在其中并不是被动的接受者，而是主动的生产者。围绕着公众历史作品的历史沟通建构并强化了历史认识和集体记忆，弥补日益稀缺的公共生活，同时也需要公众史学家介入其中进行有益的引导。

**关键词：**公众史学；影视史学；口述历史；切尔诺贝利事件

**Abstract**

Public history is a multidimensional dialogue between the narrators, the writers, the readers and the historical materials, and it includes two processes: encoding by the writer and decoding by the viewer. The pursuit of historical truth isn't the only purpose for public history works; rather, public history is about the concern for reality and response to real problems. Public history needs to be judged by the public,

---

\* 胡辰：南京大学历史系硕士生。

and its writing and dissemination can reflect the common perceptions and historical cognition of social groups. Such texts with multiple meanings and rich connotations are also often encountered the questioning towards authenticity and ideology. New technology introduces new narrative objects into history writing and empowered the public to become more involved in historical discussions. The public is not the passive recipients, but the active producers. Historical communication around public historical works constructs and strengthens historical understanding and collective memory, compensating for the increasing scarcity of public life. In addition, public history also requires the intervention of public historians to guide the public better.

**Key words**

public history; historiophoty; oral history; Chernobyl

公众史学诞生于 20 世纪 70 年代的美国，美国学界将其定义为"一个帮助人们书写、创造、理解他们自己历史的行业"，"以公众为对象，为公众需求服务，由公众自己创造的历史研究实践"。[1] 它在传入中国后，学界已经对此有了诸多讨论。陈新等对公众史学的逻辑基础和学科框架进行了理论层面的梳理；[2] 多位学者分别就美国、德国和中国的公众史学发展模式以及学科建构展开比较研究；[3] 并就公众史学的分支领域，如口述历史、影视史学和城市公众历史等进行综合研究。[4] 公众史学在国内的发展方兴未艾，很多重要问题，比如研究模式、研究方法，甚至研究主体和研究对象等问题都还没有定论。

实际上，不管是历史资源为现世社会提供启示，还是公众书写自己的历史，在中国都有着悠久的传统。前者可以从中国的经史观念中看出，[5] 公众自己写史的做法则从传统社会民间流传的话本、小说，修家谱的传统，一直延续到近代以来的各种历史小说、影视作品，以及历史类公众号的科普文章和历史类短视频。近些年来公众历史的实践和各类作品的出现恰为研究提供了培养皿。

近年来，两部公众历史作品《切尔诺贝利》（*Chernobyl*）和《切尔诺贝利的悲鸣》（*Voices from Chernobyl*）引发关注，它们均围绕着切尔诺贝利事件展开。切尔诺贝利事件是 1986 年在苏联统治下乌克兰境内的切尔诺贝利发生的核电站核子反应堆事故，事故造成重大污染和损失——方圆 30 公里内的 11.5

万多民众被迫疏散，十五年内有 6 万—8 万人死亡，创建于 1970 年的普里皮亚季城因此被废弃。目前仍有 170 万俄罗斯居民遭受过核辐射影响。

借助这两部作品，1986 年的切尔诺贝利事件又重新回到人们视野当中，人们在两者究竟是历史还是文学虚构，作品内容多大程度上还原现场，以及俄国及东欧国家同美国看待此事件立场的不同等问题上各执一词。《切尔诺贝利》是 2019 年美国的 HBO 新闻网和英国联合拍摄的短剧，呈现了从切尔诺贝利核电站爆炸到其后两年时间内，科学家和官员的决策过程以及苏联为避免灾难的继续升级而付出的代价及努力，制作团队为尽可能还原真实的事件做了大量的工作。[6]《切尔诺贝利的悲鸣》（下文简称《悲鸣》）是白俄罗斯作家阿列克谢耶维奇写作的纪实文学作品，她采访了许多亲历过切尔诺贝利事件的人，并力图忠实记录他们的故事，不代入自己的评价。作者凭此书在 2015 年获得诺贝尔文学奖。以往对于《悲鸣》的研究或是基于本作品的文体——口述纪实文学，分析其采写特色，[7] 或是从文学的角度挖掘对灾难的历史表达、废墟意象或生态意义，[8] 并形成了较为丰富的认识，但大多仍是文学学者的讨论，历史学者介入较少。

这两部公众历史作品恰好对应与公众史学密切相关的两个分支——影视史学和口述史学。1988 年，美国历史学家海登·怀特（Hayden White）在《书写史学与影视史学》一文中提出了"影视史学"（Historiophoty），意为以视觉影像和影片的论述来传达历史以及我们对历史的见解。[9] 它的出现与卫星电视和网络等新技术的发展以及历史学自身流变过程中出现的"眼光向下"趋势有关，影视史学进一步丰富了史学的表现形式、扩展了史学研究对象，并更新了史学理念。而口述史学诞生于 20 世纪 30 年代的美国，如今已经成为一种普遍被接受的史学研究方法。公众史学诞生后，两者实现了联姻，口述史学被视为公众史学的一部分。[10]

公众历史作品以在公众中进行传播为目的，涉及多元的主体，面临着书写谁、面向谁、谁来书写等一系列问题。因此不同于学院历史研究中研究者占据绝对主导地位的特点，公众历史中的读者也对写作产生重要影响，读者和书写者承担着同样重要的角色。因此，我们对于公众历史作品的分析可以从文本、书写者、读者三个维度切入。首先是文本本身，既然其目的是在公众中进行流通，那么如何吸引他们，也就是形式，便显得格外重要。作品运用了哪些呈现方式？呈现方式的不同会怎样影响表达？现代技术在其中扮演着什么角色？其二是不同于学院的历史研究，在公众中传播甚广的公众史学作品多为非历史研究者写作，它们更少受到严肃史学的考证方式和研究范式的约束，也不会以追求历史真实为唯一目的，因此与历史研究尽力追求价值中立不同，公众史学作品的书写对象、描述方式往往会承载着作者的主观色彩，体现着书写者个人甚至整个社会群体的价值观。文本背后是什么？他们为何如此表达？其三是读者，公众历史作品的传播效果需要在他们之中得到检验，因此公众怎么想？他们在解码的过程中是否进行了误读？如此的误读又体现着什么样的社会生态和心理结构？本文尝试以《切尔诺贝利》和《悲鸣》两部公众历史作品为例，从文本与呈现、历史意识与观念表达、公众的解码、公众与文本的互动等维度就公众书写历史的实践展开思考和讨论。

## 公众历史作品的文本与影像语言——呈现什么

不同于学院历史研究以同行作为主要读者，公众历史作品需要在公众之中产生影响力，因此生动有吸引力的呈现方式必不可少。而电影便是一种重要的媒介，电影语言往往会给观众带来强烈的在场感与情感冲击，尤其在灾难、战争与苦难的叙事中，图像和声音会更能有效地传达场景与氛围。李娜认为，"在影视媒体中，形式和内容不可分割，其魅力在于不同元素和技术的合成，能颠覆观众原有的思索与冥想的空间"。[11]《切尔诺贝利》调动各种影视语言，在营造"历史感"上颇费功夫。从第一集的开头起，影片的配乐多次以机器的巨大轰鸣声呈现，在每一个生死攸关的节点上，这种令人压抑的、让人不适的却为身处现代社会的人们所熟悉的机器噪声反复出现，形成了累积、遍在、共鸣的效果。在事故发生之后，不知情的观众惊叹着远处爆炸产生的壮观景象，孩子们在沾满辐射物的尘土中嬉戏，灾难美学的镜头语言配合着所传达的实质内容，强化了对于灾难的塑造，也增强了隐喻的震撼力。过往公众对于历史的理解多为无声的，而声音技术为公众历史的呈现提供了新的感官体验，促使公众形成全方位的历史印象。笼罩整个城市的浓烟、病房昏暗的房间中闪烁着的刺眼的光芒、刺耳的噪声等音像因素带领观者回到历史现场，形式本身构成了历史信息的一部分，传达着很难为文本所再现的场景。

空间感是影像史学中另一个重要因素，空间的并列和共在冲击着观众对于特定历史现场的感知。《切尔诺贝利》有三条较为显性的线索，一为高层领导的决策场景，二为科学家、技术员在现场的勘测、评估和抢救，三为普通人在灾难之下的生活。三线并举同时展现和还原现场，紧张和平静不断切换。影像的呈现方式也有助于将具有强烈对比的情景在同一空间中呈现：中学生嬉戏打闹经过的道路上，一只受到辐射的乌鸦轰然坠地。影片通过调动观众的多种感官来促成其对历史的不同面向形成思考。

影像语言拥有丰富的表现手段，它带来的不仅仅是呈现形式的更新，它本身即为一种"讯息"，[12] 承载着制作者对于现代社会的理解。影片中持续不断的机器运转声给人以强烈压迫之感，暗示着现代工业体系中人的异化。影像语言也可以改变线性的时空叙事结构，彰显制作者的时空观。在《切尔诺贝利》中，时间是贯穿其中的核心线索，它在表现时间序列上的做法值得仔细推敲。影片标识出关键节点的时间，从第一集以小时计算，到后几集时间间隔逐渐加大，以天、周计，传达出了初期的紧迫性以及官员所做决定的影响之深远，两者形成了深刻的互文。

此外，历史影视更是为讲述历史注入新的叙述主体和元素，给还原历史以更丰富的可能。一方面，影视史学的出现受到了近代史学自下而上看历史的观念的影响，也推动这种历史观的进一步扩展。[13] 公众获得了新技术的赋权，取得了在历史书写中的主体性和合法性。同时，史学书写对象得以大大扩展，甚至超越了人类。传统的史学以人作为研究对象，但历史发展进程不仅仅是由人主导的，人类与周围的环境进行着复杂的互动，环境与其他生物既是人类行为的指向标，又制约着人的行为，人类活动必须依据周遭生态做出调整。正如在切尔诺贝利这场大的灾难事件中，动植物最先感知着核辐射带来的巨大危害，它们的大量死亡向人类传递着不易被人体感知的信息。但对于动物的记述在传统史学书写中几乎没有地位，它会造成人们理解历史的偏差。20世纪60年代发源于美国的环境史学为近代史学增添了新的流派和脉络，成为弥补这种缺失的一种尝试，而影视史学无疑是呈现环境史、思考人与自然关系以及人类命运的另一个有力的方式，电影语言赋予了人以外的其他生物相应的历史位置。

《切尔诺贝利》中出现大量受到感染的动物的镜头，这可以在减轻观众因过度接触受到辐射而面目全非的人类身体而产生的不适感的同时，表现编剧希望传达出的自然观——人类行为给整个自然系统造成了毁灭性的冲击，但人类的撤离只拯救了自己，却出卖了其他动物。试举一例说明，《切尔诺贝利》中年轻的士兵接到了枪杀动物的任务，因为它们是移动的辐射源。在此，影片提出了引人深思的问题，即灾难中的人类该如何与动物相处，人类的生存是否一定具有道德优先性，肆意地猎杀和灭绝动物来保护人类的生命和健康是否天然正义。钱永祥曾提出，动物保护是一个严肃的道德和政治问题。[14]因此动物的历史实际上也是人伦道德的历史，对他们的书写也更能展现历史的复杂面貌。

正如海登·怀特所说，选择以视觉影像传达历史事件、人物及某些过程的那一刻，也就决定了一套"词汇""文法""句法"。[15]艺术化的表达是影像史学的优势，但它对历史叙述真实性的影响也饱受争议。张广智先生认为，影视史学是虚构叙事，书写史学可称之为实录叙事。[16]那这是否意味着影像的表达会牺牲历史呈现的真实性？首先，影视是否能反映历史的真实性在于表达者对于真相的态度和追求，而不在于呈现方式。其次，虚构也不等于虚假，虚构的情节有时能帮助更好理解历史的复杂性。影片《切尔诺贝利》中唯一完全虚构的角色是对核泄漏事件解决起到重要作用的女科学家霍缪克，在编剧克雷格·麦辛（Craig Mazin）看来，她实际展现了许许多多在事件中做出英勇牺牲、担当责任的科学家，在影片中无法将所有人一一呈现，因此采取了这样集中且简化的方式。[17]了解历史，尤其是这种具有复杂面向、需要具备专业知识才能准确理解的历史，对普通公众来说具有门槛，那么与其放弃认知，不如像《切尔诺贝利》一样，在充分尊重史料的基础上，以可理解的方式向公众呈现，在艺术创作中将想象与历史结合起来。[18]周樑楷教授称其为"虚中实"，[19]"实"是逻辑上的真实合理，也可以说是影像的真实。

公众历史作品为理解历史提供了丰富的信息，在追问公众历史作品内容的同时，更要思索为何如此书写，探究这样表达背后体现出作者怎样的历史观，而此种诞生在特定社会文化认知背景之下的叙事是否又会加深群体内部的固有认知。

## 历史意识与观念表达——为何如此呈现

近代史学形成之初，史家追求历史学的客观性和科学化。而 20 世纪以来，历史学家逐渐形成共识，不再将历史本身看作一种客观事实，学者认为对历史的探求是一种"回忆过去"的理性活动，知识理性深受社会文化影响，历史背后承载着社会情景与个人感情。因此，融合了书写者主体意识的历史作品在表现内容和表现形式之外，书写者的历史意识也是重要的历史信息，或曰"史实"。这里的史实"不只是那些史料表面所陈述的人物与事件；更重要的是由史料文本的选择、描述与建构中，探索其背后所隐藏的社会与个人情境，特别是当时社会人群的认同与区分体系"。[20]

在阿列克谢耶维奇的著作和访谈中，"被遗忘的"一词高频出现，她担心某些被遗忘的过去彻底沉没，因此极力将其打捞。其代表作品《战争中没有女性》《锌皮娃娃兵》《死亡的召唤》《二手时间》都是以口述历史的形式书写边缘的小人物，在其中尤其关注女性和儿童，希望通过这种方式与主流的宏大叙事抗争。在提及为什么会写《锌皮娃娃兵》时，她说"为了表示抗议，抗议用男性的视角看待战争"。这种视角的选择与她早年坎坷与悲痛的生活经历有关，生活为她提供了书写的动力与素材，她认为没有记忆的人，只能产生恶。[21] 因此阿列克谢耶维奇试图忠实记录下这些小人物的经历，抛弃各种写作技巧，以语录的方式成文，并尽可能还原采访当时的场景，保留讲述者叙述过程中的状态，比如动作、表情、情绪等。而作者本人在苦难的记述中隐身，力图不代入自己的价值判断与立场。尽管如此，对记录对象和呈现方式的选择本身就清晰地透露出她的价值观。此外，阿列克谢耶维奇的一系列作品也是在解答作者自己所面对的困惑。她亲眼见证苏联体制的解体，她看到老一辈的人"不知所措地"看着眼前被叫作"自由"的老鼠们；[22] 年轻一代人在对当今自由体制失望之后，也开始回望过去。两代人都面对着大门口的陌生人。而她本人尽管自称为自由主义者，但仍然被"对故土的眷恋"和红色乌托邦的诱惑吸引。[23] 她的书写共同指向了一个更大的关切，即红色乌托邦的历史。因此，阿列克谢耶维奇不仅仅是在书写切尔诺贝利，她也是在进行着关于历史记忆、历史意识以及历史进程的叙事。

正是由于"被遗忘的"以及"红色乌托邦的追忆"这两个主题，阿列克谢耶维奇的历史观实际上是朝向当下的，她探究切尔诺贝利也是想读懂未来。而这种现实的视角也恰恰是公众史学作品的书写和传播何以能引起如此多人的反响和共鸣的原因，它寄托着一代人以及整个社会共同的困惑与焦虑，也在寻求着未来的答案。

作品呈现的视角反映出作者的历史观，而作品形式同样可以体现作者的历史意识。《悲鸣》是以口述历史的方式写作，它的作者有特殊性，不仅仅是阿列克谢耶维奇本人，更是她采访的无数亲历者。这是阿列克谢耶维奇有意选择的结果，她认为，"历史只关心事实，而情感被排除在外。人的情感是不会被纳入历史的。然而我是以一双人道主义的眼睛，而不是历史学家的眼睛看世界的"。[24] 口述的形式给了她还原情感的途径，但也使其面临争议，即是否带有太多的情感因素以致阻碍我们理性的历史认知。

情感是历史作品在公众中传播的一个重要因素，但是当过度的情感充斥在文本当中，历史真实性能否得到保证？事实上，真实性一直以来都是围绕着口述史的争议问题之一。情感作用之外，对真实性造成影响的因素还在于口述历史的核心在于记忆，而人的记忆有时是可以改变的。美国学者贺萧曾经做了大量的关于土改时期中国北方农村的口述史采访，她认为被访者由于年代久远难以避免出现记忆遗忘。[25] 那我们应如何对待这样的认知错误呢？这种可能不甚准确的记忆一方面可能使历史距离真实更遥远，但同时也有研究者认为，"记忆的不可靠性恰恰是其优势，记忆的主观性提供了历史经验的多重意义，不仅反映了过去与现在的关系，还反映了记忆与个人身份认同的关系，以及个人记忆与集体记忆的关系"。[26] 换言之，口述历史反映了历史的亲历者们如何组织记忆和回忆，而不只是人们记住了哪些历史，口述历史的特性为研究公众记忆提供了有效的途径。[27] 如果我们从对时代氛围的描摹和刻画，而非对于真实的表述来看待记忆的话，也许会发现情感描写的作用所在。

回到历史表达背后的意识结构这个主题上，如果比较阿列克谢耶维奇的《悲鸣》和影片《切尔诺贝利》的呈现对象，会发现两者几乎完全对立，这能充分反映出两者创作理念的不同。前者关注小人物的命运，让小人物发声，书写生存和反抗的历史。而影片以精英主义的视角，讲述了灾难发生时刻高层的领导人、科学家、政府官员的应对与博弈，在其中几乎没有为普罗大众留有足够的位置，他们的面孔、情感和话语在影片中消失。我们能在其表述结构中，窥视到美国影视当中一贯存在的个人主义、英雄主义等美国主流价值观的渗透。美国好莱坞英雄电影中常见的叙述方式，即几个满怀正义、对事件进展起到关键作用的主要人物以及不知情的普罗大众，被毫无违和感地纳入苏联的故事中。不管是第一集中展现的官员会议，还是官员谢尔比纳表现出的武断、粗暴以及后来的态度松动，都表现出了决策的任意性和独断性。在面对如此灾难性的事故时，决策是否会如此简单，官员又是否如剧中描述的那么无知，这些都有待商榷。尽管公众历史书写是个人行为，但它与整个时代和人群的思维和观念高度相关。因此我们在看待此种表达时，与其将它当作历史事实，不如说这实际反映出当下美国对社会主义体制的集体性历史认知方式。

## 公众历史作品的传播与解码——公众如何感知历史

特定的历史文本创作完成标志着编码的结束。与学院内的历史研究不同，公众史学作品需要置于公众讨论当中呈现出意义，因此在作品完成之时，文本的生命才刚刚开始，它需要经过公众的主动解码才可能被理解和认知。这个解码过程受到公众既有历史认知的限制，也会进一步塑造公众的历史意识。陈新提出，个人作为历史的认识者都是从作为受众开始的，其历史解释和论证的合法性依据是基于日常生活中的习惯、经验和记忆的经验主义教条。[28] 同时，受众也参与到文本的解读当中，他们代入自己的经验和认知进行着文本的再创作。[29] 因此，不同于学院派史学研究，公众史学的研究在分析书写者的历史观之外，也要考察受众的接受过程，即充满多义性、模糊性和丰富意涵的文本是如何为受众所认知的，当代人如何理解历史事件，当人们在讨论切尔诺贝利事件时到底在谈论一些什么。

一部西方国家拍摄的讲述苏联历史的影片在中国观众当中引起热议，这样实现了跨越不同文化以及政治经济语境的传播必然是因为它触及了一些人类所面对的普世性问题。尽管核泄漏事件极其偶然和特殊，但与之相关的人事、制度和环境的问题或许并没有随着事件的结束而消失，它仍然是在一个长时段内人类必须面对的达摩克利斯之剑。

　　观察各大网络平台的公共讨论后可以发现，两部作品引发的讨论主题至少包含以下几方面。一是个人与体制的关系，影片《切尔诺贝利》中科学家列加索夫与霍缪克在危机时刻勇敢站出，与低效的官僚体系进行对抗，尽管编剧对于苏联体制的想象可能并不真实，但这样的表述也潜在规定着公众的讨论方向。二是个体与集体的关系，科学家和官员在设备失灵时选择招募士兵人工处理核废弃物的情节其实涉及一个历史上已被争论颇多的哲学命题，即多数人是否拥有天然的道德优先性。从古希腊的思想家，到近代的霍布斯、洛克等自由主义者，再到密尔、边沁的功利主义，以及之后的社会主义者，一直到20世纪的罗尔斯和哈耶克等人关于个人和集体的争论，个体与公共善的抉择在这样一个具体的事件中被展现出来。三是关于技术和现代化的问题，机器与科学同人性和爱之间形成了鲜明的对比和冲突。近代以来的线性发展观和科学进步主义及乐观主义带来人们对技术的依赖与盲目自信，在爆炸发生之后，不管是官员还是技术人员都没有予以重视，很多人相信只是一个小火灾，与对技术的盲信同时而来的却是对科学家的不信任，而这一现象似乎大量充斥在现代社会中。

　　阿列克谢耶维奇曾在《悲鸣》一书中提到，"这一现实（指切尔诺贝利事件）不仅超越我们的知识，而且超越我们的想象。无所不在的人类档案中找不到开启这扇门的钥匙"。[30]三十年后，全球又一次遭遇了前所未有的灾难。2020年新冠病毒大规模传播之时，《切尔诺贝利》以及《悲鸣》又一次在互联网上引起讨论的热潮。那么为何公众会在这样的特殊背景下回溯切尔诺贝利事件，疫情与核泄漏又体现出哪些关于人类生存的共性问题？

　　人们就疫情讨论的话题和上述几个主题之间存在着巧妙的偶合。疫情期间，人们需要保持社交距离，减少与他人的接触，孤独与无助造成很多人心理的不安和紧张；严重的地区会面对医疗资源有限，病毒的传染性使患者无法得到家人的照顾等问题；而在新冠病毒全球传播之后，中国受到外国媒体和政客的诋毁、造谣和负面宣传。当既有的知识无法解释新问题，人们渴望回溯历史寻找应对的方案。切尔诺贝利事件似乎是对现实的隐喻，两者具有高度的相似性——都以隐性且迅速的方式传播，并触发了许多重大的问题。上述的问题，诸如患者如何与家人相处、个体与集体的关系、民族主义和世界主义的矛盾又一次摆在公众面前。或许一个更普世的问题在于人和自然的关系，正当更多的人相信可知论，相信人类全知全能之时，人类与环境的关系也在发生着改变。核问题以外，人与自然的斗争与共处仍在继续。在此意义上，切尔诺贝利事件在更长的时间段内也将会有重要的价值，我们如何看待历史决定着我们将拥有怎样的未来。公众史学实践的意义也正在于此，警醒生活在现代高速运转中的人们重新审视技术、人类与自然的关系。

由此可见，公众对于历史事件的讨论多是那些和他们具有切近性的话题，公众不会单纯在一个历史的维度上把握历史事件，追求纯粹的历史真相也不是其观看公共历史作品的主要目的。人们往往会联系作品与当下生活世界中面对的现象与问题，在理解中代入自身，以获得对现实的启示和解决之道。同时，公众也是积极的历史书写者，他们会主动搜寻历史信息以弥补作品的虚构之处和被遮蔽的灰色地带。在中国的社交媒体当中，观众们在不同的平台针对剧情以及历史事件展开了意见的交流，豆瓣和知乎上出现了"《切尔诺贝利》多大程度上还原了真实？"等话题。许多观众依托自己的专业知识和大量的史料考证，或从核技术的角度对爆炸发生原因进行科普，或依据包括口述磁带文稿在内的大量文献资料梳理了剧中主角列加索夫自爆炸到自杀两年内的经历，回到历史的时序当中挖掘往事。由于任何历史作品都不可能毫无缺漏地呈现完整的历史，任何史料都包含记录者、作史者的主观因素和主体意识的渗透，[31] 人对历史事件的认识也受限于人类本身认知能力水平的限制。而公众的历史表达补充了底层视角和日常视角，给还原事件更多的可能。

历史在特定的时空中发生，时间已经流逝，但空间仍然保留。公众在实践中通过各种方式进入到历史现场当中，人们重返被废弃的普里皮亚季城。2016年，切尔诺贝利核事故三十周年时，凤凰网推出特别策划专栏《重访切尔诺贝利》。在《切尔诺贝利》播出两个月后，切尔诺贝利成为一个热门的旅游景点。[32] 通过这种方式，人们在当下与历史发生对话，形成集体记忆，这很大程度上归功于公众历史作品。

## 公众历史作品的误读与争议——如何期待更好的公众历史

切尔诺贝利事件本身颇具争议性，与其相关的历史作品更是如此。不同于传统史学的文献与史家进行单向度互动的特点，口述历史是一种多重互动的过程，多重互动不仅意味着史家需要与文献、讲述者以及语境进行对话，还意味着它在生产、流通、消费的各个环节需要与公众进行对话。读者在阅读过程中进行意义的再生产，讲述者和记录者双方共同创造着具有多义性的文本。口述历史与公众史学的结合面临着多重挑战，讲述者所表述的能指和记录者理解的所指是否具有同一性？如果两者出现理解的偏差，那么这一偏差在传达给公众之后，是否会经历进一步的误读？

阿列克谢耶维奇的作品致力于忠实的记录，尽力不加入作者的私人评述和情感态度，但仍然会引起意义传达和接受的落差。由于其中曾经描写有些娃娃兵为了排遣恐惧，吸毒麻醉自己后疯狂杀人，也揭示了苏联部队的内幕，包括他们在阿富汗的行径，因此一些已经战亡的士兵们的母亲觉得受到侮辱而将阿列克谢耶维奇告上法庭。她们质疑阿列克谢耶维奇记录的准确性，一个失去孩子的苏联母亲说："我们不需要你的真实，我们有自己的真实。"[33] 而也因为有些情节反映了过往历史的不堪，至今在她的祖国白俄罗斯，其作品还是被禁止出版和阅读。从中可以看出，口述史的个人叙事可能会触犯既有论述，并带来情感的不适应。

公众是生活在具体的民族国家之中的，不可避免会受到民族国家的政治意识形态和特定的国际格局的影响。在《切尔诺贝利》这样一个跨文化公众史学传播的实践中，与事件相关的意识形态之争成为公众讨论中的一个焦点，认为切尔诺贝利事件发生的原因是苏联的体制问题和认为这是人类共同面对的核挑战的两方争执不下。有美国媒体称，"切尔诺贝利事件发生在一个意识不到真相的重要性的文化、政府和民族当中"。[34] 而俄罗斯媒体采取针锋相对的态度，《莫斯科时代》称，《切尔诺贝利》存在着大量的不准确，它没有显示最重要的部分——我们的胜利。[35] 此类意识形态之争在俄剧《切尔诺贝利·禁区——无人原样而归》和俄罗斯计划即将拍摄的关于切尔诺贝利的新剧中体现得更加明显。前者采用穿越的手法，让当代俄罗斯年轻人回到苏联时代并且成功阻止了切尔诺贝利的悲剧，当主人公回到现实世界，发现苏联依然存在并成为世界上最强大的国家，而美国则因为核泄漏事件而导致国家分裂。后者则讲述了俄方成功阻止了美国中情局特工在核电站搞破坏的故事。[36]

　　人们对于历史的解读常常有着误解和偏见。在当今后冷战时期西方保守主义与民族主义持续升温的背景下，意识形态的对抗可能在所难免，但是这样站队式的争论对观众形成健康的历史意识、从历史中获得深度思考有所伤害。尽管事实上，任何的历史作品，包括严肃的学术研究，都不可能完全还原真相。历史学家布莱德雷（Francis Herbert Bradley）在《批判历史学的前提假设》一书中提到任何人理解历史都是在其自身的认知框架之内进行理解，其中不免包含自身的经验和价值观。[37] 但公众历史的书写者仍然不应该放弃对真相的追求，并且要有意识地弱化自身的"理解前结构"对认知的影响。同时，公众也需要摒弃将历史作品作为意识形态攻击的工具，扁平化、单向度、政治性地进行评判只能加深人们对于历史的误解。对待公众历史作品，我们需要做的是以更加思辨的角度看待，摒弃刻板印象和偏见，倾听和包容多元的表达，并尽可能从不同角度呈现真实的历史。

## 结　语

　　行文至此，公众史学的价值已逐渐明晰。人类对历史的建构总是不断记忆和失忆的，中心与边缘的叙事模式在此过程中也不断加强，最终形成某种结构化情节。[38] 对于切尔诺贝利这样媒体和官方披露的信息相当有限的事件更是如此。可以预见，如果没有如《悲鸣》中边缘人群的讲述以及《切尔诺贝利》影片这样跨文化的叙事实践去弥补特定场域的权力关系之下的失语，几十年过去之后人们对于切尔诺贝利事件的记忆将只剩下一团数据和模糊的认知，缺失掉个人的具体叙事和鲜活的经历，一些史事将会被彻底掩盖。近些年公众历史的呈现形式不断翻新，被隐藏的历史事件在技术的赋权下重回人们的视野。切尔诺贝利原本只是一个地区和一群人的记忆，经由公众历史作品的形象化、直观性的个人化叙事而被更多人，尤其是没有经历过苏联时代的年轻一代知晓，并借由疫情这样的特殊事件，上升为人类共同的灾难记忆，人们得以从中共同反思人类生存所面临的重大挑战。这些作品帮助个人记忆上升到集体记忆，甚至是全人类的记忆。

　　曾经有史家认为屏幕上的历史无法容纳注脚和争论，观众只能被动地接受屏幕上所描绘的历史。[39]20 世纪的媒介环境学派认为，媒介技术会影响人的思考方式。在此种技术中心论的影响下出现一种观点，认为影视史学的线性化叙述会对人的批判性思考和复杂性思维打上折扣，与之相比，传统的书写史学能更多展示复杂性，有利于人们的深度思考。但当今新的媒体环境证明，不同于传统的史家以评注进行交流，新的历史作品呈现方式使得弹幕和讨论区的观众之间以及观众与文本之间的互动更加密切和及时，它所引起的讨论范围和广度甚至超过传统历史作品。因此媒介只是一种工具，媒介背后是人，影视史学并不必然导致人的情绪化表达，使人失去批判性思维，如何使用最终还是需要落实到个人的态度、理解意愿及理解能力。

公众往往并不满足于影视作品提供的信息，而是循着其中提供的线索，积极地探索和思考，并形成讨论。在此过程中，公众并不是被动且无为的，而是有着充分的能动性和创造力。美国历史学家罗伯特·凯利（Robert Kelley）曾认为，公众历史的两个核心议题是公众进程（public process）和公共空间（public space）。[40]在与《切尔诺贝利》相关的讨论中可以看到，公众深度参与到公共讨论的进程之中，自发主动地解读史料，并在特定的公共空间中追忆历史。公众并不是一个自外的他者，观众的再阐释也为公众历史作品注入了新的活力，他们本身就是生产者，在纵向的时间序列和横向的互动交往中积极地建构历史讨论的空间。

德国历史教育家西格佛里德·匡特（Siegfried Quandt）曾提出"历史沟通"（Historical Communication），他认为"历史沟通这个概念包括所有的活动和机构组织内，只要它们参与社会（或社会与社会之间）的沟通且有助于历史意识的产生，都属于这个范围"。[41]围绕着公众历史作品正逐渐形成此种沟通，人们围绕一个事件展开意见交换、对话和协商，其中发生的理性和非支配性的公共辩论有助于民众历史意识的形成，弥合在当代社交媒体环境下的意见分裂和社会撕裂，进而凝聚社会共识。而与历史事件有关的讨论也为公民参与公共生活提供了有益的实践方式，弥补日益稀缺的公共生活。但是，公共领域和理性的历史沟通并不会自然达成，社交媒体上对于影片的讨论仍包含有大量的对立和相互攻击的言论，"非权威的共识"[42]尚未达成。此外，公众史学作品中也包含着大量的谬误，《切尔诺贝利》编剧麦辛承认这部剧只呈现了部分的真相以及为了戏剧效果捏造的"真相"。

　　我们应该以怎样的态度看待公众历史作品呢？从创作者的角度来说，尽管允许作品虚构成分的存在，但不应放弃对真相的求索，并将引发公共空间中的讨论，让公众在其中培养批判的历史意识、养成历史情感、形成正确的历史观作为追求的目标。而对于公众，我们应该批判性地看待公众历史作品，正确的态度也许如麦辛所说，"我最不想对观众说的就是，'现在你看了这部剧，你就知道真相了'，不，你没有。你知道的只是一部分真相，而且有些东西是被戏剧化了的。"[43]——我们应该意识到其中的虚构成分，对其真实性保有警惕，并通过主动的探索和讨论对历史有所思考。此外更重要的是，需要专业的公众历史学者介入其中，回应大众关切的问题，自觉担当起引导公众的责任，在舆论场上形成良性的互动。公众史学作品书写者、公众、历史学者几方之间以公共历史作为互动的纽带，使更多人进入并且创造公共讨论的空间，在历史意识与历史记忆形成的同时更好地面对当下挑战。

## 注　释

[1] 陈仲丹：《公共历史的概念与学科定位》，《甘肃社会科学》，2014 年第 1 期。

[2] 参见陈新：《"公众史学"的理论基础与学科框架》，《学术月刊》，2012 年第 3 期；陈新：《从后现代主义史学到公众史学》，《史学理论研究》，2010 年第 1 期；钱茂伟：《公众史学的定义及学科框架》，《浙江学刊》，2014 年第 1 期；钱茂伟：《公众史学或公共史学辨》，《史学理论研究》，2014 年第 4 期。

[3] 有关德国公众史学发展的现有研究，参见孟钟捷：《从德国范式看公众史学争议的起因、进程与影响》，《江海学刊》，2014 年第 2 期；孟钟捷：《公共历史文化中的"克服历史"之争——近来德国公众史学研究中的一个热点问题》，《复旦学报（社会科学版）》，2015 年第 6 期；孟钟捷：《魏玛德国"历史传记之争"及其史学启示》，《历史研究》，2017 年第 3 期。有关美国公众史学进展的研究论文，参见李娜：《美国模式之公众史学在中国是否可行——中国公众史学的学科建构》，《江海学刊》，2014 年第 2 期。学者们也从不同角度探讨中国公众史学当下的学科建制和发展模式，参见李娜：《连接学生与历史实践——公众史学在中国的教育体系建构》，《学术研究》，2014 年第 8 期；王记录、张嘉欣：《公众史学在中国：发展路径与理论建构》，《河南师范大学学报（哲学社会科学版）》，2017 第 4 期。

[4] 公众历史的主体为公众，而既有的口述史研究和城市史研究也受到"眼光向下"的观念的影响，关注普通人的历史，因此它们之间自然产生诸多关联。参见李娜：《公众史学与口述历史：跨学科的对话》，《史林》，2015 年第 2 期；钱茂伟：《公众史学视野下的口述史性质及意义》，《学习与探索》，2016 年第 1 期；李娜：《集体记忆、公众历史与城市景观——多伦多市肯辛顿街区的世纪变迁》，上海：上海三联书店，2017 年；李娜、宋奕、彭文斌：《从公众史学解析城市景观

保护：具有文化敏感性之叙事方法》，《西南民族大学学报（人文社会科学版）》，2015 年第 1 期；梁元生：《城市史研究的三条进路——以上海、香港、新加坡为例》，《史林》，2007 年 2 期。新技术的发展带来新的公众史学书写模式，因此学者们也多对新技术下的公众史学进行研究。参见宋蓓伟：《视觉档案的再构：作为"公众史"的独立影像书写》，《国际新闻界》，2015 年第 9期；周兵：《历史学与新媒体：数字史学刍议》，《甘肃社会科学》，2013 年第 5 期。

[5] 陈仲丹：《公共历史的概念与学科定位》，《甘肃社会科学》，2014 年第 1 期。

[6] 制作团队翻阅了苏联科学家撰写的书籍、国际核能协会发布的报告、目击者的口述、建筑蓝图等，剧中的大部分主要人物都有史可循。剧组在立陶宛找到一个与切尔诺贝利同时期建造的核电站取景拍摄，演员中 90% 是东欧人，他们中的许多人都经历过苏联时代。

[7] 周菊琴、宋宁刚：《论阿列克谢耶维奇的纪实性采写特色——以〈切尔诺贝利的悲鸣〉为例》，《新闻知识》，2016 年第 9 期。

[8] 参见霍士富、胡莉蓉：《"核爆"悲剧的历史书写——S.A. 阿列克谢耶维奇〈切尔诺贝利的悲鸣〉与大江健三郎〈晚年样式集〉比较研究》，《湖南科技大学学报（社会科学版）》，2020 年第 1 期；郭小诗：《〈切尔诺贝利的悲鸣〉中的废墟意象》，《俄罗斯文艺》，2019 年第 3 期；王昊颖：《〈切尔诺贝利的悲鸣〉的生态解读》，《名作欣赏》，2020 年第 6 期。

[9] Hayden White, "Historiography and Historiophoty," *American Historical Review*, Vol.93, No.5(December 1988), pp.1193-1198. 转引自吴紫阳：《影视史学的思考》，《史学史研究》，2001年 4 月。

[10] 杨祥银：《美国公共历史学综述》，《国外社会科学》，2001 年第 1 期。

[11] 李娜：《历史与媒体：公众如何感知历史》，《学术研究》，2017 年第 8 期。

[12] 学者麦克卢汉曾经提出"媒介即讯息"的观点，参见马歇尔·麦克卢汉：《理解媒介：论人的延伸》，何道宽译，南京：译林出版社，2019 年，第 16—17 页。

[13] 张广智：《影视史学与书写史学之异同——三论影视史学》，《学习与探索》，2002 年第 1 期。

[14]《为什么说动物保护也是一个严肃的道德和政治问题？》，2018 年 11 月 20 日，https://www.sohu.com/a/272895513_439847，2021 年 2 月 1 日。

[15] Hayden White, "Historiography and Historiophoty," *American Historical Review*, Vol.93, No.5(December 1988), pp.1193-1198. 转引自吴紫阳：《影视史学的思考》，《史学史研究》，2001年 4 月。

[16] 张广智：《影视史学与书写史学之异同——三论影视史学》，《学习与探索》，2002 年第 1 期。

[17] Martin Lzzard, *HBO's Chernobyl: 5 Things That Are Accurate (& 5 Things That Aren't)* , Jun 11, 2019, https://screenrant.com/chernobyl-5-things-accurate-5-things-arent/, May 16, 2020.

[18] 张广智：《重现历史——再谈影视史学》，《学术研究》，2000 年 8 月。

[19] 周樑楷：《影视史学与历史思维》，《当代》，1995 年第 118 期，转引自张广智：《历史教育与现代影视》，《历史教学问题》，2003 年第 2 期，第 66—70 页。

[20] 王明珂：《历史事实、历史记忆与历史心性》，《历史研究》，2001 年第 5 期。

[21] 阿列克谢耶维奇的十一个亲戚在反法西斯的卫国战争中丧生，外公死在布达佩斯城下，祖母在游击队遭封锁时，由于饥饿和伤寒去世，有两家远亲同他们的孩子被法西斯烧死在窝棚里。姜妍：《诺奖得主阿列克西耶维奇："没有记忆的人，只能产生恶"》，《新京报书评周刊》，2015年 10 月 9 日，https://mp.weixin.qq.com/s/QyAHn1mPpRLFJfwSGYscTQ，2020 年 5 月 16 日。

[22] 阿列克谢耶维奇曾经引用画家伊利亚·卡巴科夫的说法，将苏联的集权体制和自由体制分别比作怪物和老鼠："以前所有人和一个巨大的怪物做斗争，这种斗争使得一个小人儿变大了。等我们战胜了这个怪物，四处回望，突然看到，现在我们需要和老鼠们生活在一起。在一个更加可怕，更加陌生的世界。各种各样的怪物在我们的生活中，在人的种属里钻来钻去。不知为什么，它却被称作自由。"柏琳、张猛：《我们为自由所承受的痛苦，其意义何在？ |

专访阿列克谢耶维奇》，《新京报书评周刊》，2016 年 5 月 4 日，https://mp.weixin.qq.com/s/
oELV963ci42fjfiuek9acA，2020 年 5 月 16 日。

[23] 阿列克谢耶维奇：《二手时间》，吕宁思译，北京：中信出版集团，2016 年，第 1—3 页；付如
初：《文学让灾难以本来面目示人 | 30 年前的今天，切尔诺贝利真相揭露》，《新京报书评周刊》，
2016 年 5 月 14 日，https://mp.weixin.qq.com/s/Gi1-gZXwpItNzZkG0yklTA，2020 年 5 月 16 日；
柏琳、张猛：《我们为自由所承受的痛苦，其意义何在？ | 专访阿列克谢耶维奇》，《新京报书
评周刊》2016 年 5 月 4 日，https://mp.weixin.qq.com/s/oELV963ci42fjfiuek9acA，2020 年 5 月
16 日。

[24] 阿列克谢耶维奇：《二手时间》，吕宁思译，北京：中信出版集团，2016 年，第 1—3 页。

[25] 参见贺萧：《记忆的性别：农村妇女和中国集体化历史》，张赟译，北京：人民出版社，
2017 年。

[26] 李娜：《公众史学与口述历史：跨学科的对话》，《史林》，2015 年第 2 期。

[27] 李娜：《公众史学研究入门》，北京：北京大学出版社，第 126、127 页。

[28] 陈新：《"公众史学"的理论基础与学科框架》，《学术月刊》，2012 年第 3 期。

[29] 朱联璧：《英国的公众史学》，《历史教学问题》，2014 年第 2 期。

[30] 阿列克谢耶维奇：《切尔诺贝利的悲鸣》，方祖芳译，广州：花城出版社，2015 年，第 6—
26 页。

[31] 李振宏，《历史学的理论与方法》，郑州：河南大学出版社，第 186 页。

[32] "Chernobyl suddenly becomes visitor hotspot," June 11, 2019, https://edition.cnn.com/travel/article/
chernobyl-tv-tourist-attraction/index.html, May 16, 2020.

[33] 唐山：《阿列克谢耶维奇：曾为〈锌皮娃娃兵〉被告上法庭》，2015 年 10 月 13 日，http://www.
chinanews.com/cul/2015/10-13/7566192.shtml，2020 年 5 月 16 日；姜妍：《诺奖得主阿列克西
耶维奇："没有记忆的人，只能产生恶"》，《新京报书评周刊》，2015 年 10 月 9 日，https://
mp.weixin.qq.com/s/QyAHn1mPpRLFJfwSGYscTQ，2020 年 5 月 16 日。

[34] " 'Chernobyl' finale sparks Emmy buzz for Jared Harris", June 4, 2019, https://edition.cnn.
com/2019/06/04/entertainment/chernobyl-finale/index.html , May 16, 2020.

[35] Nick Romano , "Russia's answer to HBO's Chernobyl: A new series with 'alternative view' ", June
7, 2019, https://ew.com/tv/2019/06/07/chernobyl-russia-tv/, May 16, 2020.

[36] 《〈切尔诺贝利〉编剧受访：并非针对苏联　不想贩卖悲剧》，2019 年 6 月 10 日，https://baike.
baidu.com/reference/23481434/78e5OJLIFVMjxTknmk22uvFXm5P_9bfogYBoBqnmxi2q2qp6DXY
I41bLlIV8Z0GjaG8mBqv_UKoLoEp9mRBw，2020 年 5 月 16 日。

[37] 布莱德雷：《批判历史学的前提假设》，何兆武译，北京：商务印书馆，1999 年，第 374 页。

[38] 王明珂：《"惊人考古发现"的历史知识考古——兼论历史叙事中的结构与符号》，《历史语言
研究所集刊》，2005 年第 4 期。

[39] 吴紫阳：《影视史学的思考》，《史学史研究》，2001 年 4 月。

[40] 宋嘉伟：《视觉档案的再构：作为"公众史"的独立影像书写》，《国际新闻界》，2015 年第
9 期。

[41] 张广智：《历史教育与现代影视》，《历史教学问题》，2003 年第 2 期。

[42] 学者钱永祥认为，"差异"与"非权威共识"是近代政治思想中的"公共"的两个侧面。钱永
祥：《纵欲与虚无之上：现代情境里的政治伦理》，北京：生活·读书·新知三联书店，2002
年，第 405 页。

[43] 林子人：《思想界：〈切尔诺贝利〉完结：神剧展现了多少核灾难的真相？》，《界面文化》，2019
年 6 月 10 日，https://www.jiemian.com/article/3200168.html，2020 年 5 月 16 日。

实践聚焦

# 建构蚕桑公众历史的探索

郑丽芬 *

**摘要**：植桑养蚕和缫丝织绸，是中国最早和最伟大的发明之一，是活态非物质文化遗产。在蚕桑这一领域，除了蚕桑技术人员和研究者，参与蚕桑过程的公众，是蚕桑业最直接的实践者，也是真正书写蚕桑历史的人。本课题通过访谈养蚕人、开发蚕桑实践项目、蚕桑丝绸文化融入课堂等多元化的途径和方法，激发公众积极参与到蚕桑公众历史的生产、传播中来，为读者提供丰富的、生动的历史叙事，从而建构属于公众的蚕桑历史。

**关键词**：蚕桑公众历史；口述访谈；实践；非物质文化

## Abstract

Planting mulberry trees, raising silkworms and weaving silk, one of the earliest and greatest inventions in China, is a living intangible cultural heritage. In the field of sericulture, aside from technicians and researchers, the public involved in the sericulture process are the direct participants who has made the history of sericulture. Through diverse approaches including interviewing, integrating practical projects into classroom teaching, this article encourages the public to participating in making the history of sericulture providing audiences with rich and vivid historical narratives. As a result, they build a history of sericulture that truly belongs to the public.

## Key words

public history of sericulture; oral history interviewing; practice; intangible culture

---

\* 郑丽芬：上海市泾南中学教师。

植桑养蚕和缫丝织绸，是中国最早和最伟大的发明之一。从嫘祖养蚕的传说到 21 世纪的今天，蚕桑业对人们的生产生活影响巨大。关于蚕桑研究的书不在少数，通过这些书，人们得以了解蚕桑种植的技术、丝绸的制作以及蚕桑的药用价值等。然而，在蚕桑这一领域，除了蚕桑技术人员和研究者，参与蚕桑过程的公众，是蚕桑业最直接的实践者，是真正书写蚕桑历史的人。作为从蚕乡走出来的历史教育工作者，笔者开展了关于建构蚕桑公众历史的探索，通过访谈养蚕人和参与蚕桑实践等途径，激发公众对过去的热情，并积极参与到历史的生产、传播的进程中，为公众提供丰富、生动的历史叙事，[1] 从而建构属于公众的蚕桑历史。

## 缘起：建构蚕桑公众史的必要性与可行性分析

我国劳动人民栽桑养蚕的历史源远流长，蚕桑业分布范围也很广，从黄河流域到长江流域，都有养蚕人辛勤的身影，然而，随着城市化进程的加快，蚕桑业面临着产业萎缩、后继乏人的危机。因此，笔者开展研究的初衷就是记录这一活态非物质文化遗产。

### 1. 记录活态非物质文化遗产

中国是丝绸的故乡，古代中国被西方称为"丝国"。丝绸这一中国的"瑰宝"，一度以其多彩的图案、精湛的工艺和优秀的品质成为传播东方文明的使者。2010 年 9 月 30 日，联合国教科文组织把"中国蚕桑丝织"项目列入《人类非物质文化遗产代表作名录》。这一遗产包括栽桑、养蚕、缫丝、丝织和染色等整个过程的生产技艺，还包括各种巧妙的工具和织机，绚丽多彩的绫绢、纱罗、织锦等丝绸产品，以及衍生出来的相关民俗活动。因此，蚕桑文化不仅是我们能看到的桑树、桑叶、蚕茧、生丝、绸缎、丝绸制品这些物质层面上的文化，而且积淀着蚕农的思想和观念层面的文化，是中国传统文化的代表。然而，如今蚕桑这一中国传统的特色行业，却危机重重，每况愈下。如素有"丝绸之府"美誉的浙江省，自 2008 年以来，蚕种饲养量与蚕茧量均已连续多年下滑，产业发展形势十分严峻。2013 年浙江省桑园总面积 90.8 万亩，全年饲养量 117.9 万张，生产蚕茧 5.5 万吨，分别较上年减少 6.5%、9.2% 和 9.7%。[2] 蚕桑业的发展在工业化、城市化的大潮下，不断被挤占，同时因其规模化程度低、生产方式传统、政府支持力度小以及对外依存度高等因素，目前发展前景并不乐观。[3]

对于蚕桑这一有着悠久历史却正在消逝的传统文化，我们有必要开展研究，通过蚕桑实践者和参与者的记忆与讲述，记录这一活态文化遗产，最终成为公众的集体记忆。记忆是一种社会行为，即使是属于个人的回忆也是存在于社会性之上的，集体记忆就是个人在特定的社会文化环境里的有机记忆，[4] 集体记忆对蚕桑公众历史的建构十分关键。

2. 建构蚕桑公众历史的可行性

公众史学是公众本位的史学，是让历史学与当下生活、人相结合，是生活中的史学。钱茂伟教授在《公众史学评论》中指出，公众史学的基本原则有三：书写对象的公众化、参与人群的公众化和成果分享的公众化。[5] 的确，历史不应该只是历史学家讨论和撰写的，正如李娜教授所说，当我们将视线转移至学院之外，历史却朝气蓬勃，公众对历史充满激情。[6] 因此，合理地引导公众参与到历史的生产、传播与消费中，是值得期待的。

蚕桑业历史悠久，在五千年的历史长河中，中国的蚕桑从业者积累了大量可供参考的经验和技术，参与这一行业的人数众多，他们都是蚕桑公众史的书写对象和书写者，为我们开展蚕桑公众历史的建构提供了可行性。

笔者的家乡浙江省桐乡市，自古以来就是中国蚕桑主产区，家家植桑，户户养蚕，村村缫丝，镇镇织绸。现代考古发现，距今约七千年的桐乡罗家角遗址的第三文化层有桑孢粉遗存。[7] 第三、四层中的稻谷，经鉴定属于迄今发现最早的人工栽培籼稻和粳稻，展示了浙北地区六七千年前先民的生活，足以说明这里的历史悠久。

桐乡市崇福镇下辖的五丰村，蚕桑文化浓郁。其作为沿海省市的乡村，改革开放以来经济发展迅速，五丰的乡镇企业多，发展好，年轻人都奔向工业企业，而不愿从事养蚕缫丝的农桑经济，随之而来的是蚕桑产业规模萎缩严重，五丰的蚕茧产量也日渐减少。笔者出生于20世纪70年代，曾在五丰村度过了无忧无虑的童年。那时候，小伙伴们在桑树林里捉知了，在田埂边采野草，在小河里摸螺蛳，真是一段美好的回忆。

然而，乡村的生活并非诗人笔下那般浪漫惬意，笔者目睹父母和乡亲养蚕种地的艰辛，从懂事起就一直想挣脱农村的藩篱，向往城市的喧嚣。上大学以后，远离故土求学、工作，与故乡渐行渐远。如今的五丰村民大多已经搬迁进了新农村的别墅区，每次回家探望父母，看到住房改善，家里也开通了煤气，用上了空调和抽水马桶，心里感到很欣慰。

但当农民住上别墅，养蚕就成了难题。别墅里没有养蚕的地方，父母养了一辈子的蚕，舍不得，放不下，不顾自己年事已高，每年春蚕还是要养一张蚕种，小蚕时放在台匾里，等大蚕的时候，就把它们放到车库的地上，让它们上山结茧子，倒也延续养了好几年。这些年，城市化进程加快，桑树少了，养蚕基本只有一季春蚕，所以蚕桑生产处于缩减的状态。

这个浓缩了中国蚕桑发展历史的五丰村，是研究蚕桑公众史的源泉，尤其是年长的养蚕人，他们的经验和技术，以及他们的亲身感受，是建构蚕桑公众史宝贵的第一手资料，笔者试图让村里的养蚕人参与到蚕桑公众历史的建构中来，为蚕桑公众史的可行性探究提供保障。

## 途径：建构蚕桑公众史的途径呈现多元化的特性

长期以来，口述历史一直在收集和传播中国传统文化与历史中发挥着不可替代的作用。李娜教授在《公众史研究入门》一书中说道："口述历史以多样的形式、平实的语言为公众提供了参与历史生产、解释与传播的渠道。"[8] 因此，蚕桑公众历史的建构，主要途径即是借助于口述访谈的形式，同时，蚕桑实践项目、蚕桑文化进课堂、博物馆展览等途径可以多元并呈。

1. 访谈养蚕人：公众讲述身边的蚕桑文化

走进五丰，眼前的景象和我们想象中的农村可能有所不同，这里道路宽敞，别墅成排，出入有汽车，很多村民已经脱离蚕桑生产。笔者要寻找的访谈对象，是村子里有蚕桑经验的老人，或是依然热心于蚕桑事业的年轻人。

五丰的乡亲们依然非常淳朴，当他们了解了笔者访谈的目的时，纷纷表示愿意接受采访，很乐意把自己作为蚕农所知道所经历的都拿出来分享，可见，公众非常愿意讲述发生在自己身边的故事。

面对采访，乡亲们稍有紧张与不适，但很快就在谈话中忘却了镜头的存在，他们谈起熟悉的事物非常热情，讲到一些俗语时往往会再三强调，有时还说起了生硬的普通话，中国村民的友善与热情令人动容。如长根曾是村里的一名记账员，也是一位勤劳的蚕农，精心守护着家里的桑树地，说到种桑树，他如数家珍，唯恐说漏了什么。

小桑树种下去后，首先要剪干：移栽后的小桑苗离地面5—7寸剪去苗干，一般春天种下去后，过一段时间就要剪干，剪口要平滑。第二步，要注意疏芽：待剪口处长出的新芽长至4—5寸时进行疏芽，每株选留2—3个发育强壮、方向合理的桑芽养成壮枝。第三步，冬天时离地一尺多一点（35厘米左右）伐条。等到第二年开春，继续剪掉一小段桑条尖头，春蚕时节，枝干上剪口处又会发很多芽，继续疏芽，每个枝干选留3—4个桑芽让它长长，春蚕过后，在上一年的剪口处进行伐条。接下来，每年以此剪口为准进行伐条，就可以培养成低干有拳式树型（如图12-1），一般三年能成树形。[9]

图 12-1　桑树（作者摄于 2018 年 12 月）

在对乡亲们的访谈中，笔者发现公众从来都不认为自己是"局外人"，他们很容易进入角色，以主人翁的态度，用第一人称与历史直接对话，并将过去生动地植入现实生活。[10]

在工业化迅速发展的当下，蚕桑业受到严重冲击，蚕农并不掩饰对行业的惋惜之情，但更多的是认可现在的形势。如今，五丰人的生产生活已经发生了很大的改变。从采访中，笔者了解到目前蚕农养蚕已经从以前的一年五季蚕到只养一次春蚕，而种田也已经淡出人们的生活，水田一般都有人承包了，承包商承诺一年可分给农户稻谷 600 斤 / 亩。长根说：

> 分田到户（注：约 1983 年）的时候，我家有 6 亩水田，一年种三熟，很辛苦。这些年土地改迁（注：指土地因开运河征用）后，还剩不足 3 亩，一年给稻谷 1800 斤，有时我们 1000 斤稻谷就直接又卖给承包商了，回购价大概 110 元一担，以 800 斤作为口粮，基本上也够一年吃的了，如果不够吃可以到市场上买。总的来讲，养蚕减少了，田不种了，生活还比以前好。这是国家政策好啊！[11]

种桑养蚕是为了得到华丽的丝绸，旧时五丰人家以织机为副业，蚕妇白天下地干农活，晚上在家织布（农家大多数是织棉布，少有织绸或绢），半夜还传出吱吱呀呀的织布声。现在，随着一家家现代工厂的建立，机器已经代替了手工，手工织布已经封存在蚕妇的记忆中了。新满是五丰一位织布老人，她说：

> 要织布，先要做好各种准备，首先，要把这些线都落到一个个筒管上，这叫"落线"（俗语），每个筒管的线量要差不多，要织的布的粗细，决定了每次经线需要准备的筒管大小，还要准备几个备用的，线的长度决定了布匹的长度。另外，用筘也有讲究，如果是细线，就要用密筘，粗线用稀筘，这样织出来的布才好看。[12]

听新满娓娓道来，就能大概了解手工布的制作工序，但对其精髓实在不得其解。比如，制作经线的过程叫"拉经"，那阵势犹如排兵布阵，神机妙算，而如何把经线放到织布机的大轴上，最后可以用纬线织布，其过程之繁复，笔

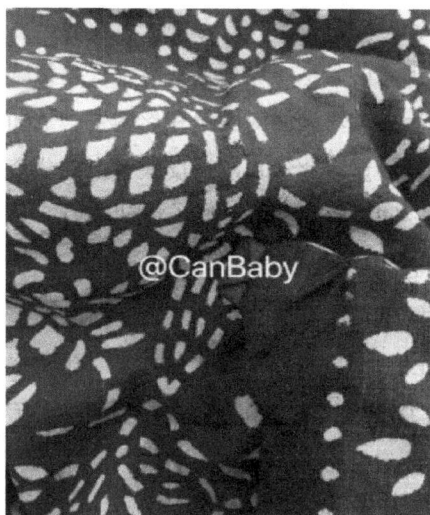

图12-2　绞花绸被（CanBaby 摄于 2019 年）

者听了多遍也未解开其奥妙，只能录下音来，慢慢整理。诚然，用于织造的织机是个神秘的构造，任何类似的机构都被称为机关，须要"机关算尽"，才能驾驭织机上错综复杂的情况。[13] 图 12-2 即为新满手工制作的绞花绸布被，如今已是稀有之物。新满一生做了好几条绢被和绸被，主要为女儿做嫁妆，自己留了绢被和绸被各一条，平时也很舍不得盖，至今还保存得很好。近几年手工制作成为潮流，记下手工布的制作过程和原理，也是蚕桑公众历史建构的意义所在。

在访谈中，笔者还了解到村民有接蚕花、请蚕花、谢蚕花、撒蚕花等蚕桑习俗，是勤劳的蚕民对于蚕桑兴旺的期盼。这些风俗几乎贯穿于全年的农事活动，融入了人们的衣食住行、婚丧嫁娶。

2. 开发蚕桑实践项目：公众在实践中参与蚕桑文化

栽桑养蚕，缫丝织绸，才有了丝绸的华贵与美丽，那么，人们对蚕桑这一传统文化的认知与认同如何呢？基于此，笔者设计了《对蚕桑丝绸文化的问卷调查》，经由问卷星平台展开调查（图 12-3），旨在了解公众对中国古老的蚕桑丝绸文化的关注程度。问卷共设二十三个问题，除了被调查者的性别、年龄等基本信息，问题涉及植桑养蚕的基本知识、丝绸的工艺和类

蚕桑丝绸文化是中国文化的重要组成部分，从嫘祖养蚕的神话传说，到殷墟出土有关蚕、桑、丝、帛等的甲骨文，都证明古代中国蚕业已非常发达，养蚕在社会生活中具有非常重要的地位。今天，丝绸依然是我们最喜爱的衣被面料，那么，人们对丝绸、对丝绸的来源—蚕桑生产的了解到底有多少呢？带着这样的问题，我们开展这次问卷调查。

**对蚕桑丝绸文化的问卷调查**

第1题 您的性别　[单选题]

| 选项 | 小计 | 比例 |
|------|------|------|
| 男 | 34 | 27.42% |
| 女 | 90 | 72.58% |
| 本题有效填写人次 | 124 | |

第2题 您的学历　[单选题]

| 选项 | 小计 | 比例 |
|------|------|------|

图 12-3　问卷调查 1

别、蚕桑习俗以及对传承蚕桑丝绸文化的认识和建议等。

参与调查的人员多为城市人，统计数据表明公众（城市人）对于蚕桑丝绸文化的认识还处于浅层状态，限于地域和行业的不同，对蚕桑和丝绸生产一知半解，对整个行业发展前景也缺乏关注。问卷调查比较真实地反映了当前公众（城市人）对蚕桑丝绸文化的了解和态度，包括对悠久的蚕桑历史的骄傲，对传统农桑生产的知晓，对丝绸产品发自内心的喜爱，更重要的是大家都认识到传承这一传统文化的重要性，其中有79.03%的人认为丝绸文化需要进课堂，78.23%的人认为政府应加大对传统蚕桑业的支持，74.19%的人则建议开发蚕桑休闲健康旅游，74.19%的人支持设立丝绸文化节（图12-4），这些建议显示出公众参与文化传承的自觉意识。正如陈新教授所言，公众历史是公众在反思自我历史意识和历史认识生成的情形下进行的历史表现和传播。[14]

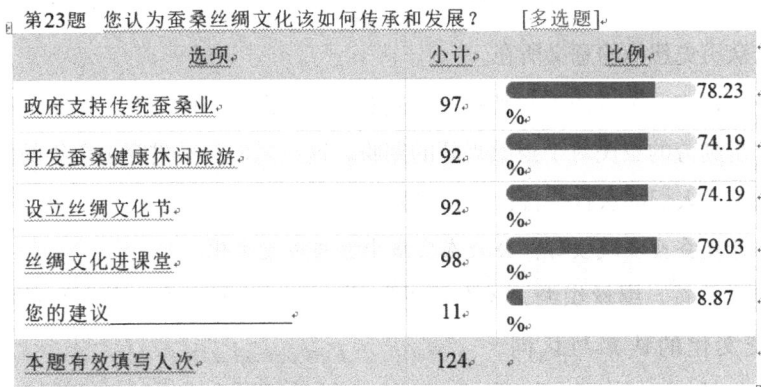

第23题　您认为蚕桑丝绸文化该如何传承和发展？　［多选题］

| 选项 | 小计 | 比例 |
|---|---|---|
| 政府支持传统蚕桑业 | 97 | 78.23% |
| 开发蚕桑健康休闲旅游 | 92 | 74.19% |
| 设立丝绸文化节 | 92 | 74.19% |
| 丝绸文化进课堂 | 98 | 79.03% |
| 您的建议_____ | 11 | 8.87% |
| 本题有效填写人次 | 124 | |

图12-4　调查问卷截图

如何让更多的人认识和参与到蚕桑文化中来？尤其是如何让城市人零距离接触蚕桑资源，成为蚕桑公众历史的参与者？静惠开发的蚕桑体验基地是很好的途径。

静惠是21世纪头十年从五丰走出去的女大学生，学的是美术专业，从事动画行业，但一直很关注家乡的蚕桑事业。2010年蚕桑技艺入选了世界非物质文化遗产，更触动了她产生保护和传承这种即将消失的手艺的念头。她说：

桑蚕丝属于蛋白质纤维，是最接近人体肌肤的纤维，蚕丝被是世界上公认的轻、柔、顺的环保产品，天然轻柔、蓬松、顺滑，让人的睡眠无压迫感。我正在打造自己的品牌——CanBaby，采用传统工艺，用我们的非遗手工做一条不漂白不去味的被子。[15]

她擅长动画，就自己动手设计 LOGO（图 12-5），设计被面花样，甚至设计动漫表情包，有段时间，她每周都要在上海、桐乡两地奔波，和镇里谈合作项目，和绸厂谈面料特制加工，她还参加了女性创业梦想会，听取专家建议。她说：

> 我觉得这是一件很有意义的事，也是我的梦想，所以我不觉得累。现在，我们开发的手工蚕丝被规格多、可定制，设计美观，制作纯正，已经受到各方欢迎，尤其是针对孩子的宝宝被，温暖贴心，销量很大。[16]

静惠还开发了蚕丝被的附加品，如桑蚕丝枕套、桑蚕丝四件套、桑蚕丝睡袋、真丝眼罩等，还有蚕沙枕头，都是货真价实的好东西。

用非遗手工，做一条最长情的被子！为静惠的执着点赞！

2018 年夏，静惠在崇福镇承包了一块地，创办了"桑在云间"蚕桑体验基地。桑园有三十几亩地，除了成片的桑林，还有鱼

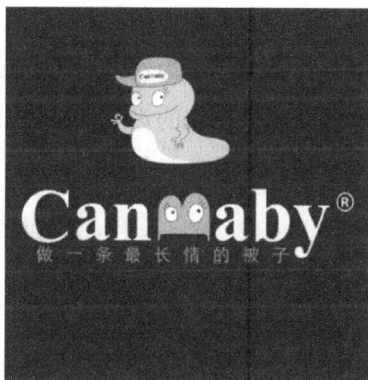

图 12-5　CanBaby LOGO

塘和菜地。静惠自己设计和建造了一幢小洋楼，用以接待体验者小憩，欣赏桑园景色，体验蚕桑生活。通过认领桑树，参观养蚕基地，摘桑葚，绘画以及展示古老的"透绵兜""翻丝绵被"等活动，让越来越多的城里人深入了解蚕桑文化，懂得蚕桑生产的不易和丝绸产品的珍贵。桑树的认领者会经常带着孩子或者朋友来桑园，他们无意中成为蚕桑文化的参与者和传播者。

3. 丝绸文化进课堂：培养学生成为丝绸文化的传播者

作为中学历史教师，笔者注重对学生的传统文化教育，让学生在学习历史

知识的同时，提高对传统文化的了解程度，并在此基础上提高民族自豪感，成为传统文化的发扬者和继承者。"丝绸文化进课堂"是笔者在教学中对传承和发展丝绸文化的探索与实践，希望通过努力，让年轻一代从小了解丝绸文化，积极对待这一传统文化，逐渐成为丝绸文化的自觉传播者。

在必修课上，笔者十分重视相关历史的教学，着力挖掘教材，精选材料，创新教学方法，有意识地把丝绸文化融入课堂。如《沟通中外文明的"丝绸之路"》一课，是契合丝绸文化的好教材，基于此，笔者在教学中设计了"丝绸辨识""张骞凿空""丝路蜜语""泽披世界"四个环节。从丝绸实物展示导入新课，增强学生对丝绸的感性认识；通过历史地图，加深学生对丝绸之路的直观印象；通过视频《丝绸之路·西出长安》片段，拉近学生与遥远的古丝绸之路的距离；通过对丝绸之路名称的讨论，让学生了解到丝绸是当时的贵重物品，丝绸因为昂贵、稀少而备受青睐，进一步强化学生对丝绸的认识；通过讨论丝绸之路对中国和世界的深远影响，让学生从不同角度感受这条古代丝绸之路所承载的人类文明交往的历史，也让学生了解到丝绸技术和艺术作为丝绸之路的主角，成为丝绸之路上最重要的内容被传到世界各地，为东西方文明交流做出了卓越的贡献；最后布置作业，让学生制作一份丝绸文化之旅的攻略，学以致用，古今相通。

图 12-6　养蚕实验（作者摄）

古人有诗云："纸上得来终觉浅，绝知此事要躬行。"在拓展课上，笔者为学生开设了《蚕桑与丝绸》课程，除了教师在课堂讲解相关的知识，更注重学生的亲身实践——开展养蚕实验（图 12-6）。CanBaby 为我们学生提供了小蚕宝宝，学校有棵野桑树，春蚕的时候枝繁叶茂，我们就一起采桑叶，由学生亲自喂养，从小蚕到大蚕直至结茧子、羽化成蛾。学生在养蚕的过程中获取感性认知，培养了耐心观察事物的能力，更懂得了对生命的关怀。除了养蚕实验，我们还开展了种桑树、识面料等主题活动，让学生参与进来，体验蚕桑丝绸文化的精妙。通过丝绸种类的鉴别和欣赏，学生能辨别基本的丝绸面料，增加了对丝绸制品的认可，从而为弘扬丝绸文化播下种子。

养蚕体验可谓一个身体力行的好方法，可以让大众了解从蚕吃桑叶到结茧子，最后羽化成蛾的整个过程。在目前的物流条件下，只要通过淘宝购物等方式，就可以购买到幼蚕宝宝和桑叶，定期喂食即可。很多家庭做养蚕实验，或是出于好奇好玩，或是为了培养孩子的爱心和观察力，都让年少的孩子接触到了古老的蚕桑行业，不自觉地承担了历史传播者的角色。

笔者在实践探究中发现，蚕桑公众史的建构者可以是有经验的养蚕人，也可以是参与和传播蚕桑文化的公众，只要是热心于这一传统文化的人参与进来，就是历史的主人。

### 4. 发挥丝绸博物馆功能：增强蚕桑公众历史的传播力

在公众历史的建构过程中，公众历史传播是极其重要的一环。公众历史知识和公众历史作品，都需要一定的媒介向社会传播，才能影响更多的公众，最终形成公众参与历史的良性循环。[17] 因此，丝绸博物馆应该在蚕桑公众历史传播中充分发挥其应有的作用。一般而言，丝绸博物馆对丝绸文化的介绍系统、全面，公众可以通过丰富的博物馆藏品，深入了解蚕桑丝绸文化的内涵，近距离、直观地感受丝绸文化的博大精深。

坐落在杭州西湖边的中国丝绸博物馆，是中国第一座全国性的丝绸专业博物馆，也是世界上最大的丝绸博物馆。其外形现代美观，内部设计大气，资料翔实，馆藏大量的历代丝绸文物和图片，展示了中华五千年悠久的丝绸文化和高超的生产技术，是公众了解蚕桑丝绸文化的理想场所。

笔者的学校位于上海浦东，鉴于现在学生学业压力大、走出校园难的现状，带领学生参观中国丝绸博物馆很难成行。笔者曾带学生就近参观上海丝绸博物馆，馆内展览的部分并不大，还有一家从事丝绸产品的贸易公司，对我们一行的到来并不热情，但贸易公司的经营产品和对外贸易的国家、货物的价格等也打开了我们的视野。尽管上海丝绸博物馆不能和中国丝绸博物馆相提并论，但还是比较清晰地展现了蚕桑生产的全过程。从上海丝绸博物馆的大门进去就是蚕房（图 12-7），能看到养蚕的工具，蚕吃桑叶以及结茧子的模型。分

装在五个瓶子里的五龄蚕宝宝标本，从幼蚕到大蚕，不到一月的成长历程，展
示了蚕神奇而短暂的一生。学生们感慨，这次参观，其实花的时间并不多，但
走出来看过，还是很让人赞叹的，比在书本上学的要印象深刻。各种花色的丝
绸产品、被套、真丝睡衣、旗袍、面霜等，看得大家眼花缭乱。通过实地参
观，同学们还了解到我国的丝绸出口到世界各国，并由衷地为我们国家的丝绸
文化而骄傲。

图 12-7　蚕房（作者摄）

　　然而，以笔者多次的参观经历而言，发现丝绸博物馆的参观者并不多。如
何让更多的公众走进丝绸博物馆，发挥丝绸博物馆在传承和传播蚕桑丝绸文化
中的价值，值得深入思考和研究。

## 成果：以新的视角记录蚕桑丝绸文化

　　从公众史观的角度来看，每个人都有自己的历史，"人人都是他自己的历
史学家"。[18] 在建构蚕桑公众历史的过程中，公众的参与度和积极性都很高，
笔者通过访谈、参观、实践、考察等途径，依托视频、录音等媒体，最后整理
成文，取得了较为丰富的研究成果。

　　1. 蚕桑文化五丰访谈录

　　访谈是本次研究的主要方式，目前通过访谈整理而成的《蚕桑文化五丰访

谈录》，主要分为蚕桑和丝绸两部分，共约3.5万字。其中，蚕桑部分由种桑树、养春蚕、采桑葚、轧蚕花、挖河泥等主题组成；丝绸部分有打棉线、透棉兜、做土丝、织绢绸、印花色、做被子等主题。张耕华教授曾说，已经过去的史事，如果我们没有记忆、不去认知，那么它确实只是"死的历史"。如果我们记忆它、认知它，它才成为"活的历史"。[19] 在对蚕桑文化的访谈过程中，蚕桑的往事被激活，记忆的闸门被打开，蚕农过去的生活成为鲜活的历史。访谈内容充满生活情趣和细节的铺陈，以一种新的视角展现了中国蚕桑的历史。

2. 蚕桑文化口述资料

媒体的变革使口述资料的获得更为便捷，在两年多的采访中，笔者采用新媒体把受访者的谈话内容录下来，甚至将谈话过程拍摄下来，成为宝贵的口述资料。

可以说，一位老人就是一部口述史。有着一辈子养蚕经历的五丰老人，是本课题采访的主要对象，当然，目前所有还在从事种桑养蚕或相关行业的人都可以成为受访者。

以下为部分受访者、他们的出生年月、曾经或目前在蚕桑丝绸工作中的主要分工与职责。

> 长根　男，1941年出生，曾为五丰村周家角记账员，养蚕人。
>
> 新满　女，1946年出生，五丰村民，养蚕人。
>
> 建学　男，1971年出生，五丰村委委员，曾为五丰村委蚕桑技术员。
>
> 玉珍　女，1970年出生，五丰缫丝厂质检部经理。
>
> 武良　男，1965年出生，春蕾丝绸厂检修工。
>
> 武兴　男，1948年出生，曾为五丰村村委委员。
>
> 静惠　女，1978年出生，动漫制作人，CanBaby 桑蚕丝系列创始人。
>
> 彩琴　女，1929年出生（2019年已故），五丰村民，养蚕人。
>
> 林仙　女，1950年出生，五丰村民，养蚕人。

蚕桑文化的口述资料以亲历者的声音和情感叙述蚕事，历史场景也在这些叙事中得以生动地再现，目前，口述资料的逐字稿处于持续的整理和完善中，它们将成为蚕桑文化的集体记忆。

图 12-8　作者采访 CanBaby 创始人静惠

### 3. 丝绸文化调查报告

笔者根据问卷星开展问卷调查后平台自动生成的数据分析撰写了《当代城市知识阶层对蚕桑丝绸文化的认识——基于〈对蚕桑丝绸文化的问卷调查〉的报告》，共 6000 余字。报告从调查背景、调查方式、调查分析、调查总结四部分展开，重点分析当代城市知识阶层对蚕桑丝绸文化的了解以及对传统文化的一般态度，为分析人们对蚕桑丝绸文化的认识现状提供了有效信息。

文化自信是一个民族、一个国家对自身文化价值的充分肯定和积极践行，并对其文化的生命力持有的坚定信心。调查表明，尽管城市知识阶层对蚕桑的认识有待加深，对丝绸工艺和丝绸面料也是一知半解，但并不影响他们对蚕桑丝绸文化的自信和认同，同时，也意味着公众正逐渐成为蚕桑文化的自觉传承者。

### 4.《蚕桑与丝绸》拓展型课程

历史教材所涉及的丝绸文化内容只是冰山一角，教师在基础型课上讲丝绸文化也放不开手脚，要想更好地传播丝绸文化知识，教师可以充分利用拓展课，开设相关的拓展课程，让学生对丝绸文化有一个系统的学习。笔者开发的《蚕桑与丝绸》拓展型课程，共有蚕桑简史、神奇桑树、蚕的涅槃、缫丝织绸、蚕桑习俗、蚕桑药用等六个章节（如图 12-9），涵盖了蚕桑丝绸文化的各个方面，系统性较强。

四、课程目录
第一章　蚕桑简史
第 1 课　神话传说
第 2 课　蚕桑歌谣
第 3 课　蚕桑简史
第 4 课　丝绸之路
第二章　神奇桑树
第 1 课　桑树种类
第 2 课　桑树种植
第 3 课　桑园管理
第三章　蚕的涅槃
1. 神奇的"种子"
2. 贪吃的蚕宝宝
3. 结茧成蛹
4. 羽化成蛾
第四章　缫丝织绸

图 12-9　《蚕桑与丝绸》课程目录（局部）

课程实施中采用教师讲授和养蚕体验相结合的教学法，理论与实践相结合，从而形成对蚕桑丝绸文化的全面认识。课程总共 6 章，每章又有 3—4 课不等，共需大约 20 课时，根据上海市中学课程课时安排要求，每周安排拓展课 1 课时，因此，本课程内容基本符合一学期的课时容量。

从已实施课程的效果来看，体验式学习过程，就是学生参与蚕桑公众史的过程，他们不仅了解了蚕桑知识，开展了初步的实践操作，而且认识到蚕桑文化是丝绸文化的源泉和坚实的根基，从养蚕缫丝的过程中习得古代劳动人民身上的勤劳、勇敢、创新的优秀品质，通过对各类丝绸的欣赏和其价值意义的领悟，一定程度上提高了审美情趣和礼仪文化，并深深地懂得丝绸作为中国古老文化的象征，为中华民族文化织绣了光辉的篇章，对促进人类文明的发展做出了不可磨灭的贡献。

## 反思：拓宽思路继续前行

中国传统文化历史悠久，蚕桑丝绸文化作为传统文化的重要组成部分，几千年来滋养着一代代中华儿女。在建构蚕桑公众历史的过程中，笔者本着传承传统文化的初衷，做了一些实践性的探索和总结，但是，仍然还有很多值得探索和挖掘的内容。

公共史学是将过去建构为历史的过程，是人民、国家与社区参与建构自己历史的实践。[20] 在蚕桑公众史的建构中，我们通过多元化的途径和方法让公众参与进来，取得了较好的成果。通过反思自己的行动，我们意识到自己在课题研究的过程中，较多地关注了传统蚕桑业的状态，偏向回忆的过程，而对未来关注较少。其实，历史随时都在产生，我们应该拓宽思路，把目光引向当下和未来，如增加对蚕桑规模化生产的探讨，以及对蚕桑专业人才的培养，国际竞争中丝绸行业的生产、销售策略等方面内容，以丰富蚕桑公众历史的内容。另外，受访人员比较局限于养蚕人，可以增加丝绸行业中人，注重受访人员的多元化，便于系统全面地了解整个行业。

对于有着几千年悠久历史的蚕桑丝绸文化，在中学历史教学中加强相关的教育是非常有必要的。作为中学历史教师，笔者曾在教学中开设专题课、拓展课、实践课等，试图把蚕桑丝绸文化融入课堂，让年轻一代从小了解丝绸文化，逐渐成为建构蚕桑公众史的一员。但笔者所做的工作还很粗浅，需要继续寻找生长点。对于如何进一步推广课题研究范围，吸引更多的同道中人，为构建蚕桑公众史而共同努力，值得一直探索。

## 注　释

[1] 李娜：《公众史学研究入门》，北京：北京大学出版社，2019 年，第 25 页。

[2] 惠农网：《浙江传统优势产业蚕桑业步履维艰》，https://news.cnhnb.com/zxsd/detail/8147/，2014 年 10 月 15 日。

[3] 孙耀：《蚕桑产业现状及发展对策》，《农民致富之友》，2019 年第 7 期。

[4] 李娜：《公众史学研究入门》，北京：北京大学出版社，2019 年，第 54 页。

[5] 钱茂伟主编：《公众史学评论》，北京：石油工业出版社，2018 年。

[6] 李娜：《公众史学研究入门》，北京：北京大学出版社，2019 年，第 37 页。

[7] 刘文、凌冬梅：《嘉兴蚕桑史》，杭州：浙江工商大学出版社，2013 年，第 1 页。

[8] 李娜：《公众史学研究入门》，北京：北京大学出版社，2019 年，第 85 页。

[9] 本文作者对长根的采访记录，浙江崇福镇五丰村，2018 年 12 月 9 日。

[10] 李娜：《公众史学研究入门》，北京：北京大学出版社 2019 年，第 82 页

[11] 本文作者对长根的采访记录，浙江省崇福镇五丰村，2018 年 12 月 9 日。

[12] 本文作者对新满的采访记录，浙江省崇福镇五丰村，2019 年 7 月 15 日。

[13] 徐德明主编：《丝绸文化 100 问》，杭州：浙江古籍出版社，2011 年，第 23 页。

[14] 陈新：《"公众史学"的理论基础与学科框架》，《学术月刊》，2012 年第 3 期。

[15] 作者对 CanBaby 创始人静惠的采访记录，浙江崇福镇桑在云间，2020 年 8 月 5 日。

[16] 作者对 CanBaby 创始人静惠的采访记录，浙江崇福镇桑在云间，2020 年 8 月 5 日。

[17] 张丁：《民间家书与公众历史建构》，李娜主编：《公众史学》（第二辑），杭州：浙江大学出版社，2019 年。

[18] 卡尔·贝克尔：《人人都是他自己的历史学家：论历史与政治》，马万利译，北京：北京大学出版社，2013 年，第 195 页。

[19] 张耕华：《历史学的真相》，北京：东方出版社，2020 年，第 49 页。

[20] 李娜：《公众史学研究入门》，北京：北京大学出版社，2019 年，第 2 页。

评　论

# 全球语境下公众史学的多面样态
## ——评《何为全球语境下的公众史学》

**摘要：**《何为全球语境下的公众史学》(*What is Public History Globally: Working with the Past in the Present*) 首先追述了公众史学在世界各地兴起的背景和不同的表现形态。学院派史学对社会关切的回应，公众史学与传统学术研究的兼容，是全球学人的共识和普遍愿景。关于公众史学实践中的口述历史方法、社交媒体的运用等问题，学者们也做了批判性的思考。由于各国的历史经历不同，公众史学关心的核心话题不尽一致。对于某些刚刚走出不幸的过去的国家，在集体记忆中唤起"创伤"是个艰难的工作。

**关键词：**全球语境；公众史学；方法论；创伤记忆

### Abstract

*What is Public History Globally* retraces the backgrounds and morphoses of public history across the world. Scholars in different countries have a consensus on the necessity of response of academic historians to the public concerns, as well as the interaction of public history and academic history. When it comes to public history practices, they have also critically reflected upon the practice of oral history, social media, and other methodological concerns. Because of the diversity of recent historical experiences, the focus of public history in different countries varies greatly. For some peoples who have recently gotten rid of a bitter past, it is very difficult to

---

\* 黄艳红：上海师范大学人文学院世界史系研究员。

recall collective traumatic memory.

**Key words**

global context; public history; methodology; traumatic memory

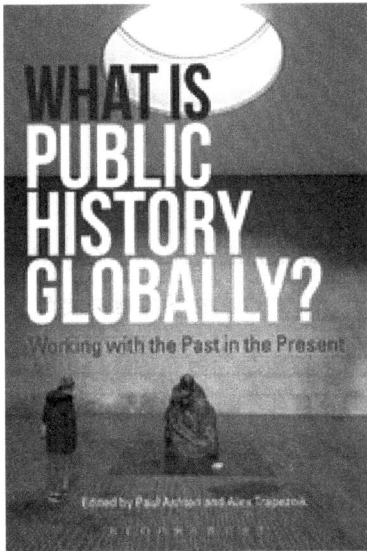

最近十年来，没有哪个术语像"全球化"那样在史学界引发如此多的热议，即便是新兴的公众史学领域，学者们也已放眼整个世界。2019 年出版的《何为全球语境下的公众史学》[1] 就见证了这一新潮在公众史学这一新兴领域引起的反响。作为一部集体文集，该著作的三十多位作者来自欧、亚、美和大洋洲，就论题的地理范围而言，无疑它已经充分体现了全球关怀。不过在笔者看来，就该著作述及的问题的层次、个案分析的面向而言，似乎又不是一个简单的"全球化"所能穷尽的，毋宁说，它展现的是全球化时代公众史学的多面样态。

著作的 24 篇论文共分为三个部分。第一部分旨在介绍各个国家和地区公众史学的背景、定义和议题，第二部分探讨公众史学的路径和方法，第三部分"公众史学的场所"侧重个案研究的分析。当然，这几个部分在内容和逻辑上是有内在联系的。

在第一部分的讨论中，有一个经常出现的词值得关注，这就是"介入"（engagement）。著作的《导言》指出，公众史学最初是以消极概念出现的，即学院派史学之外的史学。公众史学之所以从 20 世纪 70 年代开始获得"正式身份"，社会生活中一系列新现象的推动当然不可忽视，如旅游业的发展和遗产运动的勃兴，但它也得益于专业历史学者的开放立场，他们愿意回应社会需求，走出自己的象牙塔进入社区。社区—大学已经成为常见的公众史学介入模式。

不过，学院派历史对现实生活的介入（如果不考虑为民族—国家历史的

"宏大叙事"服务的话），在某些国家可以追溯得更远。例如在加拿大，早在一个世纪之前，专业的史学工作者就参与了遗址保护等公共服务，这几乎与该国历史学的专业化同时发生，但此后职业史家过分执着于自己的专业标准，反而退出了社区工作。后来加拿大公众史学的发展，既受到邻国美国的影响，也受当局倡导的多元文化政策的推动，于是职业史家再度介入社区和公众生活。而在北欧各国，似乎很难说存在公众史学家，因为专业学者几乎不越出学院之外，但这里仍然存在某种类似于公众史学的工作，如遗产保护的行动和实践。因此在这个地区，两种传统和实践之间的对话和互渗看来更有必要。

　　就欧美各国的情况而言，学者们一般会论及公众史学的身份定位及学科建制的发展。这方面英国的案例比较有意思。作者将英国公众史学争取身份的努力，与女性主义历史的命运做了对比。女性主义史学的发展，受到二战后妇女运动的激发，具有明显的现实诉求。但当妇女史被学院派接纳后，它的从业者便从社会抗议者变成了经历过职业规训的专业人士。作者认为，英国公众史学取得学术身份的历程与此类似，它在体制化之后有丧失真正的现实关怀之虞。当然，在有些地方，公众史学是服务于既定的历史叙事的。例如，在中国这个以丰富的文化遗产自傲的国家，对一系列象征、仪式和传说的重新发掘，多是以"国粹"（national essence）的名义、为强化民族认同服务的，这是一种统一化的力量。甚至一些口传的地方或家族记忆，也有助于官方叙事，尽管中国口述史的研究并不全然回避敏感的，被压抑或被忽视的篇章。

　　很多作者都谈到了公众史学与传统学院派史学之间的关系，这里有另一个值得关注的高频词语——inclusive，或可理解为包容性：既有这两种史学之间的开放和交流，也有公众史学本身的多元性。这种包容性正是史学走出象牙塔进入公众视野所必需的品格。不过学者们也指出，这种包容性并不是学院史学不加批判地接受公众史学的各种实践，以及由此产生的公众历史意识。有关新西兰社会对第一次世界大战纪念活动的评述，就可以说明这一点。作者着重探讨的是家庭或家族记忆与公众史学之间的关系。为了纪念第一次世界大战一百周年，新西兰政府发起了一个名为"WW100"（World War 100）的纪念活动，以了解公众对这次战争的认知状况。纪念活动表明，虽然新西兰人对战争的历史知识了解甚少，但由于家里的祖辈参与了一战，他们有更大的兴趣去了解这一事件。在"WW100"的网站上，很多人撰写了长篇文字，讲述家人在一战中的经历。这表明，公共纪念活动的确激发了整个社会对历史的兴趣，并很容易将家庭的个体化记忆与国家的历史叙事结合起来，后者在包容前者之后，获得了更为丰富和具体的内涵。但论者也指出，当家庭在追忆其先辈的光荣经历时，不免会忽略更高层次上的政治史话题。比如，新西兰人投票将土耳其的加里波利半岛作为纪念活动的举办地，1915 年，澳大利亚和新西兰军队就在这里战斗过。但这次战役是一场严重的失利，如果仅仅从个体角度讲述士兵的勇敢，就会忽略当时的高层决策者应负的责任，因此这种包容性应该是双向的，社区或个人性的记忆应该与更为学术性的宏观历史互为关照。

在欧美、澳大利亚和新西兰，公众史学关注的一个重要话题是让过去被忽视的边缘群体发声，让它们展现其历史存在。在笔者看来，这与 20 世纪 70 年代以来整个西方世界的文化运动息息相关。法国口述史学者菲利普·茹塔尔（Philippe Joutard）曾指出过这场运动的一些标志性现象，如 1975 年一部以布列塔尼地方语言撰写的小说《骄傲的马》（*Le cheval d'orgueil*）引起的热潮，次年亚历克斯·哈利（Alex Haley）的小说《根》（*Roots*）带来的冲击。[2] 这类现象均可视为对传统历史叙事的一种挑战或质疑。就笔者有限的了解，一些西方国家的民族—国家史叙事，并没有否定或排斥边缘群体记忆，而是尝试接纳和融合这种挑战，皮埃尔·诺拉（Pierre Nora）的《记忆的场所》（*Les lieux de mémoire,* 或译《记忆之场》），就是最著名的例证之一。这种学术上的包容性，正如学者已经指出的，实际上是法国社会民主化的一个结果。

记忆与历史叙事始终是公众史学关注的重大话题。但是，对于一些经历政治转型不久的国家，记忆与历史叙事的问题，看来与民主制较为成熟的西方国家存在很大的不同，南非和印尼的情况颇为耐人寻味。1994 年南非结束种族隔离后，按常规的理解，对那个刚刚被终结的压迫性体制的记忆和历史的探讨，应该是很热烈的，何况在这之前，不少历史学者已经介入反种族隔离的斗争。但实际情况并非如此。在有些大学，历史专业的学生数量竟然缩减了 90%。历史学的整体衰微有很多原因。从民众心理来说，也许很多人不愿意追忆过去的遭遇，而政府也有意识地引导民众"向前看"。当然，政府也很重视新的民族身份的塑造，但这种塑造重在强调非洲人的文化成就，而不是过多地涉足反种族隔离的斗争，这让一些曾经介入那场解放斗争的白人史学家感到失落。像很多刚刚完成民主转型的发展中国家一样，南非也成立了"真相与和解委员会"，但它的工作成效并不突出，新南非不断加剧的经济社会难题冲淡了人们对历史和记忆问题的兴趣，一些纪念项目的资金甚至被民众要求用作改善住房条件。显然，这个转型后的发展中国家的现实困境制约了公众史学的发展，史家们需要以更富创造性的工作来介入新南非的重建。

印尼的情况也颇为特别。对于独立后的印尼而言，国家叙事和记忆中的核心问题是 1965 年的政变。这场政治动荡导致约 50 万人被杀害，遇害者大多是被视为"叛徒"的共产党人，即所谓"九三零事件"的参与者。政变后上台的苏哈托军政府，采用了系统的"记忆规训"（如果可以这样说的话）手段，在公众历史意识中塑造自身的合法性。政府通过强制性的学校教育和纪录片等宣传工具，对共产党人进行妖魔化，将自己塑造成国家的拯救者。在这里，作者还引入了性别分析的角度。在一座极具象征意义的浮雕中，"九三零事件"中的女性被刻画成放荡的施虐者，这个形象意味着对男权秩序的挑战；而对她们的这种妖魔化呈现，很典型地反映了军政府的保守主义本质。不过，与南非的情况类似，在 1998 年军政府倒台后，期待中的"真相与和解"并未充分展现。正如一位讨论考古与公众史学的学者指出的，在巴厘岛这个今日的度假胜地，1965—1966 年的残酷斗争已经难觅踪迹，或者被有意识地掩盖起来了，就像迅速生长的热带植被将往年的陈迹深埋在底层一样。

我们可以看到，在南非和印尼这些经历过全民性政治创伤的国家，当制造创伤的体制结束之后，人们却不愿意过多地揭开过去的疮疤。这与西方世界的公众史学与记忆浪潮展现的景象颇为不同。个中原因是非常值得深思的。稍显遗憾的是，著作本身并没有对这种差异进行深入分析。

在有关公众史学的技术条件和方法手段的论述中，我们可以看到一些普遍性的全球现象。例如，很多作者都提到了信息技术与公众史学的关系。脸书、推特等社交媒体已经被运用于公众史学的实践，德国的公众史家甚至开发了一个电子游戏平台，以深入探讨现代娱乐形式与史学知识普及的关系。在方法论部分，两个方面的问题让人印象深刻。首先是公众史学与物质性遗存之间的关系，涉及的具体论题如考古发掘、个人或群体记忆所附着的实物。有的案例探讨似乎重现了一些经典话题，例如关于悉尼附近一个女童收容所的记忆，让人想起《追忆逝水年华》中的小玛德莱纳蛋糕：幼时的记忆会通过往日熟悉的物件被唤起。在这个案例中，记忆主体唤起的是一种创伤记忆：曾经在收容所生活的女童看到市区的建筑与收容所十分接近时，不禁联想起往昔的遭遇。第二个方面的问题是口述历史。从中国的天津到加拿大的蒙特利尔，各地的公众史工作者都在运用这种方法。但该著作的作者也指出了其中存在的一些问题。有些问题偏理论思考，如口述资料到底是其他史料的补充，还是另一种具有全然不同的性质的资料？这类问题涉及口述历史的定位问题：它可以为既有的叙事服务，也可以颠覆后者。另一些问题涉及方法论。例如，有的学者认为，目前的口述历史设问过于具体，采访的时间也有限，更多是一种问询式而非"深度倾听"的工作模式，这大大限制了受访人提供信息的可能。

该著作第三部分的案例研究内容相当丰富，这里只略谈一下对博帕尔毒气泄漏事故的集体记忆和纪念活动的观感。1984 年 12 月，美国联合碳化物公司在印度博帕尔的工厂发生毒气泄漏，导致近两万人死亡，约五十万人受到伤害。对于这场可怕的工业灾难在公众史学中的呈现，该著作除了专章论述官方建立的纪念馆，还在介绍印度公众史学现状的章节中有过探讨。两处的侧重点并不一样。直到灾难发生二十年后，印度政府才决定兴建纪念馆。这时城市的景观、市民的集体心态，都有了很大的变化，这就给官方的记忆重构提供了空间。通过作者的介绍，我们可以看到，这座空间结构颇为复杂的纪念建筑试图传达出多样的信息，不仅有对苦难的追忆，也有对未来的展望。不过，在官方的举措之外，博帕尔的幸存者自行筹资举办的"铭记博帕尔"博物馆，则构成灾难记忆的民间版本。那里的展品，从受难儿童的衣物到医生的听诊器，不仅是在凸显灾难造成的巨大悲痛，也是在默默控诉国家和国际大企业的长期冷漠，从而构成某种平行甚至对立的记忆形态。

整体而言，这部著作为读者提供了一幅当下全球各地公众史学的具体可感的画卷。不过，正如前文提到的，当读者在领略公众史学在各地的不同样态时，似乎还期待作者们能对相关主题做一点比较——尽管主编认为并不存在特别的全球公众史学路径。显然，比较研究，或某些有共性的话题的继续深入，需要各国学者的介入。可喜的是，这种趋势已经展现在我们眼前。

# 注　释

[1] Paul Ashton and Alex Trapeznik eds., *What is Public History Globally? Working with the past in the present* (London: Bloomsbury Academic, 2019).

[2] Philippe Joutard, "Mémoire collective," in C. Delacroix et al. eds., *Historiographie*, II, *Concepts et débats* (Paris: Gallimard, 2010), pp. 780-781.

# 历史意识的实践拓展与概念推进
## ——读《凝思历史意识》

尉佩云 *

一

自 20 世纪 70 年代以来，"历史意识"逐渐成为史学理论领域、历史教学领域乃至公众历史文化领域中越来越频繁地被提及的概念。时至今日，历史意识已经成为上述领域中达成共识的理论范畴，在此过程中，主要是基于欧洲特别是德国的历史经验而形成。所以，历史意识的奠基性理论工作也是由德国史学家和思想家们所完成，其中以约恩·吕森（Jörn Rüsen）的相关论著最具有代表性。其他的德国学者比如卡尔·恩斯特·耶斯曼（Karl Ernst Jeismann）、博伊斯（Bodo von Borries）、潘德尔（Hans Jürgen Pandel）、斯特劳布（Jürgen Straub）等学者都对历史意识做了各方向的诠释与拓展，大约到 21 世纪初，历史意识成为一个理论范畴的基本思想形态。

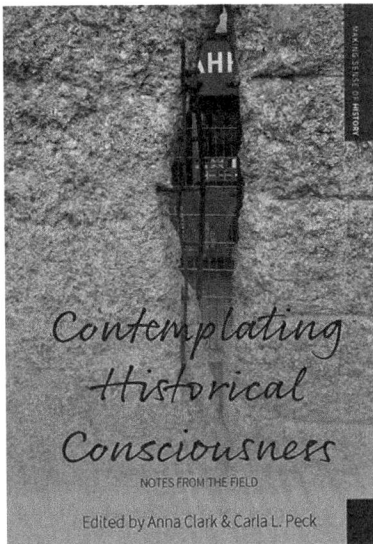

目前，国内学者对历史意识也同样多有关注，陈新从时间意识和概念逻辑本身出发，提出了一个富有启发性的问题：如果说历史意识兴起于 20 世纪 70 年代，那么在此前，人类对自身与世界的沟通互认中，历史意识以何种形态存在？他认为，

* 尉佩云：山西大学历史文化学院副教授。

在此之前，我们没有对与"历史意识"相关现象进行综合分析，从而归类构建起"历史意识研究史"脉络。即是说，在人类历史思维的进化上，"历史意识"的功用和效果是一直存在的，只是并没有被称为"历史意识"并获得独立的思想地位。陈新认为，回答上述问题本身也是"提供一种尝试性解释"，但是，他并未对"尝试性解释"进行展开论述。[1]那么，历史意识作为一个现代概念，是如何进入人类历史思维的图谱并获得稳定的思想形态的呢？

按吕森本人的观点，历史意识是作为政治文化的本质元素而出现在公众兴趣中。荷兰历史哲学家安克斯密特（F.R.Ankersmit）在《吕森论历史与政治》（"Rüsen on History and Politics"）一文中对上述问题做了更明确的解答。[2]安克斯密特的看法是，16世纪马基雅维利、圭恰尔迪尼痛苦地意识到1494年法国人入侵意大利在政治上的不幸，他们想为意大利半岛及其无助的人民所遭受的灾难性打击和悲惨的政治现实找到解释。没有一个意大利统治者可能有意于此或希望如此，但它明显是他们愚蠢行动合乎逻辑和不可避免的后果。换言之，他们对意大利历史灾难的绝望将他们推上了探究人类有意行为的非意向结果的未知道路。文艺复兴试图为1494年后意大利的历史命运做出解释，将以往的神圣秘闻世俗化并将此工作指派给历史学家。由此，史家开始用世俗的方式对政治灾难中人类行为的非意向结果进行探究，历史意识得以脱出并在随后的人类历史进程中得以强化（譬如德国历史主义中的强化）。

按上述安氏的推论，我们就易于理解现代范畴的历史意识缘何在20世纪70年代的德国得以形成：德国史家们想要探究纳粹历史中德国的政治灾难成因，探究纳粹体制的成因及其非意向结果的行为。由此，历史意识就具备了三个基本属性：时间意识、公众意识、政治意识。

21世纪初，课程与教学论研究领域的名家彼得·塞克斯（Peter Seixas）编辑出版了《历史意识的理论化》（*Theorizing Historical Consciousness*）[3]一书，旨在对20世纪历史意识的发展加以总结和展望。《历史意识的理论化》在历史教育和历史意识领域是奠基性的作品，塞克斯组织各国学者以跨学科的视角对历史意识进行了全面的梳理，作者来自职业史学、哲学、集体记忆、心理学以及历史教育等各个研究领域。历史意识对国际关系，赔偿要求，财政举措，移民以及实际上几乎每个有争议的公共政策，集体身份和个人经验领域都具有深远的影响，其中的聚讼纷纭与错综复杂，使得"适合每个人的历史"具有了空前的现实意义和可行性。其中就包括约恩·吕森、彼得·李（Peter Lee）等成名学者的论述。吕森在文中论述了历史意识与道德价值、理性逻辑的关系，并将历史意识分为四类：传统型、典范型、演化型、批判型。四种类型的更替与时间经验划分成为其历史意识和历史叙事理论的概念基础。以该书为起点，由安娜·克拉克（Anna Clark）和卡拉·派克（Carla L. Peck）编辑出版的《凝思历史意识》（*Contemplating Historical Consciousness*）[4] 一书意在梳理进入 21 世纪的二十年后，历史意识发展的理论与实践、研究与反思之间的交叉点。

## 二

从本书（指《凝思历史意识》，下同）体例看，全书共分为三部分，共计十五章。第一部分是"历史意识，课程与教学论"，主要阐述历史意识研究的国际领域，以国家和公众社区史、跨国家与跨地区史为借鉴，分析历史意识对课程与教学论的影响。主要涉及的国家和地区有北爱尔兰、英格兰、佛兰德斯（比利时）、荷兰，该部分最后一章以特朗普政策和柏林墙比较为例，分析国家疆域的表现与历史意识的关系。第二部分是"国界内外的历史意识"，该部分主要以比较视角和跨国语境对重要国家的历史意识进行研究，包括加拿大、南非、澳大利亚、中国等。这一部分研究的问题意识在于，一个既定的历史区域认同是如何形成的？在历史意识维度上如何得到检验？公众历史意识和官方历史话语如何纠缠交叠而又有所区别？第三部分为"历史意识与文化认同"，主要研究不同地区、不同族群中历史意识的形成与传递、历史意识与国族认同与集体记忆的关系，选取的研究对象有北美黑人的历史意识、大屠杀中犹太人的历史意识、北美萨利什印第安区的历史意识、家庭伦理中代际记忆的历史意识等。本书最后以"历史意识为何如此重要"（Why Historical Consciousness?）总结全书。

在这本领域广阔、主题多样、区域丰富的著作中，文章的贡献者同样有非常多样化的学术背景：历史学、人类学、历史教育学、社会科学以及人口学等。这些不同背景的学者在撰写文章的过程中，都要求对五个问题作为理论标的进行潜在回应，这五个问题是：

1. 记忆、历史与历史意识是什么？

2. 探究历史意识的动机是什么／对历史意识的调查有何见解（具体指对学生与公众历史意识的调查项目）？

3. 采用的研究方法是什么？

4. 研究的可能性与局限性是什么？

5. 有何待补充的论述？

从以上引领问题中，可以看出本书召集者有个明显的取向是对历史意识的致用、实践、可操作性的拓展。尽管"历史意识"概念本身在定义上有诸多不同的导向性，但时至今日，历史意识已经形成基本清晰的思想形态：首先，个体对自己时间的定向；其次，在历史文化语境下，个体的时间感和集体记忆的形成。

毫无疑问，当代历史意识基本的理论范畴是由彼得·塞克斯、约恩·吕森等人界定的，纵观本书，对于吕森历史意识划分的类型学（传统、典范、演化、批判）和塞克斯对历史意识的范畴划分（教学论、心理学、专业化）几乎出现在每一篇论文中。这些通则化的理解已经成为所有领域中探讨历史意识问题的理论预设。但是，"历史意识"概念本身涉及两个方面："历史"和"意识"。随着全球化进程和智能设备、现代媒体、信息储藏方式的多样化、私人化、扩大化，"历史意识"本身正在经历更新和变革。从这个维度看，历史意识中的时间意识依然是其本质性构成部分，并没有发生变化。变化了的是我们对历史的理解乃至历史本身的表现方式。传统中，历史叙事和历史文本是历史表现的首要也是最重要方式，而现在，如果我们转化思维，将大数据和现代信息储藏不再理解为传统意义上的"史料来源"，而是理解为历史表现方式本身的变化，那么历史意识也自然会随之变化。由此，历史意识概念本身的属性从"时间意识、公众意识、政治意识"也发生了迁移。

纵览本书，从导论到每一章的论述中，如果需要找到关键概念来体现本书的意图，那便是历史意识所经历的演变："公共的"向"个体的"、"国家的"向"社区的"、"职业的"向"大众／日常的"。吕森在《何谓历史意识》中将这种变化称作从"历史意识"到"历史意识"的变化，历史意识不再是需要历史来填充的精神容器，而是在个体性层面，历史对个体意味着什么。国家认同、集体记忆最终总是以在个体身上所体现的促动和效果而实现，职业史家所铸就的历史意识在今日的思想传媒中必须经历社会化的过程才有效。查普曼（Arthur Chapman）明确说："集体记忆对我而言本身是成问题的概念，因为我们将假设性的集体性社会主题类比于个体的心理学程序。"（34 页）由此，历史意识的核心问题成为"历史"在个体身上起作用（"效果"）的形式和内容。这就起码可以解释：历史意识为何在公众史学中取得了突破性的发展？为何在瑞典、德国的历史课程标准中明确提出将历史意识作为教学目标？历史教育与公众史学为何具有天然的亲和性？

　　历史意识最初作为安克斯密特所谓"探寻人类行为非意向结果"的历史解释方式，逐渐转化成为一个独立的理论范畴。安氏就此提出了一个非常有批判性的论断，他认为：1. 马基雅维利、圭恰尔迪尼对 1494 年意大利灾难的历史意识；2. 黑格尔与德罗伊森在十九世纪的历史意识；3. 十九世纪历史学职业化和历史主义强化时期的历史意识，上述三个经验性阶段的历史意识都是以不同形式对政治史优越地位的重新强调：每一个新阶段都与当时的政治现实紧密相连，而当代历史意识的转化也是由"民主化、个体化、大众化"的政治现实引发的。这种转化本身是和历史经验的变迁、历史认知的转化、历史表现的变化一起发生的。历史意识作为理论范畴的确立本身是具有建构性的，这一点无论在塞克斯、吕森等人的解释中、还是在本书中都有论述（4、35 页）。那么，读者不禁要问，传统理解中历史意识本身具有的"公众意识、政治意识"哪里去了呢？随着历史意识的概念推进，其中的公众意识和政治意识内化于历史教育和公众史学之中了。历史教育（基础的中学历史教育和国民历史教化）是现代民族国家中历史认同和合法化最为重要的途径和手段，公众史学则开始关照原来公众意识中所承担的文化认同功用。这也就是本书第一部分"历史教育"作为历史意识的实践拓展，第二部分"国家认同"作为政治意识的当代表述，第三部分"文化认同"作为历史意识的理论反思依次展开的逻辑基础。

　　政治意识的属性在不同的民族国家中具有不同的强弱表述，特别在第九章"中国公众的历史意识探索"中，李娜以重庆和重庆大学为基点，进行了详尽丰富的项目调查，在重要性排序上，公众对"宅兹中国"的关切依然位居首位。

## 三

　　历史教育、公众史学、专业的历史研究作为处理和解释人类过往事务的不同侧重领域，历史意识作为"理论单元"在其中具有通约性质。历史意识在个体的、日常的、家庭的层面对历史的功用与效果的考察，除了能够为公众史学拓展领地外，还能为职业历史研究在当下的效用、价值与意义提供思考方向。通过历史意识的拓展与推进，职业史学研究在当下的合理性、有效性都能够得到相应的思考，这就对史学研究作为人文研究在今天的价值推导提供了有益的帮助，同时，为历史学家的社会定义和功能给予解答（尽管这是一个韦伯式的问题，但我们依然不得不面对它）。

　　抛开学科分工来看，历史教育和公众史学是在整体的学科性层面上回答"历史有何用"的问题。雷蒙·阿隆（Raymond Aron）在二战后反思欧洲的历史走向时，直言历史意识在其原本的意义上，是作为探讨史学社会功能的重要一环存在。随着人类历史的经验演进，历史意识成为这个思考模式中非常有效的分析范畴，这就可以回答本文开始的问题，即历史意识作为现代概念，是如何获得稳定的思想形态进入人类历史思维的结构之中的。这也就可以解释，"探寻人类行为非意向结果"的历史意识为何出现于历史学成为一门独立的学科之后。

　　总体看来，本书是对历史意识既有研究的实践拓展与概念延伸。因为历史意识兼具社会功能和学术研究两大有效范畴，并且这两大范畴互为前提、相互影响：在个体层面，这将探究学者的专业学科与生命践履之间的关系；在整体层面，将是对历史意识的实践基础与概念范畴的社会性探索。在这个意义上，相较《历史意识的理论化》一书而言，本书在公众史学、历史教育、专业史学、政治认同、个体意识、集体记忆与国族身份等方向上做了全面的拓展，而上述维度在社会功能与学术研究、个体与集体的视角下，又可以进行不同的切入研究。在今天的现实状况与学术语境中，本书的出版对历史意识在个体与集体、社会实践与专业学科中的交融互动具有了创造性意义，乃至于本书可能也会成为"历史意识研究史"上的一个重要节点。

## 注　释

[1] 陈新:《论历史意识——关于吕森〈何谓历史意识〉的札记》,《学术研究》, 2018 年第 10 期。

[2] F.R. 安克斯密特:《历史表现》, 周建漳译, 北京: 北京大学出版社, 2011 年。

[3] Peter Seixas ed., *Theorizing Historical Consciousness* (Toronto: University of Toronto Press, 2004).

[4] Anna Clark and Carla L. Peck ed., *Contemplating Historical Consciousness* (New York & Oxford: Berghahn Books, 2019).

# 公众史学的"教材化"？
## ——《公众史学导论：解释过去，寻求参与》评述

刘雨石 *

**摘要：**公众史学自20世纪70年代在美国兴起伊始，就一直从理论和实践两个维度为自身的学科化历程探索多重途径，并试图总结和推广在具体研究中逐渐形成的理念和方法。撰写教材是公众史学整合既有理论和实践，并向教育领域迈进的重要一步。在公众史学争取学科话语权的过程中，三位学者合著的《公众史学导论：解释过去，寻求参与》(*Introduction to Public History: Interpreting the Past, Engaging Audiences*) 是一次"教材化"的尝试。这部著作首先在结构设计上体现出对公众史学教育及其开展的整体规划，并结合三位作者各自的研究优势，将个体风格渗透在集体创作中。通过将公众史学概念、理论和方法放置于具体实践研究语境中，该书把理论与实践融洽地结合在以问题为导向的历史书写中，并以启发性的视角推广公众史学的理念。精巧的设计与细心的编排，让该书最终拥有良好的受众效果，并对公众史学"教材化"的深入发展提供了一种可持续性的书写范式。

**关键词：**《公众史学导论》；"教材化"；公众历史实践

### Abstract

As a new field in historical studies, public history has experienced the process of searching for disciplinary niche theoretically and practically since the 1970s. To write a textbook is the first step. *Introduction to Public History: Interpreting the*

---

\* 刘雨石：浙江大学历史学系博士生。

*Past, Engaging Audiences*, co-written by three scholars, constitutes a trial effort. This book presents the integrated planning about public history education with its implement through structure design, and combines the individual style of the three authors. It also integrates the concepts, theories as well as methods of public history into the practical context, Thus it introduces a problem-oriented way of writing history, and contributes "textbook-transformation" in public history.

**Key words**

*Introduction to Public History*; "textbook-transformation"; public history practice

公众史学缘起于 20 世纪 70 年代美国历史系毕业生所遭遇的就业危机。当时，美国经济受滞胀等不利形势的影响，诸多历史学博士毕业后难以在高校中谋得教职。这既造成了高等教育资源的严重浪费，也给知识阶层的职业生涯带来了不明朗的前景。在这种状况下，一些历史系毕业生在高校和基金会的支持下，尝试着在政府机构、企业、社区等非学术单位进行"任务导向型"的研究，首次以"公众"（public）的身份去探索属于公众的历史问题。[1]

随着职业危机的相对缓解，一些复归到学术岗位的学者连同公众史学项目的最初发起人，成了最初的公众史学家。那些经受过些许社会历练的青年学者们，开始为自己被动的就业经历主动地寻求话语权。由切尔丝汀·莱恩（Cherstin M. Lyon）、伊丽莎白·尼克斯（Elizabeth M. Nix）和吕蓓卡·施勒姆（Rebecca K. Shrum）三位公众史学家共同撰写的《公众史学导论：解释过去，寻求参与》（*Introduction to Public History: Interpreting the Past, Engaging Audiences*）[2] 即是公众史学寻求话语权的一次尝试。她们并不试图研究艰涩高深的史学理论，而是希望以类似教材的方式将公众史学在历史教学中加以推广乃至普及，为公众史学赢得更为广泛的

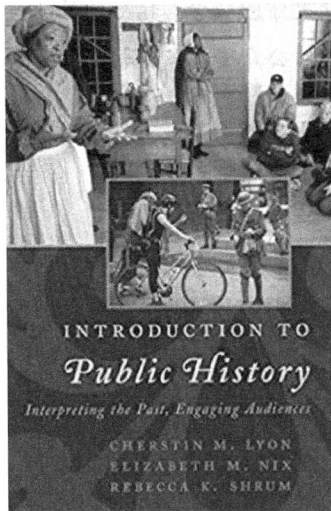

受众。

《公众史学导论》首先在结构设计上体现出对公众史学教育及其开展的整体规划,并结合三位作者各自的研究优势,将个体风格渗透在集体创作中。此外,通过将公众史学的概念、理论和方法放置于具体实践中,该书把理论与实践融洽地结合在以问题为导向的历史书写里,并以启发性的视角推广公众史学的理念。精巧的设计与细心的编排,让该书拥有良好的受众效果,并对公众史学"教材化"的深入发展提供了一种可持续性的书写范式。

## 为自立而合作:《公众史学导论》的结构与特点

一个新兴的研究领域要为自身建立起独立的学科分支,既需要碎片化地考察研究对象所涉及的诸多具体问题,也要系统化地确立一种教学范本,用以推广该学科的重要理念和主要方法。《公众史学导论》的三位作者试图让公众史学的教学与公众史学的学科化过程相适应。她们来自不同的院校,有着各自不同的研究领域。在这部合作完成的著作中,我们可以寻觅到源自她们各自研究兴趣与学术优势的踪迹。切尔丝汀·莱恩博士任教于加利福尼亚州立大学圣贝纳迪诺分校(California State University, San Bernardino),主要负责该校的公众史学与口述史项目,关注 19 世纪晚期以来的公民身份及其立法的历史。她独立撰写过《监狱与爱国者:日裔美国人的战时公民身份、非暴力抵抗与历史记忆》(*Prisons and Patriots: Japanese American Wartime Citizenship, Civil Disobedience, and Historical Memory*)[3] 一书,并与艾利森·戈贝尔(Allison F. Goebel)共同主编了专题性论文集《公民身份与场所:关于公民身份边界的案例研究》(*Citizenship and Place: Case Studies on the Borders of Citizenship*)[4]。伊丽莎白·尼克斯博士任教于马里兰州的巴尔的摩大学(University of Baltimore),她迄今为止最为突出的学术贡献,就是与其他学者主持并亲自参与了"68 年巴尔的摩"(Baltimore '68)公众史学项目,项目的研究成果体现在《68 年巴尔的摩:一座美国城市的叛乱与重生》(*Baltimore '68: Riots and Rebirth in an American City*)[5] 这部著作中。吕蓓卡·施勒姆博士任教于印第安纳大学与普渡大学印第安纳波里斯联合分校 (University-Purdue University

Indianapolis, IUPUI），负责该校的公众史学项目。她关注美国早期物质文化历史、身份问题及历史场所的诠释问题，迄今著有《镜窥：美国早期的镜像与身份》（*In the Looking Glass: Mirrors and Identity in Early America*）[6] 一书。

三位作者直面公众史学发展的学科现状，即认为公众史学仍处于历史学科的边缘位置，公众史学家们仍面临着来自主流学界的怀疑和挑战。她们也通过自己的努力彰显出公众史学研究团队的特点，即最大限度地寻求师生之间、学术界内外的紧密合作，让现实感充盈着学术研究的毛细血管，让人人成为自己的历史学家。三位学者并不是专攻公众史学理论的学者，但是她们各自的研究方向都与公众史学相关。莱恩和施勒姆两位学者都关注历史上的身份问题，她们在介入公众史学研究的过程中侧重理论问题，并与更为广泛的新史学思潮保持着密切关联。尼克斯博士则谋求公众史学尤其是口述史方面的具体实践，她在关于 1968 年巴尔的摩骚乱（Baltimore's Riot）的项目中充分运用了来自政府机构、社会团体、事件亲历者等学术界以外的资源开展公众史学的研究，并在《公众史学导论》中简要介绍该项目的研究方法和部分成果。总之，《公众史学导论》既体现出三位作者在各自研究领域的优势及互补，也因共同的学术愿景在书写的过程中展现出紧密的融合度。

《公众史学导论》是一本导论性著作。三位作者在有限的篇幅内，既要指明并解释公众史学的核心概念，以便于教学或自学，又要用具体的案例体现某种研究方法的操作性。因而，这部著作在结构设计上独具匠心，即采取了理论与案例研究交织的编排方式。在以理论为主的章节中，作者们常常将简要的案例叙述穿插其中，以用于解释。在以展示案例为主的章节中，她们又把相关的方法论以关键词的形式突出。这样既使得理论部分不显枯燥，又让案例部分不至突兀，理论与实践良好融合。

该书以公众史学中的基本问题来组织整体结构，并采用以目录关键词的方式体现在编排中。全书分为八章，外加一篇序言、一个索引和一页作者简介。序言部分指明了该著作的预期读者，即公众史学的教育者（educators）。当然，这也意味着学生同样可以通过阅读来自学相关的内容。如此的设计，体现出作者们将读者置于重要的地位，并力图与读者共同推动公众史学的学科化。前言包括"全书的理念"（Philosophy of the Book）和"该书的结构"（Structure of the Book）两部分，后者建立在前者的基础上。作者们强调，公众史学的教育首先要根植于历史学的实践，并要建立学生对于历史内容的深度理解。一部导论性著作的功能，就在于引导学生在公众史学的诸多领域有所实践。[7] 作者们并没有给公众史学的概念下定义，甚至也没有讲述公众史学的缘起问题。这突显了作者们的价值取向，即这部著作的用途主要在于公众史学的教学，而非史学理论的阐释。作者们也没有把公众史学放置于历史学遭遇后现代冲击的大背景下并以此突出其公众性与话语共享特征，反而以明确的表述把公众史学教学的目标呈现给历史教育者。基于这样的理念，该书的结构也会侧重从实践的角度，提供有益于学生们参与和互动的方法性指引。

有了序言的说明，读者也会对作者们在内容方面的侧重取舍有所理解。如果试图探寻公众史学的理论渊源及演变，或进一步了解公众史学和传统史学及其他学科、领域的关系，阅读此著作未必适合。该书的书写方式，与口述历史领域的一部广受欢迎的著作，即唐纳德·里奇（Donald A. Ritchie）教授的《大家来做口述历史》（*Doing Oral History*）[8] 类似，意在简明扼要地指出一个新兴学科的研究方法，并运用大量具体且生动的案例加以丰富。虽然《公众史学导论》所采取的"教材化"（textbook-transformation）编写方式有助于公众史学的教学和推广，但也可能造成读者对这一领域的理解偏差。读者仅通过这部《公众史学导论》了解公众史学，或许会误认为这是一个实践性与操作性强，思想理论的深度很有限的史学分支，进而仅关注公众史学的方法论，难以进行深入研究。若希望全面深入理解研究公众史学，戴维·迪恩（David Dean）主编的《公众史学手册》（*A Companion to Public History*）[9] 中涉及理论的部分章节和李娜的《公众史学研究入门》更为合适。

《公众史学导论》的正文部分，按照递进的阐释方式编排公众史学的核心概念。关于这种"递进的阐释方式"，笔者认为可具体总结为：公众史学是什么（第1章）→公众史学的思维方式（第2、3章）→公众史学的研究方法（第4章）→公众史学的解释与呈现（第5章）→公众史学的受众（第6、7章）→公众史学的推广与应用（第8章）。之所以称之为"递进"，是因为《公众史学导论》传递了一种由"我"（公众史学研究者）及"他"（作为受众及研究参与者的公众）的推演过程，并体现出一种建立参与网络的努力。公众史学研究的发起人，通常是受过专业训练的公众史学家及学生。他们依据自身对历史性问题的关注与理解，结合以往的专业训练，形成一种适用于深化研究的历史思维（historical thinking）。然后，他们会主动寻求与公众建立学术关系，这是公众史学在研究方法上的推进。公众史学的一大特色，体现在市场思维在学术领域的运用。在引导公众参与和分享话语的过程中，公众史学家及学生需要营销自己的理念，并在利益（从公众获取学术资源）和伦理（保护公众的信息安全）之间做出平衡。这个过程首先是对历史学中学术话语的非学术性输出，即通过展示和解释，让此时作为受众（audience）的公众理解并基本认同公众史学家的理念，进一步配合公众史学家及其学生的学术工作。这一过程是公众史学实操方面的核心，全书的大量笔墨以及主要案例都是围绕着这个环节展开的。

当然，除了公众参与，公众史学家也需要对作为受众的公众本身进行考察，并进而分析公众在亲历某个历史事件的过程中所扮演的角色，分析他们因身份差异而输出不同信息的原因。最后是公众史学的推广与应用，这一环节仍然需要市场思维的介入，即在维护既有的公众历史资源（类比客户回访）的基础上，将已获得的研究经验应用于更为广泛的公众史学研究领域（类比市场引流），以确保研究方法及价值的可持续性。虽然作者们在行文表述中并没有将公众史学的研究方法与市场思维联系在一起，但是笔者认为这部著作把上述市场思维微妙地贯穿于公众史学的方法中，在以叙述案例为主的三个章节（第3、7、8章）里体现得尤为突出。该书在亚马逊网站上得到很高的评分，也是公众史学类著作中获得评论数名列前茅的图书之一。这种在市场上的成功，与《公众史学导论》在内容和方法上对市场思维的运用密不可分。

除此之外，该书还具有以下特点。首先，三位作者选取的案例都与美国的历史与社会问题密不可分。例如，关于1968年巴尔的摩骚乱的口述历史研究，基于美国社会特殊的种族背景，在内容上对于其他国家的研究者未必有较多的借鉴价值。其他类似的问题，如妇女问题、文化多样性问题等，在美国社会突出而敏感，对于其他国家也具有研究价值。但是这些问题未必总是公众史学研究中最值得关注的问题。因而，作者的研究方法比所选取的案例更重要。其次，该书对于关键概念的解释体现在行文中，很少直接下定义。由于作者们意在编写一部公众史学的教科书，她们不仅在正文对关键概念使用了加粗字体，而且在每章开篇都把该章节涉及的关键概念一一列出。这样一方面使得全书不至于因为定义过多而味同嚼蜡，另一方面又便于公众史学的课堂教学。最后，全书在大部分章节的最后都专设"资源与推荐活动"（Resources and Suggested Activities）内容，介绍一些更为具体的公众史学研究项目及学术资源。这些学术资源与实践活动不是以平铺直叙的方式罗列，而是通过历史叙事或讲故事的方式娓娓道来，甚至对既有研究遭遇的困难及进一步研究的空间和价值也有所提及。这种撰写方式，使得这部著作的实用性进一步突显，也加强了作者的亲和力。

三位来自不同院校、拥有不同学术背景的学者，因着对公众史学价值理念和研究方法的重叠性认同，在这部开创性的导论中为一个学科分支的"教材化"密切合作。为了将她们的理论共识和实践经验分享给更多人，她们将问题意识带入对公众史学概念及方法的解析中，并在文辞间不时显露出超越学科的启发性。

## 为共享而书写:《公众史学导论》中的理论和实践

在公众史学的理论与实践之间寻找有益于教学的接洽点，或许是作者们在撰写《公众史学导论》的过程中着力最多之处。尽管她们力图在书中展示更多关于公众史学项目的案例，以便突出这一学科分支在实践层面的特殊价值。而作为一部"教材化"的导论，所有的案例只是为了更生动地解释公众史学的核心概念、主要方法和基本理论。因而，即便作者们没有对公众史学进行学术史的回顾，却也绕不开这个领域最基本的问题，即什么是公众史学。结合公众史学最初的倡导者罗伯特·凯利（Robert Kelley）的一个定义，即"公众史学包含了就职于学术界之外历史学者及他们所采取的不同于学术界内的历史研究方法"，[10] 她们认为探索独特的史学研究方法（historical method）应成为公众史学研究的关键。

随着美国历史学毕业生就业危机的相对缓解，以及公众史学逐步得到学术界内的认可，研究者与学术界的关系不再是公众史学区别于传统历史学的主要特征。公众史学同样需要专业的学术训练，借鉴其他人文社会科学的研究方法，并最终回归到从史料搜集到形成历史认知的历史研究全过程中。那么，公众史学与传统历史学究竟有什么区别呢？

作者们认为，公众史学在介入历史问题的过程中，需要突显三个关键的概念。第一个概念是"受众"（audience），即公众史学需要把视野放眼于学术界以外，在更为广泛的公众群体或个体中探寻历史资源与研究价值。公众史学中的"公众"，体现为多元化的公众经历（public experience），即公众史学研究者面对着拥有不同身份、地位、职业、年龄等要素的历史信息提供者。由于公众基本上没有被学术话语或权力话语规训过，他们在参与公众史学的研究过程中，以一种"自由选择习得"（free-choice learning）的方式共享历史信息。公众史学研究者自身，则需要以一种问题导向（problem-posing）的历史思考将自己置身于公众所处的历史环境中，并引导不同来历的受众聚焦于一个或多个带有重叠性价值的历史问题，形成一种对话性的历史（dialogic history）。[11] 第二个概念是"合作"（collaboration）。公众史学研究者试图与公众建立一种对话性的历史，实际上是一种带有政治性的学术行为，即学术界放开了包裹着自身的话语系统，与公众之间进行"共享权威"（authority-sharing）。[12] 共享权威并非无原则地释放话语权，而是与历史问题的利益相关者（stakeholders）之间形成一种契约，让后者明确自己在公众史学研究中的贡献与报酬，是深层学术伦理问题的实践。此外，公众史学也与其他学科之间合作，不仅仅体现为借用其他学科的理论和研究方法，也为其他学科的研究提供参考。[13] 第三个概念是"反思性实践"（reflective practice）。实践性是公众史学区别于传统历史学的突出特征，然而在介入一个具体项目的实践之前，公众史学研究者们需要对研究问题本身做出一种评估，即考虑预期参与项目的目标公众群体，以及可能发生的操作与伦理问题。[14]

尽管公众史学对传统历史学的史料来源、研究方法和思考途径都提出了挑战，但是它并没有试图去解构或颠覆传统历史研究。公众史学的产生的确受到后现代史学的影响，但是其着眼点并非如后现代史学那样只破不立，而是要揭示传统的历史研究在变动中的现代社会所遭遇的现实痛点，进而以新的路径解决历史学科发展中的问题。

本文在第一部分谈及,《公众史学导论》以"递进的阐释方式"展开对公众史学理论与方法的全面解析。与其他研究一样,公众史学的研究首先也是要发现有价值的历史问题,即形成一种历史思维。公众史学并非要在浩如烟海的史料中寻找历史问题,而是在历史思维的指引下反思过去,并带着反思得来的问题或启发有目的地寻找史料。问题意识贯穿于历史研究的始终,并随着研究的展开不断调整。作者们将公众史学的思维模式解释为一种问答模式,即在提出问题的同时也建构了问题所预期的答案。[15] 援引曼德尔(Mandell)和马龙(Malone)两位学者的总结,公众史学的具体思维过程包括:因与果(cause and effect)→变化与连续(change and continuity)→转折点(turning point)→反观过去(using the past)→通过公众视角(through their eyes)。[16] 因而,公众史学的研究是过程性的,这一过程既包含了历史研究的过程,也包含了研究者对于研究活动本身的反思。同时,公众史学的研究也是开放性的和可持续性的。对于研究过程的反思,意味着研究的进程不会因为一个议题的终结而终止,而会在未来的研究中延续未竟的认知需求。

公众史学在介入历史资料的过程中,包含收集(collect)、保护(preserve)和存档(archive)三个维度,即收集实物资料并放置在博物馆中,保护历史建筑与人文景观,并保存纸本档案。仅从概念上看,这三个维度与传统历史学并无差异。公众史学收集民间(vernacular)实物,在确保许可的前提下把属于个体的历史物件展现在公众的视野中,这些物件陈列在博物馆中,却并不寻求单一的解读,[17] 而是通过自叙揭示尚未被揭示的历史。《公众史学导论》以理论和实例穿插的方式,倡导一种以问题为导向并基于社群的史料收集方式(community-based collecting)。如上文所述,将历史资料置于一个开放的解读空间中,在态度上则表明伦理的介入,这在操作层面主要体现在博物馆藏品的处理(deaccession)上。藏品处理是实物资料所面临的问题,因其占据空间较大,无法像纸本档案那样以累进的方式越存越多,更无法用电子化的方式复制。藏品处理过程中,既包含了研究者或工作人员对藏品历史价值的认定,也是一个历史保护方面的伦理问题。例如一个博物馆保留了体现国家历史的藏品,而丢弃了一个普通人的日常用品,则体现出对国家意志和荣誉的强化,以及对普通人及社会生活在历史中作用的忽视。这些都是公众史学在处理史料过程中让伦理介入的体现。

　　寻求公众参与，并建立研究者与公众之间的互动关系，是公众史学区别于以往历史研究的突出特点。这种可以用"社会化"来描述的学术活动，需要一种建基于公众史学认识论的方法指引。《公众史学导论》通过以下两个方向探讨上述问题：一方面考察公众史学如何解释和展现历史，体现为"由我及他"的信息传递方向，另一方面则需要对居于认知主体却需要研究者加以引导的受众自身做研究，体现为"由他及我"的信息回馈方向。

　　历史物件通过博物馆、历史遗址等空间静态地展示出来，势必将历史自身的时间性隐藏了起来。在公众史学的视角下，历史的展示和解释是同步进行的，其中的解释不是一种单向传递或教育，而需要通过精心的策划让参观者与展品直接形成互动的关系，如在展馆的空间设计上体现出时间的变化，或设计复原历史场景的体验活动。此时的历史物件成为一种见证物（witnessing object），它不再仅仅作为客体被观看，而是将自身的时间性主动显示出来。[18]然而，让历史物件成为历史的见证物，只是复归时间性的第一步。这一步骤的实现或许可以为参观者提供一场精妙的历史展示，却未必能在以后的同类展示中发挥可持续的作用。因而，每一次历史展示都需要（作为公众史学家的）策展者把历史性的思考融入历史展示的原初目的上，即由贝弗利·瑟雷尔（Beverly Serrell）提出，并由《公众史学导论》的作者们所推广的"大概念"（big idea）。[19]对历史的解释要比展示走得更远，甚至包含一些技术层面的考量，如将声音指引与文本说明相结合。[20]技术手段的使用意在让参观者在两个层面上理解历史，其一是作为见证物的历史物件自身所展现的历史，其二在于策展者试图通过历史呈现来传递某种解释，如克利夫兰州立大学（Cleveland State University）公众史学项目中使用的"curatescape"巡游。[21]当参观者退场后，策划者的工作并没有结束。他们需要对策展中产生的问题及观展中呈现的问题进行"从头到脚的评估"（front-end evaluation），[22]以推进未来的历史展示。

　　即便受众参与到历史展示的过程中，他们仍然未必与策展者在认知上达成一致。历史展示呈现出的"他者"，对应于参观者特殊的"我"，会产生交流和认知层面的偏差。这需要历史展示的提供者对于受众进行"客户画像"的分析。

公众选择参观一次展示，既可能是因为他们是展示内容的利益相关者，也可能是展示对他们的日常生活状态造成一种预期性的冲击。《公众史学导论》的作者们针对受众接受历史解释的参与性与互动性，提出三种为受众提供解释的方式：“第三人称解释”（third-person interpretation）是最常见的解释方式，即工作人员单向地为参观者提供知识性的历史信息；“第二人称解释”（second-person interpretation）则让参观者在历史遗迹或博物馆通过体验活动或技术操作，了解历史物件的使用场景；“第一人称解释”（first-person interpretation）则将参观者置于解释的中心地位，让参观者与工作人员共同扮演历史中的角色，参观者以模拟过去的方式参与历史发生的过程。[23] 三种解释方式呈现出一种递进关系，显然“第一人称解释”是公众史学所追求的，即为受众与历史之间建立相关性。然而，即使不考虑历史展示成本增加的问题，公众史学的历史解释诉求，在打破话语界限的同时也面临诸多问题与挑战。公众的知识背景、性格特点、身份职业、与随行者的关系等要素是否支持其参与这种历史解释？公众是否会担心高参与性和强互动性造成其个人隐私的公开？参观者如果作为历史中受害者的后代，或是现实生活中的职业、家庭等方面的受害者，在参与针对自身角色的历史展示时，是否会因为自己身份的特殊性得到强化而感到不适？良好的初衷未必能得到良善的结果，这也是公众史学的高要求所带来的高风险。

三位作者在《公众史学导论》中给予公众史学实践项目以重要地位，其中第3、7、8章是专门介绍案例的。其中第3章关于1968年巴尔的摩骚乱口述史项目的案例与最后两章泛泛的举例有所不同，主要体现在以下两个方面。第一，第3章的标题“解释过去”（Interpreting the Past）仍然在说明公众史学的理论，即理解过去的方式。可以将这一章看作对第2章“历史性思考”的补充说明，只不过作者们采用了叙事的方式解析理论，将理论的内容通过一个较为成功的公众史学项目展现出来。第二，第3章的案例是回顾性的，第7、8章的案例是展望性的。前者贯穿了公众史学解释过去的全过程，并将（口述史）方法论、伦理问题、多元对话等要素贯穿于研究之中；后两者则简要点出公众史学研究预期覆盖的领域，其中第7章从公众角度出发，第8章则是写给研究者的。

1968年4月6日至14日爆发的巴尔的摩骚乱，因发生在圣周[24]，又被称为“1968年圣周暴动”（the Holy Week Uprisings of 1968）。因同年4月4日马丁·路德·金被害，引发美国多地黑人暴动，其中黑人基数较大的城市巴尔的摩就爆发了这一事件。这场暴乱体现为无目标性的城市破坏，并最终被警察和国民卫队镇压。将这个事件放置在美国黑人运动史中，似乎如沧海一粟，为马丁·路德·金被害事件的影响力所埋没。然而，伊丽莎白·尼克斯等学者把这个事件的公众参与和故事讲述问题纳入公众史学的研究领域，并以研究者身份的多元性介入，使得对于这一事件的研究本身成为一项重大的课题。《公众史学导论》在援引"1968 巴尔的摩"项目的时候，关注的是研究的过程、参与性及多元性的历史思考，这似乎比厘清整个事件的来龙去脉更为重要。研究者们在宏观上把他们使用的方法定义为"基于共享的参与性研究"（community-based participatory research, CBPR），这种方法所依据的理念则是公众史学的核心概念之一"共享权威"。[25] 在具体操作层面，研究者们采用口述历史的方式获取多元材料，并寻求对这一事件的差异性解读。在研究之初和研究之中，研究者们思考了口述历史展开的过程中，可能遇到的三重阻力。其一是主体间性（intersubjectivity）问题，即采访者和叙述者各自的主观性交织在一起，使得对话过程中的理解与认知存在偏差。为了减少主体间性带来的信息失真，研究者团队中安排了大量来自与叙述者具有相似文化背景，并就读与巴尔的摩大学的学生。[26] 这些学生自带的亲近性，会有助于在研究中高效地与公众建立亲密感。其二是公众参与（public participation）问题，即引导公众加入项目并愿意分享关于历史事件的故事。这个问题的预期解决方案，与前一个问题类似，也是通过研究者身份的设定减少对话双方的隔阂。针对前两重阻力的解决方案，引申出公众史学研究中另一个议题，即巴尔的摩大学的学生拥有研究者（researchers）、文化破冰者（cultural brokers）和社区成员（community members）三重身份。[27] 他们将自身置于公众的地位，又以研究者的身份引导同属公众对话圈的叙述者，去分享那些前者未曾经历过的历史。笔者认为，这类问题可以用"同属异质"来描述，即研究者与叙述者用共时层面的趋同性，去解决历时层面的差异性问题。前两重阻力最终会落脚在第三重阻力，即口述历史的伦理问题。仅从方法设定上看，知情同意（informed consent）似乎是维护对话双方各自利益的唯一途径，然而操作起来却有更多意想不到的困难。[28]"1968 巴尔的摩"项目还衍生出一些史学理论层面的问题，如对于"骚乱"

(riot) 抑或 "暴动"（uprising）的术语界定问题。[29] 叙述者当然不希望使用上述消极词语，然而历史书写与记忆回溯之间的鸿沟，很多即是建立在书写者以自身的立场及判断，为亲历者或叙述者代言。[30] 公众史学正是要力图打破这种代言模式的历史叙事，还原亲历者的本真叙事。

《公众史学导论》的第 7 章为第 6 章提供案例，第 8 章则是通过案例启发读者去发现身边的公众历史。其中第 8 章以公众史学研究者自叙的方式，展现了一些成功的研究案例。作为一部准教材，作者们力图向读者说明，公众史学及其实践是切实可行且生动有趣的。以案例为章节的主体，并不意味着作者们写到结尾处即要偷闲。公众史学项目对于后续研究的可持续性价值，需要通过对这些已有案例进行递进性的反思才得以实现。这种反思，或许可以首先从受众的角度出发，[31] 分析受众在参与项目和讲述历史的过程中所呈现出的"已知"和"未知"。虽然对于公众史学的研究者来说，认识自身比认识受众更难，但是后者与具体的历史性思考关系更为紧密。采取这种"由远及近"的认知次序，意在从具体的现象出发，逐步复归到对公众史学方法、理论等本体论问题的深层认知中，最终提升研究者自身的理论和实践水平。《公众史学导论》并没有以公众史学的理论升华结束，而是通过不同身份的公众史学研究者对于研究过程的自叙，以建议性的口吻将读者带回最初的问题，即我们为什么要研究公众史学。这种研究方式相较于理论升华，增添了几分亲近感，也符合公众史学所推崇的话语共享态度。作者们认为，历史是一种关于过去的建设性解释。我们以自己所处的角色用历史去解释世界。公众史学则是让更多人得以接触和思考历史的窗口。[32] 这部著作的落脚点在于，把公众史学作为一种历史思考的途径，通过以历史专业学生为主的读者群体推广到更为广泛的非专业群体中。

## 结论：从"教材化"到一种公众史学教学的范式

公众史学是历史学的新兴分支。公众史学既希望把学院外那些更为广泛的公众带入关于过去的历史性思考中，也促使专业史家重新认定自己的身份。专业性不是让他们与象牙塔以外的世界彼此隔绝的屏障，而是他们用带着历史性的思考，引导非专业的受众发现历史，并以后者为镜像反观自身的认知工具。

当然，公众史学也不意味着让专业学者去媚俗大众市场品位，即让历史研究泛化为通俗历史甚至戏说历史。没有基础理论和深度思考的公众史学实践是无法持续的，只是理论问题无法仅仅靠这一部《公众史学导论》来解决。如果读者读过这部导论后觉得不够满足，希望进一步阅读公众史学的理论性著作，或公众史学在具体领域中的实践，[33] 那么这部导论之"引导"的价值就突显出来了。这部著作首先要为公众史学本身赢得"公众"，即突显公众史学的趣味性、可行性和差异性，进而直面公众史学学科化的问题，为其提供入门教材。它是一种公众史学教学的范式，而不是公众史学研究或教学的权威。排他性本身就是公众史学所反对的。共享多元视角，为他者的探索和尝试留有足够的空间，才是《公众史学导论》所倡导并推广的。

## 注　释

[1] 关于公众史学的产生这一历史事件，可参考两种不同的历史叙事。浙江大学李娜教授的《公众史学研究入门》一书，作为国内第一部系统介绍公众史学的专著，从此学科自身发展模式的角度叙述公众史学产生的过程。参见李娜：《公众史学研究入门》，北京：北京大学出版社，2019年，第7—8页。美国历史学家彼得·诺维克在《那高尚的梦想："客观性问题"与美国历史学界》一书中，则以历史"客观性"的问题介入公众史学产生这一事件，在叙事上突出了学科面对传统历史学就"客观性"问题的质疑，为自身正名的艰难历程。参见 Peter Novick, *That Noble Dream: The "Objectivity Question" and the American Historical Profession* (New York: Cambridge University Press, 1988), pp.525-534。中译本参考彼得·诺维克：《那高尚的梦想："客观性问题"与美国历史学界》，杨豫译，北京：生活·读书·新知 三联书店，2009年，第699—711页。

[2] 以下简称《公众史学导论》。

[3] Cherstin M. Lyon, *Prisons and Patriots: Japanese American Wartime Citizenship, Civil Disobedience, and Historical Memory* (Philadelphia: Temple University Press, 2011).

[4] Cherstin M. Lyon and Allison F. Goebel eds., *Citizenship and Place: Case Studies on the Borders of Citizenship* (Lanham: Rowman&Littlefield Publishers, 2018).

[5] Jessica Elfenbein, Elizabeth Nix and Thomas Hollowak eds., *Baltimore '68: Riots and Rebirth in an American City* (Philadelphia: Temple University Press, 2011).

[6] Rebecca K. Shrum, *In the Looking Glass: Mirrors and Identity in Early America* (Baltimore: Johns Hopkins University Press, 2017).

[7] Cherstin M. Lyon, Elizabeth M. Nix and Rebecca K. Shrum, *Introduction to Public History: Interpreting the Past, Engaging Audiences* (New York: Rowman &Littlefield Publishers, 2017), "Preface for Instructors", p.ix.

[8] Donald A. Ritchie, *Doing Oral History* (New York: Oxford University Press, 2014). 中译本见唐纳德·里奇：《大家来做口述历史》，王芝芝、姚力译，北京：当代中国出版社，2006年。

[9] David Dean eds., *A Companion to Public History* (Hoboken: Wiley-Blackwell, 2018).

[10] Cherstin M. Lyon, Elizabeth M. Nix and Rebecca K. Shrum, *Introduction to Public History: Interpreting the Past, Engaging Audiences*, pp.1-2.

[11] Ibid., p.4, pp.5-10.

[12] 李娜：《公众史学研究入门》，第 10 页。关于 "共享权威" 的探讨集中于 Michael H. Frisch, *A Shared Authority: Essays on the Craft and Meaning of Oral and Public History* (Albany: State University of New York Press, 1990)。

[13] Cherstin M. Lyon, Elizabeth M. Nix and Rebecca K. Shrum, *Introduction to Public History: Interpreting the Past, Engaging Audiences*, p.4, pp.10-12.

[14] Ibid., p.5, pp.12-14.

[15] Ibid., p.23.

[16] Nikki Mandell and Bobbie Malone, *Thinking Like a Historian: Rethinking History Instruction*, (Madison: Wisconsin Historical Society Press, 2008), p.1. 转引自 Cherstin M. Lyon, Elizabeth M. Nix and Rebecca K. Shrum, *Introduction to Public History: Interpreting the Past, Engaging Audiences*, pp.23-25。

[17] Cherstin M. Lyon, Elizabeth M. Nix and Rebecca K. Shrum, *Introduction to Public History: Interpreting the Past, Engaging Audiences*, pp.60-62.

[18] Ibid., p.90.

[19] 关于 big idea 的概念，详见 Beverly Serrell, *Exhibit Labels: An Interpretive Approach* (*2nd Edition*) (Lanham: Rowman &Littlefield Publishers, 2015), pp.7-18. 引文见 Cherstin M. Lyon, Elizabeth M. Nix and Rebecca K. Shrum, *Introduction to Public History: Interpreting the Past, Engaging Audiences*, pp.90-93。

[20] Cherstin M. Lyon, Elizabeth M. Nix and Rebecca K. Shrum, *Introduction to Public History: Interpreting the Past, Engaging Audiences*, pp.97-98.

[21] Cherstin M. Lyon, Elizabeth M. Nix and Rebecca K. Shrum, *Introduction to Public History: Interpreting the Past, Engaging Audiences*, p.102. 其中 "curatscape" 一词为策展（curate）与景观（landscape）合成，最初由克利夫兰州立大学的一个数字化公众史学项目使用，即将个人的故事与其叙述的实际历史场景相结合，以一种主题性巡游（tour）的方式呈现出来，详见原书 p.108 第 19 项注释。

[22] Ibid., pp.104-105.

[23] Ibid., pp.114-116.

[24] 圣周（holy week）指基督教中复活节的前一周。

[25] Cherstin M. Lyon, Elizabeth M. Nix and Rebecca K. Shrum, *Introduction to Public History: Interpreting the Past, Engaging Audiences*, p.35.

[26] Ibid., p.39.

[27] Ibid., p.42.

[28] Ibid., p.40.

[29] Ibid., p.44.

[30] Ibid., pp.45-46.

[31] Ibid., p.158.

[32] Ibid., p.163.

[33] 公众史学接洽具体领域的研究，主要有城市史（包括历史遗产保护）、环境史、口述史、媒体与影视史、记忆史等，公众史学教育本身也是其可以涉足的领域。详见李娜：《公众史学研究入门》。

# 《公众史学》征稿启事

　　《公众史学》是公众史学的专业读物。本系列文集秉承跨学科、跨文化的理念，反映公众史学的定义与实践之多元性和多样性，欢迎来自中国和其他国家及地区的投稿。

　　《公众史学》认为公众史学是突出受众的问题、关注点和需求的史学实践；它促进历史学以多种或多元方式满足现实世界的需求，促成史家与公众共同将"过去"建构为历史。我们收录关于公众史学的理论、实践、方法与教学的文章，内容包括博物馆与历史遗址解读与管理、公众记忆研究、公众史学教育、文化资源管理（历史保护）、档案管理、口述历史、地方历史、家族史、历史写作、公众参与、数字公众史学、史学多元受众分析等主要领域。我们设有理论探索、学术述评、实地研究、专题讨论、评论（包括公众史学新书、博物馆展览、影视作品、数字历史项目等）、动态与前沿、读者来信／综述／札记等专栏。

　　我们欢迎对公众史学的理论、方法、实践与教学做出不同贡献的原创性研究，侧重文献考证与实地考察结合的反思性文章，介绍正在进行中的公众史学项目与研究的工作坊性质文章，以及公众史学异域成果的译介作品。

　　我们鼓励体现出对史学公众性之敏感与关怀的札记类短文、读者来信，以实现公众史学的研究者、实践者和教育者与公众之间的交流；倡导平实易懂、流畅亲切的语言风格。

　　我们遵循中立、严谨的学术准则与伦理道德规范，实行双向匿名专家审稿制度。所投稿件须系作者独立研究完成之作品，充分尊重他人知识产权；文中引文、注释和其他资料，应逐一核对原文，确保准确无误，并应实事求是地注明转引出处。所投稿件，应确保未一稿两投或多投，包括局部改动后投寄给其他出版机构，且稿件主要观点或基本内容不得先在其他公开或内部出版物（包括期刊、报纸、专著、论文集、学术网站等）上发表。引文注释规定参见《历史研究》规范。来稿请注明作者姓名、职称、工作单位、联系电话、电子邮箱、通信地址及邮政编码等基本信息。

## 联系我们

编辑部：浙江大学公众史学研究中心

通信地址：浙江省杭州市西湖区余杭塘路 866 号浙江大学紫金港校区西区人文组团人文学院大楼 708 室

邮政编码：310058

电子邮箱：linalarp@163.com, linalarp@zju.edu.cn

## 海外编辑室

通信地址：7032 N. Mariposa Ln., Dublin, California, 94568, USA

电话：+1-925-361-2087

电子邮箱：linalarp@gmail.com

## 合作出版物

*The Public Historian*（美国公众史学委员会《公众史学家》）

*Public History Review*（澳大利亚悉尼科技大学公众史学中心《公众史学评论》）

## 合作机构

National Council on Public History, NCPH（美国公众史学委员会）

International Federation for Public History, IFPH-FIHP（国际公众史学联盟）

# 《公众史学》征稿启事

　　《公众史学》是公众史学的专业读物。本系列文集秉承跨学科、跨文化的理念，反映公众史学的定义与实践之多元性和多样性，欢迎来自中国和其他国家及地区的投稿。

　　《公众史学》认为公众史学是突出受众的问题、关注点和需求的史学实践；它促进历史学以多种或多元方式满足现实世界的需求，促成史家与公众共同将"过去"建构为历史。我们收录关于公众史学的理论、实践、方法与教学的文章，内容包括博物馆与历史遗址解读与管理、公众记忆研究、公众史学教育、文化资源管理（历史保护）、档案管理、口述历史、地方历史、家族史、历史写作、公众参与、数字公众史学、史学多元受众分析等主要领域。我们设有理论探索、学术述评、实地研究、专题讨论、评论（包括公众史学新书、博物馆展览、影视作品、数字历史项目等）、动态与前沿、读者来信／综述／札记等专栏。

　　我们欢迎对公众史学的理论、方法、实践与教学做出不同贡献的原创性研究，侧重文献考证与实地考察结合的反思性文章，介绍正在进行中的公众史学项目与研究的工作坊性质文章，以及公众史学异域成果的译介作品。

　　我们鼓励体现出对史学公众性之敏感与关怀的札记类短文、读者来信，以实现公众史学的研究者、实践者和教育者与公众之间的交流；倡导平实易懂、流畅亲切的语言风格。

　　我们遵循中立、严谨的学术准则与伦理道德规范，实行双向匿名专家审稿制度。所投稿件须系作者独立研究完成之作品，充分尊重他人知识产权；文中引文、注释和其他资料，应逐一核对原文，确保准确无误，并应实事求是地注明转引出处。所投稿件，应确保未一稿两投或多投，包括局部改动后投寄给其他出版机构，且稿件主要观点或基本内容不得先在其他公开或内部出版物（包括期刊、报纸、专著、论文集、学术网站等）上发表。引文注释规定参见《历史研究》规范。来稿请注明作者姓名、职称、工作单位、联系电话、电子邮箱、通信地址及邮政编码等基本信息。

## 联系我们

编辑部：浙江大学公众史学研究中心

通信地址：浙江省杭州市西湖区余杭塘路 866 号浙江大学紫金港校区西区人文组团人文学院大楼 708 室

邮政编码：310058

电子邮箱：linalarp@163.com, linalarp@zju.edu.cn

## 海外编辑室

通信地址：7032 N. Mariposa Ln., Dublin, California, 94568, USA

电话：+1-925-361-2087

电子邮箱：linalarp@gmail.com

## 合作出版物

*The Public Historian*（美国公众史学委员会《公众史学家》）

*Public History Review*（澳大利亚悉尼科技大学公众史学中心《公众史学评论》）

## 合作机构

National Council on Public History, NCPH（美国公众史学委员会）

International Federation for Public History, IFPH-FIHP（国际公众史学联盟）